智 · 慧 · 爱
Sapientiae et Cordi

了 解 和 爱 ， 终 将 成 就 一 切 ！

围墙上的薇纳斯
Beautiful Child

［美］桃莉·海顿（Torey Hayden）著

陈诗纮 译

图书在版编目（CIP）数据

围墙上的薇纳斯 /（美）海顿著；陈诗纮译.—北京：华夏出版社，2015.1
（桃莉老师疗愈成长之旅）
书名原文：Beautiful Child
ISBN 978-7-5080-8361-2

Ⅰ.①围… Ⅱ.①海… ②陈… Ⅲ.①问题儿童–儿童教育 Ⅳ.①G765

中国版本图书馆CIP数据核字(2015)第000578号
BEAUTIFUL CHILD by Torey Hayden
Copyright © 2002 by Torey Hayden
Simplified Chinese translation copyright © 2015
by Huaxia Publishing House
Published by arrangement with Curtis Brown Ltd.
through Bardon-Chinese Media Agency
ALL RIGHTS RESERVED
版权所有，翻印必究
北京市版权局著作权合同登记号：图字 01–2014–2481

围墙上的薇纳斯

作　者	（美）桃莉·海顿	译　者	陈诗纮	
责任编辑	马　颖	责任印制	刘　洋	

出版发行	华夏出版社
经　销	新华书店
印　刷	北京市建筑工业印刷厂分厂
装　订	三河市少明印务有限公司
版　次	2015年1月北京第1版　2015年4月北京第1次印刷
开　本	880×1230　1/32开
印　张	12
字　数	189千字
定　价	39.80元

华夏出版社 网址：www.hxph.com.cn 地址：北京市东直门外香河园北里4号 邮编：100028 若发现本版图书有印装质量问题，请与我社营销中心联系调换。电话：（010）64663331（转）

推荐序

学习倾听孩子的声音

21世纪，随着互联网的飞速发展，世界愈加扁平，各种资讯以及教育理念以前所未有的强度冲击着我们。育儿的话题在当今的中国变得越来越引人关注，也越来越重要。第一代的独生子女如今已经为人父母。在仍然以传授知识、考试测评为教育主线的中国，孩子的压力越来越大，反抗也越来越大。家长们一方面渴望孩子快乐成长，另一方面又难以抗拒整个社会的潮流，站在孩子的身后，举着考试的大旗打压着孩子们。

前日参加一个活动，有一个讨论是关于"如何做高效能父母"的话题。家长们七嘴八舌，提出了一大堆的建议。我却在想，也许，我们都需要安静下来，学习倾听孩子的声音。

桃莉·海顿，被美国教育界盛誉为"爱的奇迹天使"，她的这套"桃莉老师疗愈成长之旅"都是从孩子的角度展开的，让我们这些糊涂的自以为是的大人有机会听到孩子们的声音，帮助我们贴近孩子那颗敏感的心，了解他们的需要和被爱的方式。

我非常感谢自己在芬兰的育儿经历，因为是个"外来母亲"，什么都不懂，所以必须倾听（即使如此，也常常做不到很好的倾听）。

在某种程度上，女儿教会了我很多。记得女儿12岁左右的时候，喜欢上了一个西方的摇滚歌星。这个歌星的所有造型，都让我有一种心惊肉跳的感觉。我非常担心女儿的"喜欢"，试图了解她为什么会以这样一个"不正派"的歌星为偶像。女儿却说，他在台上的打扮和表演只是一种渲泄，是他情绪或生命中的一个部分。她还批评我（和很多中国家长）以貌取人。可是，我依然不明白，这个摇滚歌星渲泄的哪一部分引起了一个12岁孩子的共鸣，当时非常担心（现在我越来越理解一个孩子成长过程中的困扰）。此后，我们也偶尔会为这件事展开讨论，直到她15岁的某一天，我们又谈起这个歌星，她跟我说了不久前发生的一件事：有一个青少年持枪伤人，而他恰是这个歌星的粉丝。这件事引起各方媒体的关注，甚至有一种声音质疑歌星的音乐对青少年的负面引导。有人采访这个歌星，问："如果你有机会对这个孩子说几句话，你会说什么？"他静默片刻，回答道："我什么也不会说，我会倾听。"女儿说："妈妈，你不觉得他是一个很有智慧的人吗？"

是的，倾听的力量超出你的想象！在这个充斥着各种声音和各种理念的噪杂世界里，"倾听"也许是我们需要学习的一个重要技能。

无论你是家长还是老师，如果你心里有爱，并愿意用对的方式支持到你所爱的孩子，不妨打开这套书，在桃莉·海顿的帮助下，走进孩子的内心世界，开始学会倾听。看看你是否能够听到他渴望长大的声音，听到他内心的无助和他的需求，他的自豪和喜悦，体会到他在生命初期学习生存技能的那份努力和不易。

如果我们能够带着深深的爱，细心地倾听，全然地信任，耐心地陪伴，也许，生命就会展现给你一个奇迹！

芬兰富尔曼儿童技能教养法中国推广第一人：李红燕

目 录

1 初遇围墙上的女孩 _ 001

2 混战的第一天 _ 006

3 薇纳斯的第一次发狂 _ 018

4 不许穿鞋子上课的班级 _ 027

5 m&m's 巧克力的诱惑 _ 039

6 逃跑的薇纳斯 _ 049

7 第一次家庭访问 _ 056

8 我们奇妙的幻想之旅 _ 065

9 事情有了意外的转机 _ 078

10 茱莉的哭泣 _ 086

11 被学校拒绝的薇纳斯 _ 097

12 天才比利 _ 108

13 我们自己的交通信号灯 _ 118

14 出其不意地歌唱 _ 128

15　比利的灰猫雕像 _ 141

16　大小手臂的触碰 _ 156

17　小脚踩大脚的华尔兹 _ 165

18　糖果小径的游戏 _ 173

19　疑问重重的第二次家庭访问 _ 182

20　魔力公主 _ 193

21　鞋子颁奖大会 _ 201

22　她不是无可救药的孩子 _ 215

23　让宝剑诞生的美劳课 _ 225

24　比利的嘉年华会 _ 237

25　漫画带来了麻烦 _ 251

26　那奇怪的哭泣 _ 264

27　突然的假期 _ 275

28　一个让人震惊的消息 _ 285

29 跟手对话的艾丽斯 _ 300

30 薇纳斯的宝剑 _ 314

31 开始学习说话 _ 324

32 友情的帮助 _ 334

33 孩子们的庆生宴会 _ 342

34 宝剑终于发挥魔力了 _ 355

35 给桃莉老师的留言 _ 367

初遇围墙上的女孩

"那个小女孩已经在那道围墙上将近四个小时了,"
"哦,那是薇纳斯·福克斯。那是她的围墙,她总是在那里。"

第一次见到她,她站在操场西边的石墙上,一脚懒洋洋地向外伸,一脚缩在石墙上。黑发浓厚地垂落身后,她闭着双眼,脸庞转向太阳。这个姿势让她身上有一种被长久遗忘的好莱坞魅力气息,虽然她应该只有六或七岁而已。

我经过她身旁朝学校走去。一见我来,校长,鲍伯·克利斯汀生,便从办公室迎了出来。"嘿,太好了!"他欢欣大叫并拍了拍我的肩膀。"很高兴见到你!我一直期待你今天的来临。今年我们将会玩得很愉快,不是吗?大好时光!"

面对如此的热情,我只能笑笑。鲍伯与我其实颇有渊源,当初在教育界我还是个奋力求进的新手时,鲍伯便是给了我最初工作机会的人之一。那个时候,他负责一个研究学习差异的方案。在引导他机构那些难以处理的孩童时,他那随性又快乐的启发方式,与当时机构的保守观念形成对比,给人留下深刻印象。坦白说,一开始,我对他的工作方式也有些惊讶,因为当时我才接受完教师训练,还不太敢有自己的想法。鲍伯适时地鼓励我,指导我,同时要我勇敢忘记大学课程中学到的一些理论。终于,在花了数年时间为自己辩护,并在这一过程中摸索出了自己的教育风格。

在当初离开鲍伯之后,时间在我们彼此身上飞逝。我后来还在其他学校、州、甚至其他国家工作过。这让我的工作延伸到临床心理学与研究以及特殊教育的领域。在此同时,鲍伯仍留在当地工作,进出于私立与公立学校,进出于正规与教殊教育领域。虽然我们并不十分了解对方的生活情形,但我们一直保持着联系。最后,我很高兴地发现鲍伯现在竟然就是我正要去就职的那所新学校的校长。

我们州立学校的系统似乎一直处于永无止境的重组中。去年,我在邻区从事学习如何支持和辅助教师的工作,奔波于各个学校,带领小团体学生,并为那些班上有特殊教育学生的教师提供后援。虽然这个方案已经推行两年,但系统断定此方案对底层学生的效果不够理想。最后,当局决定,抽调我们中三分之一的人员派任为固定班级老师,以期让行为问题更严重的孩童能够得到更长期的特殊教育照顾。

我逮住机会放弃到处巡回的生活方式,再度固定带领一个班级,因为我极喜欢这样的环境,也觉得这才是最适合我的教学风格。而被派到鲍伯的学校更令我倍感喜悦。

"等你看了这间教室再高兴也不迟,"我们边上楼,鲍伯边说,"那是一间很棒的教室，桃莉。自从我得知你要来，我就一直想要给你一个真正能够让你发挥所长的地方。"在鲍伯和我说话的过程中，我们已经爬上了另一段楼梯。

鲍伯的学校是一栋混合式的建筑物，部分是1910年建造的砖造建筑，部分是1960年为迎接婴儿潮而延伸建造的组合式建筑。校方分派给我的教室位于老式建筑的顶楼。鲍伯所言不假，那的确是一间很棒的教室。大型窗户，鲜黄色油漆的墙面，让学生放置外套与个人物品的小小衣帽间。顶楼下方是三段楼梯和一个走道，体育馆、自助餐馆以及办公室几乎都在另一幢楼里。

"你可以随你高兴安排事情。"鲍伯说，同时走到一些小桌子和小椅子中间。

"茱莉今天下午就会过来。你见过茱莉没？她将是你的助教。当下流行的正确用法是什么？教师帮手？不，不对……教育人员助手？总之，她会在这里帮忙半天。遗憾的是，我能帮你的也就这些了。不过相信你会喜欢茱莉的，她已经在这里工作三年了，早上以支持者的身份来这里照顾我们一位脑性麻痹的小男孩卡西，不过这男孩下午时间得去接受物理治疗。所以，等她送小男孩去接受治疗后，她下午的时间便都是你的。"

我一面听着鲍伯讲话，一面在教室中四处巡视。我停下来观察窗外的视野，竟然发现刚才看到的那个女孩依然坐在围墙上。我注视着她，她也孤独地望着我。很明显在这暑假的最后一天里，她是这操场上唯一的孩子。

鲍伯说："今天下午我就把你班上的学生名单列出来给你。依照我们的安排，你班上将有五位全天上课的固定学生。然后另外还有十五位是流动学生，这要视他们需要帮助的程度而定。听起来还可以吗？"

我微笑地点点头。"听起来很不错。"

我正试着把一个档案夹塞回原处时，茱莉来了。

"我来帮你。"她愉快地说，并扶住档案柜的另一边。我们好不容易才把它塞进档案柜。

这时的我，才有机会对茱莉仔细地打量。她是一个很漂亮的女孩，她的实际年龄一定比她的外表还大，可是她有着小巧的骨架，苍白的如露水般的皮肤以及清澈的绿眼睛。她留着厚厚的刘海，扎起的马尾让一头泛红的金发显得又长又直，这让她看起来大约只有十四岁。

"我很期待这次机会，"她边说边拍掉刚才沾在手上的灰尘，"打从卡西一年级开始，我便一直支持他。他是一个超级优秀的小孩子，可是我期待不一样的东西。"

"如果你要寻找的是'不一样'，那么这下你可走运了，"我微笑着说，"我对'不一样'一向很在行……我想要把这个带饰放在窗户之间的那个地方，你帮我一下好吗？"

就在我们一起对窗户进行装饰的时候，我又一次看到那个女孩。她依然站在围墙上，可是现在有一个女人站在她的下方，仰着头和她说话。

"那个小女孩已经站在那围墙上将近四个小时了，"我示意给茱莉看，"打从我今天早上抵达时她就在那里了。"

茱莉看着窗外。"哦，那是薇纳斯·福克斯。那是她的围墙，她总是在那里。"

"她是怎么爬上去的,那道墙少说也有六英尺高。"

"那个孩子就像蜘蛛人,没有什么地方爬不上去。"

"和她在一起的那个人是她的母亲吗?"我问。

"不,是她的姐姐,汪达。汪达有脑发育迟缓的问题。"

"她的样子当那女孩的姐姐似乎太老了些。"我说。

茱莉再次耸肩。"她将近二十岁,说不定已经二十多岁了。她以前一直待在高中的特教班级,可是后来年纪太大了。现在她似乎成天跟在薇纳斯后面。"

"而薇纳斯几乎都待在墙上,这个家庭听起来有点奇怪。"

茱莉会意地扬起一边眉毛。"他们一共有九个孩子,但这九个孩子,几乎都有不同的父亲。我想,他们每个孩子应该在某个时期都待过特教班级。"

"薇纳斯也是吗?"

"当然,她尤其严重。"茱莉看了看我,调皮地笑了。"有多严重,你很快就会找到答案,因为她将会在你这个班。"

"'尤其严重',怎么说?"我问。

"就其中一项来说吧,她不说话。"

我瞪大了眼睛,"这让我很惊讶。"看到茱莉一脸茫然,我又说,"选择性缄默症正好是我的研究方向。"

"那她更会在这个班级的。"茱莉的微笑中带着一点调侃的味道。

混战的第一天

> 不,她不配合。她只是坐着,再次盯着我,一双黑眼睛深不可测。

我的手指滑过班级学生名单,来到一个我认识的名字上,比利·高米兹。这个九岁具有拉丁血统的小男孩,总是顶着一头稻草似的凌乱黑发,钟爱色彩艳丽的衬衫,是我见过的孩子中指甲最脏的一个。不过,虽然比利的个头小,却一点都不显得弱不禁风。他有着鼬鼠般光滑、坚实的肌肉。他暴躁的脾气,以及超强的攻击性,加上一张极坏的嘴巴,已被两所学校踢出来过。去年,我曾密集地配合他的老师辅导他,可是好像没有收到理想的效果。比利说话爆粗口、脾气暴躁、逞凶斗狠依然如旧。

名单上的其他三个男孩我并不认识。第五个孩子,一如茱莉所预测的,是薇纳斯。

当我第二天早晨抵达学校时，发现薇纳斯又站在围墙上了。

"哈喽，薇纳斯。"我经过时说。

没有响应，她甚至连头都没有转过来。

我停下脚步抬头望着她。"薇纳斯？"

她的身体连最轻微的变动都没有，显示她根本没有注意到有人在对她说话。

"我是你的新老师，你想不想和我一起走进教室？"

她的毫无反应令我首先想到的是她一定有严重的听力问题。我心中暗记着要去查查她是否接受过那些方面的检查。又等了一会儿，我终于放弃，独自走进教室。

第一个进入教室的学生是比利。"怎么会是你！"他一边喊叫，一边用手掌用力拍打额头，力度大得几乎让他整个人向后倒。"哦，不！我不要在这里，我不要你。"

"嗨，比利，我很高兴看到你，"我说，"而且你猜怎么了？你是第一个到达的人，所以你可以挑选你的桌子。"

"那我就要挑选在自助餐厅里面的桌子。"他快速地说完并拔腿往门口跑去。

"嘿！"我及时抓住他的衣领。"我不是指'任何'桌子，而是这里面的。"

比利将他的东西摔在最近的一张桌子上。"我不要这里的任何桌子，"他不悦地说，"我只想要离开这个地方。"

我伸出一根手指压在唇上。"不可以在这里这样，好吗？你是这个班上年纪最大的学生,所以我需要你树立好榜样。你觉得你可以为我小心看好你的舌头吗?"

"我尽量。"比利将手指伸到嘴巴里并抓住他的舌头。他扭动他的手指一会,然后从嘴巴里拿出来,"可是我觉得我再怎么拉也看不到它。"

"比利,不是字面上的意思。"

比利开始歇斯底里地大笑。事实上,他笑到掉下了椅子。

就在此时,鲍伯出现了,领着两个我所见过的头发最红的小男孩。它们真的很红,凌乱地披散在小小的、尖尖的脸庞上,脸上还布满了雨滴大小的雀斑。

"这位是薛恩。"鲍伯说,介绍完了左边,他一手更加坚定地搭在他右边小男孩的身上。"还有这位是杰恩。"

他们是双胞胎,身上的穿着我只能用木偶的风格来形容:背带长裤,条纹衬衫,以及大到令人难以置信的蝴蝶结。

比利和我一样,也被他们的外表吓一跳。"他们是达尔马提亚犬吗?"他不可思议地问。

我还来不及回答,一位身穿鲜艳花洋装、有重量级吨位的非裔美国妇女出现了,推着一位身材消瘦的男孩。"这是杰西。"她说,双手继续搭在男孩瘦弱的双肩上。"这里是杰西的教室吗?"

鲍伯站到一旁,女人把男孩推进教室内。"你要为祖母好好地表现。你要特别听这位女士的话,祖母要听到你今天的良好表现。"语毕,她很大声地在男孩的头顶上吻了一下,男孩退缩,然后她转身离去。

"过来,"我说,"你想要选一张椅子吗?"

男孩把他的东西砰一声地甩在一张椅子上。

"哦，不，你不可以，你不可以坐在这里，"比利大喊，"丑陋的黑人小孩不可以坐在这里，因为我要坐在这里。老师，你把他放到别的地方去。"

"你要不要打一架来决定呢？"杰西回答，并握起拳头。

两个男孩当下就越过桌面扭打了起来，接着摔到地上。我跳了过去，抓住比利的衣领，并把杰西推到一旁。

鲍伯露出"邪恶"的笑容。"我看你一切都控制得很好，那么我就把这里交给你了。"他说完就消失在教室门口。

"我不要和他坐在一起，他是疯子。"比利说，并从桌上抓起自己的东西。"我宁愿和达尔马提亚犬们坐在一起。过来，你们两个，这是我们的桌子，那个丑小孩可以自己一个人坐。"

我再次抓住比利的肩膀。"我认为大家要各自分开坐，一个人一张桌子。你坐这里，杰恩？你是杰恩吗？你坐这里……杰西，那里……薛恩，那里。好了，这些就是你们的桌子，还有你们的椅子。现在你们要好好牢记自己的位置，因为我要你们的屁股黏在那些椅子上，除非你们获准坐到别的地方。"

"黏在上面？"比利大叫并跳了起来。"糨糊在哪里？"他已跑到书架旁，在一个桶子里搜索。"得把我的屁股黏在那张椅子上。"

"比利，坐下。"

"可是你说要'黏在上面'，我只是要照着你的话做啊。"

"坐下。"

他带着愉快的微笑坐下了。"我们自己拥有整张桌子吗？"他说。

"这些都是我们的桌子吗?"

"是的,这些都是你们的桌子。"

"哇!"他说完用手抚摸着木质桌面。"酷,我自己的桌子耶。不知道等我回家之后要把它摆在哪里才好。"

"比利!"

"这个班级就只有我们四个人吗?"杰西问。

我突然想起薇纳斯。铃声已响,她却还没有进教室。

我走到窗户前。薇纳斯仍然在墙上,可是在她下方的汪达正高举着双臂,她轻轻地将薇纳斯抱下来。我看到她们向学校这幢楼走来。

汪达和她妹妹一路直上教室门口。她是个肥胖、样貌丑陋的女孩,至少超重三十磅,有着大颗的粉刺与纠结的头发。她的衣服很皱且不合身,还散发着明显的异味。

"哈喽。"我说。

"她马上就进来,"汪达愉快地说,"进来啊,漂亮的孩子,上学的时间到了。"

薇纳斯张着大眼睛抬头看着我,丝毫不害羞地盯着我。我对她微笑。她并没有对我笑,只是盯着我。

"过来,"我伸出手,"我带你去你的位子。"

"她不说话的。"汪达说。

"谢谢你这么细心体贴,"我回答,"可是现在该是让薇纳斯上课的时候了。"我的手仍伸向薇纳斯。"该是开始上课的时候了。"

"她不来上学。"汪达说。

"我想你没有上学,对不对?可是薇纳斯应该要上学。来吧,薇纳斯，去找你的座位。"

"去吧，漂亮孩子。"汪达低声说，并把手放在薇纳斯的背部，轻轻将她推进教室。

"再见，汪达，"我说，"谢谢你把她带过来。你要跟汪达说再见吗，薇纳斯？我们是不是该说'放学后见，汪达'呢？"

"再见，漂亮孩子。"汪达说完开始转身离去。

在我有机会可以近距离地把薇纳斯看个仔细后，我无意给薇纳斯"漂亮孩子"的封号。因为她既不干净，也没有被照顾得很好，黝黑的皮肤上还沾着泥土。她的长发，好似有人要编成卷发没成功，却成了"骇人"长发绺。她的衣服太大，前面还沾着食物残渣，而且，她就像她的姐姐一样，浑身散发着异味。

"好了，甜心，你可以坐在这张椅子上。"

"你怎么可以让她坐达尔马提亚犬的位子？"比利问。"你为什么没有安排她和那个丑黑小孩坐在一起。你应该把所有黑人小孩放在一起的。"

"比利，我们这里不以肤色来区分，所以如果你不再继续讲这件事，我会很高兴，"我回答，"同时，我也会很高兴你不再继续说'达尔马提亚犬'这个词。他不是一条狗，他是一个男孩，名字叫杰恩。"

"我的名字是薛恩。"那个男孩以不耐烦的口气纠正到。然后对着比利说："你给我闭嘴，蠢小孩。"

"让我来告诉你谁是蠢小孩！"比利愤怒地嚷着。"你要我现在就揍扁你吗？"

我还来不及搞清楚状况，比利已经冲向薛恩。

可是他被薛恩的气势所慑,又转了个弯回来。"对!我要把你揍扁!"他吼着。"我要把你打倒在地板上,然后再从你身上踩过去!"

"好吧!"杰恩插嘴进来。"我也一样!"

我不禁心想,天啊,这会是多"精彩好玩"的一年呀!

***

下午一点,茱莉的现身让我感到莫名的高兴。要知道这个早上大家什么事都没做,除了打了一场长架。薛恩和杰恩,他们六岁,被诊断出有婴儿致命酒精症候群——在怀孕期间,因母体过度酗酒,导致小孩有明显类似侏儒的生理特征,较低的智商,以及严重的行为问题,尤以过动与注意力不集中等问题为甚。即便是这样的陈述,都还不足以清楚形容这个小型游击队疯狂的行为,一模一样的脸庞,诡异、过时的穿着,看起来活像是恐怖电影中的角色变成真人来破坏这个教室的秩序。

杰西,八岁,患有图雷特氏综合征[1],导致他有一些抽搐,包括快速眨眼睛,头部痉挛,擤鼻子(好似他在流鼻涕,其实并不是)。此外,他极度迷恋整理东西,他尤其在意将他的铅笔与橡皮陈列在他的桌子上。但在这个班上,那根本就是个毫无希望的习惯,一旦其他小朋友知道此事对他的重要性后,他们就会刻意破坏他精心的陈列,惹他生气。同时我也很快发现一个更糟糕的问题。他的执迷让人们产生

---

[1] 以不自主地多发肌肉抽动和猥亵性言语为主要临床表现的原发性锥体外系统疾病。儿童期起病,缓慢发展。突发而急促的肌肉抽动可形成多种形式的动作,如眨眼、舔嘴、耸肩、投臂、爆破样发声等。例如,患者们通常无法控制自己满嘴的污言秽语就像正常人无法控制自己打饱嗝放屁一样。许多人会在并不想说脏话的时候张口骂人。——编者注

他是一个洁癖、爱挑剔的小孩的第一印象，然而，在这层粉饰之下，他却是一个死心眼的孩子：凡事必须照他的方式行事，任何反对者都只有"死路一条"。

相较于这三个孩子，比利似乎温顺许多，他只是具有一般攻击性。这个趾高气扬的家伙，不论合不合理，都愿意为任何人与任何事出头，一个嘴巴和拳头永远快于大脑的孩子。

因为忙于拉开几个男孩的打架，那天早上，我或多或少忽略了薇纳斯，但她显然不在意。的确，大多数时候她好像是没有生命的。啪一声坐进她的椅子中之后，她就那样坐在那儿，凝视着前方。有时候我会提供一些纸与蜡笔，有时候提供故事书，有时候是拼图。坦白说，这些全都是在匆忙中做的，因为我忙着追那几个男孩，以致根本没有时间坐下来陪她做那些事情。可是即便如此，不论我给什么，薇纳斯总是接受它们，以一种懒散、面无表情的方式来来回回操弄好几分钟，从不曾按规则使用它们。然后，一待我转身离开，她便让它们掉下去，而她依然毫无表情地坐在座位上。

一等茱莉抵达，我便把男孩们交给她，然后把薇纳斯带到一旁。我想要立刻测试薇纳斯的沉默程度。我还不确定沉默是否为她所能控制的一种选择性行为，或者是一种更严重的生理问题。不过从经验得知，倘若那是心理层面的，则我必须早点介入。

"跟我来。"我说，移到远离茱莉与男孩们的教室另一端。

薇纳斯睁着大眼睛直直地盯着我。我视此现象为一正面讯号。这讯号代表她的沉默问题比较不可能是自闭症所致。

"来，到这里，我要你陪我做一些事情。"

薇纳斯仍盯着我，一动也不动。

我走回她的身边。"跟我来，拜托，我们将一起做事。"我一只手伸到她的手肘下方，将她拉起来，一只手放在她的肩膀，将她转身面对我。"你坐在那里。"我指着一张椅子。

薇纳斯站立不坐。我一只手放在她的头顶将她往下压，她坐下了。我在她的对面拉出一张椅子，坐了下来，并拿起一盒蜡笔与一张纸。

"我要告诉你一件非常特别的事情，"我说，"一个秘密。你喜欢听秘密吗？最特别的秘密。"我慢慢靠向她。"我不单单是个老师。知道我都做了些什么吗？我教那些在学校里无法顺利讲话的孩子，就像你！"坦白讲，这并不是什么大不了的秘密，可是我尽其所能地用语气让它听起来很特别。"我的工作是在他们想要说话时，帮助他们讲话。"我微笑。"你觉得如何？你想要开始再说话了吗？"

她只是盯着我的脸看，眼神毫无反应。

"在我们的教室里说话是非常重要的。讲话是让别人明白我们的感受，因为不说话别人是无法知道我们心里面在想什么的。说话是人们了解彼此的一种方式，那是我们解决问题、在我们需要的时候得以求助，并让我们感到更快乐的方式。"

薇纳斯的眼神一直都没有离开过我，她的眼几乎眨都不眨一下。

"我知道在你习惯了沉默之后要开始讲话是很困难的，那种感觉很不一样，可能会很吓人。没有关系，在这里感觉到害怕是没关系的，感觉到不确定也是没关系的。"

就算感到不确定，薇纳斯也不会表现出来。她仍盯着我的脸。

我举起一张纸。"我想要你为我画一张图画，画一栋房子给我看。"

她没有动。

"来，要不要我先开始？我来画地板。"我拿起绿色蜡笔，在画纸的底部画上一条线，然后把画纸挪到她前面，同时把蜡笔推过去。"换你了。现在，你可以画一栋房子了吗？"

薇纳斯没有低头看。我轻轻地伸出手，压下她的头，好让她不得不看到那张纸。我指了指它，但她没有任何动作。

她当然知道房子长什么样子，她已经七岁了，已上过两次幼儿园。但是她也许智力发育迟缓，像她的姐姐，所以要她画一栋房子也许是种过度的期待。

"来，用手拿一根蜡笔。"我起身绕过桌子，抓着她的手臂，举起她的手，帮她握起一根蜡笔，并把她的手放在桌上。她就那样握着蜡笔，手像只死鱼般地垂落在桌上。

我另外拿起一根蜡笔，在画纸上画了一条线。"你能够画一个像那样的线吗？"我问，"来，就画在我画的线旁边。"

我看着她，猜想或许她不习惯用右手。我没有看见她拿起过任何东西，所以这纯属猜测。于是我伸过手，拿起另一根蜡笔塞到她的左手，她没有抓牢。于是我起身，绕过桌子，抓着她的左手，帮她把蜡笔握好，再将她的手放在桌上。我回到我的座位，试着装出很兴奋的样子，"你是个左撇子耶。"兴奋的口气犹如宣告"你是个百万富翁耶"。

不，她不配合。她只是坐着，再次盯着我，一双黑眼睛深不可测。

"呃，这招不管用，对不对？"我愉快地说，并把那张画纸抽开。"我们来试试别的方法。"

我去拿了一本童书。我把我的椅子摆在她的椅子旁边，坐下来并打开书,"让我们来看看这个。"

那是一本附有插图的书,我正好翻到一堆五颜六色的小动物开着车子,做着各种不同工作的一页。"让我们来看看这个图片。看到了没?它们全在一部公交车里面。它们是什么动物呢?老鼠,对不对?然后这里有一辆警车,看,其中一个警察是一只狮子耶。另一个警察是什么动物呢?"

她盯着我。

"来,看下面这。"我压着她的头,好让她看着书页。"另一个警察是什么动物?"

没有回应。

"它是什么?"

没有回应,什么都没有。她只是坐着,一动也不动。

"就在这里。"我轻敲着图片。"这是哪一种动物?"

我又坚持了好几分钟,迅速且不停地重复问着那个问题,不让提问有片刻的暂停,一个人唱着独角戏,同时扮演对话两边的人。我所有的问题就只有一个:那是什么动物?

砰!我的手猛然拍在桌面,发出巨大又突然的声音。这是个残忍的技巧,但往往会有效果。我希望那一拍能够把她吓醒,一如对其他孩子所收到的效果,不过在薇纳斯的案例中,我还极想看看它是否会引发她其他的反应。我希望看到她跳起来或者至少眨眨眼睛。

薇纳斯只是抬起她的头看着我。

"你能听到那个吗?"我问,"能听到我那样拍桌子的声音吗?"我说,并突然又用力拍桌子,"你听到了吗?"

"我当然能听到！"比利从教室的另一端大叫，"你打算把我们这里所有的人吓出屎来吗？"

薇纳斯只是坐着，眼睛没眨一下。

我靠向前，把前面的书本拉过来，开始翻着。"好吧，我们再试试别的。我来看看我们可不可以找一个故事。我应该读篇故事给你听吗？"

她双眼盯着我，只是盯着我，没有点头，没有摇头，什么都没有。若要我形容这个孩子，我只能说她就像被遗弃在教室里的蜡人像。

"好吧，嗯，我有个更棒的想法。下课如何？"

她对此依然没有反应。

3

薇纳斯的第一次发狂

> 那幅画面似乎很好笑——沉默、没有感情和思想的七岁女孩一下子转化成了凶残的小小杀人机器。

"好了,"我说,在教师休息室里为自己倒了杯咖啡,"笑话结束了,言归正传。薇纳斯到底有什么问题?"我的视线直指鲍伯。

鲍伯喝了一口他马克杯中的咖啡。"我相信这个应该由你来告诉我才对。"

"到目前为止,我还在努力地要弄清楚她到底是不是还活着。"

"哦,她当然活着。"鲍伯回答。

片刻沉默。茱莉在水槽旁为她自己泡茶,并在对话突然中止时转身看着我们。

"我对她的第一印象是她是个聋子。"我说。

鲍伯又吞了一口他的咖啡。

"有人帮她做过测试吗?"我问,"因为把一个有听力问题的孩子编到我那样的班级是不合适的。若她真的有听力问题,我根本无法教导。"

"去年她曾被送到医院给耳鼻喉科的专家检查过,"鲍伯回答,"显然他们无法检查出什么,所以他们后来就对她进行 ABR 测试。"

"ABR 是什么东西?"我问。

"听觉脑干反应(Auditory Brainstem Response)。"茱莉回答。

"那种测试能够分辨出大脑是否对声音有反应。"

"结果呢?"

"她的听力似乎没有问题。"

"哦。"我忍不住叹了口气,并感觉到一股轻微的沮丧。在与薇纳斯接触过后,我变得很相信她的问题是听力丧失所导致,那让我觉得我有足够的能力应付这个问题。现在,我还没有准备好突然接受他们所给的答案。

此时休息室里一位名叫莎拉的三年级老师转头看着我们。"我想,我们所要讨论的薇纳斯,其实根本就没什么好谈的。这里,如果你们明白我的意思的话。"莎拉碰了碰她的太阳穴。"薇纳斯看起来一片空白,因为,基本上,她就是一片空白。那是家庭的问题,福克斯家的每个孩子,他们全都……"她的声音拖得长长的,并没有把话讲完。可是她其实也无须讲完,我知道她想要说什么。

鲍伯叹了口气。"我希望不是那样,可事实是,那并不是一个聪明的家庭。"

操场上混乱的喧闹声开始从窗户传进来。就在那一刻,休息室中所有老师都静止不动,留神倾听,然后才齐聚到窗户前看看到底发生什么事。

我无须到窗前去看,因为我立刻知道那是我班上的某个孩子。我早已发现,无法抑制的尖叫是情绪障碍的孩子的特点之一。正常的孩子可能会大声地嚷、吼或尖叫,但六或七岁的孩子,都已具相当的社会性,不会出现那种高频、绝望的尖叫方式。我放下咖啡,夺门而出,越过走廊,朝操场的方向跑去。

在远处一排无花果树下有两位操场监督员,正努力地把孩子们分开。我认出了比利,因为他那色彩鲜艳的衬衫已被扯破,于是飞快地奔过去。

除了比利之外,现场还有薛恩(或杰恩)以及……两位老师正努力地把孩子们分开,所以我没能立刻看出来第三个孩子是谁,直到我走近分辨出那是——薇纳斯!

薇纳斯犹如一只能看见手臂与腿的黄蜂,朝比利猛烈攻击。还有更令人震惊的,绝大部分的尖叫声竟然是她发出的。多么诡异的尖叫声啊,夹杂着一种令人毛骨悚然的啼泣声,分贝高的连我的耳朵都快承受不住了。她一边尖叫一边拉扯,直到挣脱老师的掌控,然后奋不顾身地冲向鼻子已经淌着血的比利。另一个老师抓着比利与薛恩(或杰恩),当比利看到薇纳斯再次朝他冲过来时,他甩脱老师的控制,开始跑了起来。

薇纳斯没命地追逐着,我在他们俩身后没命地追着,茱莉也一样,她刚从教师休息室冲出来,还有鲍伯与其他老师。我们就像童话故事"姜饼男孩"中的角色,一个接着一个在薇纳斯后面紧追着,而薇纳斯则在比利身后紧追着。当比利跑到操场尽头的墙时,薇纳斯将他困在角落，并开始愤怒地拼命对他挥拳。不过，她没有笨到让我们抓到她，因为在我能够触及她的那一刻，她动作敏捷地爬上了围墙。

蜘蛛人，一点都没错，我心想。我以不太优雅的姿势一跳，也爬到围墙上，把比利留给鲍伯、茱莉与其他老师处理。

薇纳斯利用她清楚自己往何处去而我却不知道的优势，沿着墙穿过矮树丛，抄过某人的后院，跑进小巷中。我在她后面紧追，尽我所能地跟上她。当遇到必须翻越或从什么东西底下穿过时，她惊人的敏捷，我却因腿长碍事。大约追了半条街后，我终于追上她，紧紧抓住她的衣服。

"停下来！立刻！"

她企图扭开，可是我牢牢抓住她的肩膀。又伸出了另一只手，抓住她的手臂。

我们就那样站着，喘着气。和比利大打那一架后，薇纳斯的膝盖擦伤，但其他部位却都还好。她小心翼翼地盯着我，那一刻，她眼神里的丰富生命力是我先前从未见过的。

"在我的班上你不可以做这种事情，"我说，抓牢她的手臂，"我们回学校。"

她的双脚就像钉进草地里了一样，一动也不动。

"不，我们得回学校去，现在是上课时间，你属于那里。"

看来薇纳斯不打算配合。除了将她抱回学校，我似乎别无他法。她看穿我的打算，发狂地狂舞乱踢。结果，我们花了很长的时间才回到学校操场。全部的距离大约只有两条街长，她却让我无法一趟将她抱回学校，每走几米路，我就得把她放下来，重新抓紧她。终于，鲍伯来解救我了。看到我在街上挣扎前进，他抓住薇纳斯的另一边。我们合力，以青蛙行进的方式，抓着她回到学校。

薇纳斯在鲍伯碰到她的那一刻，再次开始使用她那高音阶的尖叫方式。终于，我们回到教室。鲍伯上气不接下气地说："也许把你的教室设在这里不是个好主意。"

到了教室，鲍伯松开手，但我仍抓着薇纳斯的手臂。茱莉在教室内陪其他孩子，他们全都惊恐地看着我们。鲍伯一看到情况多少得到了控制，于是说了再见，关上门走了。这一刻，烂摊子被丢给了我。

教室门上没有锁，所以我请茱莉到门前去守着。为了不让薇纳斯冲到教室对面，我用脚勾出一张椅子，并指定它为"思过椅"，我把她按坐在那张椅子上。

她又是尖叫又是挣扎，但我将她紧紧按住。

"你得待在这里。在你冷静下来，不再打架之前，你都得待在这里。"我非常谨慎地松开我的手，原以为她会跳起来冲到教室对面。但她的反应却与我的想法相反，在我松手的那一刻，薇纳斯立刻安静下来。她颓坐在椅子中，好似她非常疲惫。

"在这个教室里，我们不可以伤害其他人，也不可以伤害我们自己，这是班规。"

"那是两条班规。"比利在他的位子上尖声地说。

"那是一条班规，比利，"我凶狠地说，"班规是：我们绝对不伤害任何人和事物。"

"就连苍蝇也不行吗？"比利问，"我们在这里不可以打苍蝇吗？"

茱莉一见情况不对，立刻介入，催促着比利加入其他男孩捏陶土的行列。

我转身回到薇纳斯身边,她依然坐在那张思过椅上。她警戒地看着我,那双沉默、迷蒙的眼睛犹如黑洞般深不可测。

"我把定时器设定五分钟,"我说,"当它响起时,你就可以起来重新加入我们的课程。"我把定时器放在椅子前面的架子上,小心地后退,并猜测她会趁我后退之际拔腿冲出门外。

没有如此,薇纳斯没有动。定时器响了,薇纳斯依然没有动。

"你现在可以起来了。"我说,我正在杰西的位子上和他一起捏陶土。

没有回应。

我离开杰西的位子走向她。"这张椅子是思过椅,它是当你失控、需要一个安静时刻时,让你冷静下来时用的。可是现在你已经冷静下来了,不必再坐在这张思过椅上。来吧,我来帮你开始捏陶土,我们正在捏水壶,你以前捏过水壶吗?"

薇纳斯凝视着我。从她完全不理解的表情看来,我也许是在对牛弹琴。

我把手伸到她的手肘下,鼓励她从椅子上起来,她照做了。我将她带到我们正在捏陶土的地方。"来,坐在这里。"

她只是站着。我轻轻地用一只手按压她的肩膀,让她坐在椅子中,然后拉出旁边的一张椅子坐下,接着拿起一团陶土给她看。

"看,这是什么?陶土耶。看,看杰西怎么捏。你必须把你的拇指推到陶土团里面……"

她的眼睛甚至没有看着陶土,而是盯着我的脸,好似她根本没有听到我所说的话。

她听到了吗？这似乎很难令人相信，我带过很多有说话或语言障碍的孩子，可是没有一个像她这般丝毫没有丁点反应的。这个听觉脑干反应测试真的精确吗？有没有可能她的大脑与耳朵之间出了问题而他们没有注意到呢？

我起身。"来这里，薇纳斯。"我说。她当然没有过来。我必须再重复整个程序，把她拉离椅子并带到教室的另一端。我将她带到教室角落区，坐在地板上看着玩具。我对符号语言不太在行，依稀只记得一些主要的抽象符号语言，例如"家庭"或"姐妹"，可是我还知道一个具体的符号语言。"洋娃娃。"我打出符号并高举着一个婴儿娃娃说，"洋娃娃。"

薇纳斯看着我，轻轻皱着眉头，好似她觉得我正在做一件很奇怪的事情。

我又打出符号。"洋娃娃。"我非常非常缓慢地打出符号。

我伸过手去，举起她的手，将它放在洋娃娃上，让她的手指滑过玩具的塑胶表面，然后努力地用她的手指打符号，之后又自己打了一次符号——"洋娃娃"。

放学前的二十分钟就这样过了，薇纳斯一次也没有回应。

终于，放学的钟声响起。茱莉带领那几个搭校车上学的孩子去候车处，我则看管走路回家的那几个。等一切结束后，我回到办公室的档案柜处，想要仔细地看这几个孩子的档案。我抽出薇纳斯的档案并坐下来。

茱莉进来，带来了两杯咖啡。她在桌子另一端拉出一张椅子坐了下来。

"嗯,学了一个经验。"她说。

"我倒是把它想成这是因为第一天的紧张,一切都会稳定下来的,"我望着她说,"你知不知道薇纳斯以前是否也曾发生过那种事?"

一阵静默,几乎是犹豫,然后茱莉点点头。"有的。事实是,我觉得那才是她被放在这一班的真正原因,她的说话问题其实还在其次。去年到最后,他们不得不连下课时间都看守着她,因为她只会打架。"

"这下可好了,五个孩子,可真要天下大乱了。"

"待在你班上有如待在牛仔帮里,对不对?"她反倒愉快地说。

我抬头看着她。

"难道你没有注意到所有牛仔的名字吗?比利——比利小子。杰西——杰西·詹姆斯。还有薛恩、杰恩,以及一切的混乱。"她开始大笑。

"我可不记得有哪个牛仔的名字叫作薇纳斯。"

"呃,不是牛仔,"茱莉说,想了一下,轻轻地耸肩,"那孩子是不适合。"

薇纳斯的档案令我十分沮丧。她是分属三个不同父亲的九个孩子中最小的一个。生下包括汪达在内的前面四个孩子的男人,因伤害罪而被判刑,后来获得释放,但又因抢劫银行再度入狱,之后又获释放,三年后因贩毒遭起诉,并于拘留期间死亡。第二个男人,是接下来两个孩子的父亲,痛殴怀孕中的薇纳斯的母亲,以致胎死腹中。他因虐待孩子而被判刑、获释,后来因为把一只小狗从桥上丢到高速公路上,而被以虐待动物的罪名起诉。第三个男人留下三个孩子，包括薇纳斯。他有一连串的偷窃前科，再加上其他与嗑药、酗酒相关的罪名，更有甚者，他还因恋童癖行为遭到起诉。他目前已获释，住在别处，因为他被禁止与孩子们有任何接触。

薇纳斯的母亲有一长段从妓历史，并且因嗑药与酗酒问题而多次进出戒毒中心，现在与九个孩子中的七个住在一起，这七个孩子中有三个被官方认定为智力障碍，而七个孩子全都在接受不同形式的特殊教育。老大，是个儿子，比汪达大一岁，目前正在服监。接下来是汪达，第三个是个女儿，今年十七岁，在去年被警方监护期间发病，现在大脑受损。另外两个孩子，分别是九岁与十二岁的男孩，据称患有严重的沟通问题，正接受说话治疗。

档案中对薇纳斯本身的记录却非常的少。我猜想，一般的看法是，从她的家庭历史便可窥知全部，她的问题已无须多写。档案上没有记载怀孕或出生时的并发症，也丝毫没有提及她的早期发育是否正常。她第一次引起当局的注意是在她五岁报名就读幼儿园的时候。此时的记录是，她几乎完全沉默，而且少有反应。唯有在操场时例外，唯有在受到挑战或威胁的时候例外。薇纳斯似乎有一股近乎表现喜剧情节的力量：她尖叫，吼叫，有人甚至认为她是在咒骂。若是我没有亲眼看见的话，我会觉得表面上那幅画面似乎很好笑——沉默、没有感情和思想的七岁女孩一下子转化成了凶残的小小杀人机器。

我合上档案。

不许穿鞋子上课的班级

"我要告诉我妈妈!"杰恩喊道,"我要告诉她你拿走了我们的鞋子。她会要你还给我们的!"

第二天我抵达时,比利已经坐在教室里了。

"怎么回事?"我惊讶地问。"现在才八点十分。"

"我不得不提早到,我那去他妈的公交车不愿晚点到。"

我伸出一根手指压在唇上。"可不可以只要用'可恶'就行了。可恶的公交车不愿晚点到。"

他不屑地噘起嘴。

"那你为什么不到操场上去玩呢?"我问。"上课铃要到八点三十五分才响。"

"他妈的,那女孩在那。"

我再次伸出一根手指压在唇上。"我们必须记住,你是班上年纪最大的学生,我可是指望你来树立好榜样的哦。"

"我不在乎。他妈的,那女孩在那,我可不想冒险。没有老师在那里看管我们这些可怜的孩子,他妈的那女孩又会把我打得半死。"

"她对你说什么了吗?"

他低下头,只是耸耸肩。"她只是显现出疯狂的神情。女孩子是他妈的精神病或怎么了,反正那就是她的样子,好像是电影《半夜鬼上床》(Elm Street)中佛莱迪的小妹妹似的。"

"好吧,就只有今天早上你可以待在里面,可是以后绝对不行。学校有规定,上课铃响之前,所有的人都必须待在教室外面。"

"你就没有在外面啊。"

"是所有孩子都得待在外面,你明白我的意思的。我们会想办法解决这个问题,好让你不再感受到威胁。"

比利戏剧性地跃上他的桌子并且厌世般地叹了口气。"我恨这所学校,我恨要每天来这个地方。为什么我一定得要来这个地方不可呢?为什么我不能去上别的学校呢?像我哥哥上的那一所啊。我哥哥一定不会让我受某个精神病女孩欺侮,这是发生在我身上最最糟糕的事情。我的运气实在太背了,我是全世界运气最背的小孩。"

"如果你在这里好好努力,同时管好你的嘴巴和脾气,也许你有机会回到你以前读的那所学校。"

"真的?我只要那样做就行了吗?"他用友善的地语气说,好似从没有人对他提起他的行为问题。"没问题,我可以做到那样,我会表现得像个模范生那样好。"

"那样就太好了,我会特别以你为荣的。不过现在,如果你能够不继续站在桌子上,我就很满足了。请你坐下来。"

比利愉快地跳下来并抓起他的椅子，高兴地甩动着。"坐下吗？好的，没有问题，都听你的，老师。我就坐下来。你要我坐在哪里呢？"

第二个来到我们走廊的是杰西，一旁还有一个女人陪伴着，我认出她是校车司机之一。她抓着他的衣领，将他推在前头走进教室。

"这个孩子待不久了。"她试探性地说。

"怎么了？"

"在我的车上，你得找到座位，乖乖坐在座位上，双手不可以乱动。他连这简单的三件事情都做不到。"

"他把他的头伸出车窗外，咒骂车外的人。"比利接着说。

"你并不在场，比利，所以请你不要插嘴。"

"他就是那样，"校车司机说，"而且也不坐在他的座位上。这个孩子不到三秒钟就把你告诉他的话忘得一干二净了。我告诉他坐好，闭嘴，不要吵到大家，他却故意把一个正要上车的一年级女生绊倒，然后待她要爬起来时，又把她推倒。我说，'不准那样，小子，否则你就得下车走路'。他接下来顶嘴的话我不想再重复一遍。所以我告诉他，等我把他载到这里之后，他就惨了。"

我点点头。"好吧，去那边坐下，杰西。"

薛恩与杰恩突然冲进来。

"哦，去他的，可恶的达尔马提亚犬来了。"比利嚷嚷。

薛恩甚至没有停下来放他的东西。直接冲过去，怒殴比利，用他的便当盒敲打他的头，敲声之响连旁人都听得见。比利号哭了起来。

"你们这些女孩。"杰西嗤之以鼻，好似那是最不堪的侮辱。

杰恩也加入战局，用力踢比利。杰西从他的座位上跳起来，也加入战局。校车司机意识到战况激烈，停止了抱怨，立刻离开了教室。

等到我冲到他们前面，四个男孩的拳脚早已纠结在一起，教室内喧闹的声音已达到震耳欲聋的程度，我开始使尽全力地吼叫。

我投入混局之中，抓到其中一个双胞胎的腿，并将他拖出来。我扯掉他的鞋子，因为没有了鞋子，他踢起人来比较不那么痛，接着我将他按坐在一张椅子上。"留在那里。"

下一个是比利，他没命地尖叫，一半因为疼痛，一半因为愤怒。我将他丢进另一张椅子里，"把你的鞋子脱掉。"

然后我抓到另一个双胞胎的长裤背带，并将他抓离地面，扯掉他的鞋子，将它们一只接一只地甩到远处，接着将他推坐到一张椅子中。

最后一个是杰西，他似乎已怒火攻心，除了将他按到地上等他冷静下来之外，别无他法。一待他停止踢打挣扎，我立刻脱掉他的鞋子。

"好了，你们四个。"我说着站了起来。三个男孩以半圆形方式狼狈地坐在椅子中，杰西则仍然坐在地板上。"从现在开始，在这个教室里面穿鞋子是特权，而不是权利。"

"你是什么意思？"比利问。

"我的意思是，我不想被踢得瘀青。鞋子不是用来踢人的，除非每个人穿上鞋子的时候都知道如何保持良好行为，否则不准穿鞋子。"

"你就穿鞋子啊。"比利说。

"是的，没错，因为我没有用我的鞋子踢任何人。可是在你们让我看到你们不再踢任何人，并赢得那项特权之前，你们只要一进教室，就得把鞋子留在门口，直到你们要离开时才可以穿上。"

"你不可以那样做。"杰西说,他脸部的抽搐已经开始了。

"看着我。"我说,拿起一个大型塑料箱子,走过教室,将被我丢到远处的鞋子全收进箱子。

"我要告诉我妈妈!"杰恩喊道,"我要告诉她你拿走了我们的鞋子。她会要你还给我们的!"

"我打算在你们要回家的时候再还给你们。可是在这里,它们要放在别的地方。"我把箱子放在一个高橱柜上面。

"她会要你还给我们的,"杰恩哭着说,"它们是我的鞋子,我妈妈买给我的。"

杰恩从他的座位中站起来。

"不行,杰恩,你坐好,"我说,"你也是,杰西。"

我的表情一定够有威慑力,因为他啪的一声坐回椅子中。杰西站起来,走到我指定的那张椅子前,可是他的身体姿势、动作,甚至是他周遭的空气都显出一种几乎无法控制愤怒的沉重。

我从桌子下拉出一张椅子,坐了下来。我们全都坐着,男孩们以一种狼狈的半圆形方式静静地喷着怒火。一分钟过去,另一分钟过去,又一分钟过去……

"我们要在这里坐多久?"薛恩问。

"一直坐到每个人都冷静下来。"

"我已经冷静下来了,"他说,"我们得在这里坐上一整天吗?"

"我都没有生气过,"比利接着说,"都是那边那个他啦,肉干脸,一切都是他引起的。如果你要处罚人的话,就处罚那个丑不拉几的黑小孩吧。"

"我从没有打过你！"杰西回嘴。"是他开始的。"他说，并指着薛恩。

"你们都是去他妈的混蛋，"比利生气地喃喃自语，"我希望我没有在这个去他妈的班级里，我希望我甚至没有听过这个班级。"

"是啊，我也一样。"杰西说。

"我也是。"薛恩说。

"还有我。"杰恩接着也说。

"嗯，至少在一件事情上大家意见是一致的。"我说。

"不，老师，"比利说，"你不一致，而你却也是大家的一分子。"

"不怕让你知道，比利，在这一刻，我也不是非常喜欢这个班级，我有点希望我从来就没有听过这个班级。"我说。

比利的眉毛扬了起来，一种真诚却惊讶的表情闪过他的脸庞。"可是你一定得在这个班级里，它是你的班级。"

"是的，它不也是你的班级嘛。"

"可是你是老师啊。"

"可是这种班级一点都不好玩，不是吗？"我说。"我一点都不喜欢你们刚刚做的事情，所以我们打算怎么处理呢？"

这问题似乎困扰住了几个男孩子。薛恩与杰恩交换着困惑的眼神，可是比利，这位班级发言人，提出他对此事的看法。"也许你已经疯了。"

"那么那个女孩该怎么办呢？"杰西突然问。

那是我第一次想到薇纳斯，她还没有进教室。在我们陷入混战的过程中，上课钟已经响了——那已经几乎是十五分钟以前的事。我站起来,但仍然面对着男孩们,装作无意地靠向窗户并瞄着外头。果然,薇纳斯就站在她的那道墙上。

"你不觉得我们的问题已经够多了吗?"比利对杰西说。

我不敢丢下这几个男孩子走出教室去找薇纳斯。我只能希望在办公室前面的某个人能注意到她,去把她从墙上抱下来,因为目前我首先要做的事情是先稳定教室内的气氛。我回到圆圈里坐下来。

"现在,"我说,"我们该如何解决这里的问题,让事情可以更圆满?"

"那么那个女孩怎么办?"杰西问。

"那个女孩在外面,而你在里面。我正在对你讲话,还有你,你和你。我不要每天有一场长架,我不希望教室内永远像现在这样,我得强迫每个人坐在椅子中,直到他们冷静下来。比利是对的,这种事情一点都不好玩。没有人想要待在这种班级里,就连老师也不愿意,所以我们该如何来改变这种状况呢?"

"把那个丑不拉几的黑小孩剔除出去。"比利说。

"你才应该被剔掉咧,娘娘腔。"

"把每个人都剔除,"薛恩补充说,"把整个世界炸掉。"

"对,砰!"杰恩高兴地大叫,站起来高举双手。

"把你的屁股粘在那张椅子上,杰恩。"我说。

"粘!粘!去拿糨糊来!"比利高喊,并跳了起来。

"比利!"

* * *

在这场显然让我力不从心的班级讨论会大约进行十分钟后,教室门突然被打开了,汪达走进教室,薇纳斯尾随在后。

"必须脱掉她的鞋子!"比利尖叫。"你得把鞋子脱掉,精神病!不可以在这里面穿鞋子,老师说的。"

汪达一脸惊慌失措,薇纳斯则面无表情。

我走到门口。"进来,甜心。谢谢你带她进来,汪达。"

"她不想到学校来。"汪达回答。

"没错,我也不想!"比利吼道,"这里根本就是监牢。"

"哦,你闭嘴行不行,猪头?"杰西喃喃道,一语道中我的心声。

比利毫不退让。"脱掉她的鞋子,老师,你得脱掉她的鞋子。"

"比利,你从哪里学来'精神病'这样的词?"我问,同时在汪达离去后关上教室门。

他耸耸肩。"反正就是知道。我就是脑筋好嘛,那就是我啊。可是我之前没有见过一个真正的精神病,但那女孩是一个,所以叫她把鞋子脱掉。"

这天早上是绝对的恐怖,似乎完全没有办法让那几个男孩不打架。我一放松警戒,他们便又陷入混战。我要每个人帮忙想出一些办法,该如何来处理这种攻击行为,可是大家只是说"坐在椅子上,直到下课"。以前,我会设置一张"思过椅"作为处罚之用,可是在这个教室里,那是根本行不通的,因为一次就要设置四张。到了上午十点,我不得不移动家具,安排每个角落里放一张桌子,中间两张。维持安静的唯一方法,就是让每个人尽可能地分开。

薇纳斯重演她前一日的表现,毫无反应地坐着,完全遗忘了那几个男孩。

下课铃声响起,四个男孩跳起来并冲向门口,忘了他们脚上都没有穿鞋子。

"等一下!"比利大叫,"我们该怎么办?"

我拿下装着鞋子的箱子,开始将鞋子拿出来。我把薛恩的慢跑鞋递给他。

"我不会绑鞋带。"他说。

我看着比利。"拜托帮薛恩绑一下鞋带。"

"他不可以碰我的鞋子!"薛恩喊着。

"还有杰西,你帮杰恩绑鞋带。"

"别想!"

"好吧,那么我想大家都不用下课了。"我说,并把箱子放回橱柜上。

一阵尖锐的抗议声响起。

"不公平,"比利哭喊,"我又没有做错什么事。"

"我也没有。"

"我也是!"

"好,那你们四个就自己想出解决的办法吧。除非杰恩和薛恩的鞋带绑上,否则你们谁都不可以出去。"

"你帮他们绑,你是老师啊。"杰西说。

"不行,我得去帮薇纳斯穿鞋子。"我从箱子中抓出薇纳斯的鞋子。

"不穿鞋就出去。"薛恩提议。

"不行,抱歉,那绝对不行。"

"哦，去他妈的，"比利以极厌世的口气说，"给我去他妈的鞋子。"

我伸出一根手指压在唇上。

"我不在乎。去他妈的，去他妈的，去他妈的！"

我没有说话，只是指了指时钟，示意下课时间已过了几分钟。

"好吧，给我去他妈的鞋子吧，"比利说，"过来这里，笨蛋，让我来帮你绑你的笨鞋带好了。"

我拿出薛恩的鞋子递给比利，然后拿出杰恩的。"杰西？"

杰西重重地叹了口气，接下鞋子。

投降后，男孩们最后只剩下六分钟的下课时间。

可是事情并没有就这样平息。就在我们为那仅剩的下课时间匆忙下楼时，薛恩不小心地撞上薇纳斯。这是个天大的错误。她当场变脸，抓住他的衬衫，将他推下还没有走完的楼梯，然后，拳头如豹子般敏捷地打在薛恩身上。还好只剩几个台阶，因此他没有受伤。而一位正好经过的六年级老师帮我制止了薇纳斯，并将她带到学校办公室，然后在仅剩的下课时间里，她就像石头一样地坐在一张椅子上。

下课结束后，我命令大家再次脱掉鞋子，并将它们收进已变成众所周知的"鞋子箱"里面，再将箱子放到橱柜上。我非常清楚这个阶段绝对不是进行团体活动的好时机，所以我带孩子们认识他们的功课活页夹。由于一直以来我总是教导那些学业程度不同的孩子，所以已习惯将每个孩子当天的功课放到档案夹中。上课一开始，我发下活页夹，然后让孩子们做里面的功课。趁着他们做功课之际，我穿梭巡视，适时地协助他们。这套方法收效很好，只是在新学年的头几个星期里往往会麻烦不断，通常都是因为有些孩子不习惯独立做功课。

我解释这套作业的流程，并让孩子们浏览他们的活页夹，可是我不想在上课后短短的十分钟里，就催促孩子们熟悉我们想要进行的流程。因此，我提议他们可以先在活页夹封面上装饰上他们的名字以及他们喜欢的东西，好让我清楚哪个活页夹是哪个孩子的。

男孩们都兴奋地埋首于他们的创作活动中，同时因为我将他们的位子全分开，所以他们开始平静地做起他们的功课，丝毫不吵闹。然而，薇纳斯还是只坐着。我来到她的桌前，在她的椅子旁边蹲下来，"你知道你该做些什么吗？"

空洞的表情，这次她甚至没有看我。

这个孩子到底是怎么回事？若她听得到，那么为什么她没有反应？难不成她的大脑受损？会不会她其实听到了，但不理解她听到的是什么？抑或，她听到了，也理解，然而无法将它转变成行动？或者她的智力发育真的迟缓到真的没有太多能力回应？

"你和我将一起来做点别的事情。"我说，拉出她旁边的一张椅子。我拿起一根红色蜡笔，把蜡笔放在她的手上。薇纳斯甚至连假装握着它的动作都没有，那根蜡笔从她的指缝间掉落到桌面。

"来，薇纳斯，"我又拿起那根蜡笔，"将这个握在你的手里。"我扳住她的手指，并把蜡笔放进去。我握着她的手，在她前面的纸上画了一条直线。

"你能画那个吗？"我问。

薇纳斯让蜡笔从她的指缝间掉落到桌面。

我自己拿起蜡笔，又画了另一条线。"现在，换你试试看。"

薇纳斯只是坐着。

我贴近薇纳斯的脸。"醒醒啊。"我相当大声地说。

"哇！你们在那里干什么？"比利喊道，同时在他的椅子上打转。

"我在和薇纳斯说话。"

"嗯，那你也不必用吼的啊，她就在你前面。"

"我试着引起薇纳斯的注意。"

"那个我会！"比利愉快地说，而且不等我响应便弹出他的椅子，冲了过来。

"啊！啊！啊！"他对着薇纳斯的脸尖叫，像只猩猩一样地跳上跳下。

"比利，现在就回到你的座位上坐好！"

"看着我，精神病女孩！看着我呀！啊！啊！啊！啊！"他使出吃奶力气吼着，并做出一个痴傻的表情。

薇纳斯对此有了完全的反应。她跨跳过桌子，紧追比利。比利的叫嚣中带着恐惧，拔腿飞奔。受到这种情形的刺激，其他几个男孩也跳了起来。薛恩与杰恩狂奔、尖叫，他们的动作疯狂且不协调。杰西逮到报复的机会，趁着比利跑过的时候将他绊倒。一转眼，杰西已压在他的身上挥拳猛打，几秒钟后，薇纳斯压在他们两人的身上，扯着杰西的衬衫，咬他的头发。

我疲倦且费力将每个人拉开，并强迫他们坐在椅子中。

m&m's 巧克力的诱惑

> 这个平衡上的小小转变给了她足够的力量挣脱我的掌握。霎时,她一跃而起,冲向门口,出去,消失了。

那周剩下来的几天都在无尽的混乱中度过,而我大部分的时间都在做控制秩序的工作而非在教书。

每次孩子们进到教室就得脱鞋,当然,这使准备下课、午餐、回家时刻变成了苦差事,因为只有比利和杰西会绑他们自己的鞋带。不过,这倒给了我一次小小的机会去联系他们之间的感情,因为我逼比利与杰西负责帮双胞胎绑鞋带。幸运的是,薇纳斯一直都穿套脚的鞋子,所以我无须把她交给任何人来帮忙绑鞋带。

我事业生涯中的第一次,我设置了不是一张而是五张"思过椅",因为他们一起卷进一场大混战中。在那个星期里,我没有一天不需要在某个时候同时使用五张思过椅。甚至头三天的大多数时间都是"坐在思过椅上的",这全是比利招惹的。

我被四个有着牛仔名字、脾气暴躁又傲慢的男孩们搞得头昏脑涨，于是决定倾注全力将我们结成一个团体。我认为我们可以变成一个"牛仔帮"。我们一起想出一个名字、一条行为规范以及一些有趣的事情，以象征我们的"归属"，我希望那会是团体和谐的开始。

不幸的是，我立刻意识到我的错误，因为孩子们不能领会那个想法的真正意义。虽然"牛仔帮"意味着归属与遵守某一条行为规范，并且彼此帮助，但它好像同时也意味着攻击、射击与极多的沙文主义行为。易言之，就是不受法律约束。这绝非我该鼓励的东西！第一个注意到这一点的人是杰西。当我谈到我们是一个"帮派"时，他迅速地说，我们会是个无法无天的帮派。我说，不，那不是真正的用意。接着，比利扯起嗓门兴高采烈地说："哦？难道那意味着我们会受法律约束？"

我迅速浇熄他们的暴力幻想，男孩们终于开始想一些不同的东西。最后他们选择组成"花栗鼠帮"，这对我而言那似乎温驯得可笑，但他们却很乐在其中。比利很投入，他希望有一个誓约和一个秘密的握手方式以象征会员身份。然后杰西提议，它应该是个秘密社团，而且我们也可以有其他特别的暗号，好让彼此知道我们就是花栗鼠。结果，到了当周结束之际，什么意见也没有达成。

在这整个过程中，薇纳斯一直活在一个不同的世界，从这点到另一点，从这个活动到另一个活动，都必须他人帮忙移动。不过，一个意外的撞击会让她因出其不意的愤怒而清醒，犹如有人按下她的清醒"按钮"一般。一旦"按"下这个按钮，薇纳斯的尖叫声便有如死亡妖精（banshee，苏格兰的妖精，传说家中有人即将死亡时，就会听到他的哭泣声,成为死亡的预兆),并发狂地追逐任何人。她的愤怒似乎没有不分对象,没有焦点,而且具有危险性。

每当我们将椅子围成圆圈讨论些什么时,我总会试着让薇纳斯参与其中,只是我得先移动她的椅子,再移动她。到了下午,当茱莉在场可以帮我照顾几个男孩时,我便单独陪伴薇纳斯。做些什么呢?我一直都不确定。只是想要得到她一个反应吧,我想。有时候,我尝试让她画图,还有些时候,我会在她前面堆上一堆积木,并且一个接一个地将它们往上垒,垒出一个我觉得是非常吸引人的高塔,唯一的要求就是打倒它。她能够打倒它吗?不,没有反应。我帮她举起她的手,打倒高塔,它倒了,薇纳斯却甚至没有眨一下眼睛。我把塔再堆起一半,并塞了一块积木到她的手中。她能够将它垒上去吗?不,她的手只是放在原处,而积木松躺在她的手指间。我把塔堆完,然后再一次、又一次地举起薇纳斯的手将它打倒,但她没有反应,甚至没有露出一丝不耐烦的神情。

薇纳斯的行为令我困惑且挫败,我不得不把我的困惑带到教师休息室里。当我为该如何处理教学中的难题而苦恼时,我并不敢期望有谁能够提供我现成答案。我只想到休息室去,抱怨我的苦恼,并在这个过程中再回顾自己思考着的问题,往往我会在这个过程中想出解决之道。

不过,某天下午放学后我和茱莉独处时,她突然问我:"你对薇纳斯真的很生气,对不对?"

我惊讶地扬起眉毛。"不,我不生气。你为什么这样说呢?"

"呃,你似乎很生气。就你在休息室所说的内容,你已经在抱怨了。"

"那不是抱怨，只是在发泄情绪，就那么单纯。"我对她露出保证的微笑。"那与生气不一样，我一点都不觉得生气。"

茱莉看起来一脸的不相信。

我必须承认我错估了茱莉。因为她的娇小身材，甜美的脸庞，绑着厚厚发带的长马尾，给人一种青春以及天真烂漫又难以忘怀的感觉。所以我自大地假设我有个"好死党"——某个能很快融入我的特殊环境的人，我能协助她成为全能的教育家，一如鲍伯待我那样。只是，才一个星期的时间，这个幻想已经开始不现实了。

例如，星期三，薛恩从窗架将一个玻璃鱼缸放到桌上。薛恩也曾经在其他场合中做过同样事情，每次都被我中途拦截下来，并且非常仔细地解释那是被禁止的行为，因为鱼缸太重又不好拿，可能会造成意外。再者，里面的鱼儿也非常不喜欢这样。不过，这次他趁我不注意的时候偷偷做了，结果，鱼缸里的水溅出来，把他吓了一跳，他松了手摔了鱼缸，薛恩马上开始号哭起来。

茱莉离他最近，她微笑地蹲下来，伸出手臂搂着他。"真可怜，你有没有被吓到呢？"她以极尽安抚的语气说，"别哭，你不是故意要让它掉下去的，对不对？意外总是难免的嘛。"

听到她那番话，我感到很羞愧。换成是我，我当下的反应会是极度的懊恼，并且会对他说（或许口气不是太愉快的），那本来就是抱着鱼缸到处晃的结果。我绝对不会去安慰他，甚至还会命令他帮我吸干地板上的水，并捡起那些可怜的金鱼。茱莉的反应实在比我温柔太多了。

经过那件事情后,我发现茱莉极富同情心,那几个男孩们所做的事情似乎不会令她感到气闷。若遇到有人极不友善,而且有哪个小恶魔还直直地盯着她的脸时,她会语气平静地说,"那不是很体贴哦,"或者"我相信你不是故意要那样做的。那是个意外,对不对?"对薇纳斯也是如此。不,薇纳斯对茱莉与对我一样都没有反应,可是茱莉觉得没有关系。"我相信她只是需要时间适应,"茱莉会说,"这是个吵闹的环境,我想如果我们让她照她自己的速度前进,她会比较自在,也愿意信任我们,最后加入我们的活动。我们无须勉强,只需拭目以待。"

直觉上,我并不同意茱莉对待薇纳斯的方式,但她的方式却又不失其逻辑。问题是,那并非我解决问题的方式。我是一个得立刻设法解决问题的人,是个非得达到目的、不许拒绝问题的人。让薇纳斯像块木头一样地坐在那里,对我的性格而言根本就像个诅咒。可是我并没有这样说。面对茱莉的真诚耐心,我对我的急躁感到羞愧。

在薇纳斯身上经历这么多失败后,我决定试试基本方法。于是,星期一我带着一包m&m's巧克力抵达学校。

"还记得这个吗?"一进到办公室收取我的信件,我便对鲍伯说,还摇了摇手中的糖果。

鲍伯笑了起来。回想当初,鲍伯曾因利用m&m's巧克力奖励他的学生而在校区引起争议。那是20世纪70年代初期,当时的教育仍停留在十分传统的阶段。在我们安静、半田园的文化落后地区,还没有人想到诸如糖果之类的东西能与辅助学习画上等号。鲍伯彻底改变了那种思想。他想要让大家看到，他那群难以驾驭恶劣的孩童也能够发挥超常水平，对抗环境，学习并取得进步。他对学生的态度从一开始就很坚定，当他们配合并完成功课时，便以 m&m's 巧克力奖励他们。当然，他很快便赢得学生们的喜爱，不过，同时也惹火了学校董事，气他用贿赂方式让孩子学习。但从那时候开始，"利用 m&m's 巧克力"便成为我们学校同事之间对所有行为恶劣孩子的不二法则。

一开始，我非常认同 m&m's 巧克力方式，因为它实在太有效了。这种方式能够得到孩子某种程度的正面反应。我觉得这个手段极具正当性。再者，我喜欢它明显的实际效果。结果，就算我对行为主义背后的理论所知无几，但在与鲍伯一起共事的那段期间，我还是乐于参与这种方式。

不过，随着经验的累积和更多教育理论的积累，我能够看得出来那种方式的缺点，所以现在极少使用它。不过，若能适当地利用，我知道它依然是极有效的工具，而且我永远不是那种会把有用的东西完全丢弃的人。

当茱莉下午来到教室时，我要她监督几个男孩，我则和薇纳斯坐在一起。这包括把薇纳斯移到桌前，将她放到某张椅子中，再将椅子推前的整个麻烦过程。她自己则是毫无反应。

我拉了张椅子在她对面坐下，举起 m&m's 巧克力的袋子，在她面前摇了摇。"知道这些是什么吗？"

"我知道那是什么，老师！"比利从教室的另一端喊着。这一喊引得其他几个男孩抬头望。

"没错,而且如果你们把功课做完,待会儿你们也会有巧克力吃,就像薇纳斯一样。"我说,"可是从现在开始,我需要与薇纳斯独处,所以我希望你们不要干扰我们上课。"

茱莉继续努力指导几个男孩。我把手伸过桌面,将薇纳斯的脸转过来对着我。我又在她面前摇了摇袋子。"你知道这里面是什么吗?"我希望看到她突然发亮的眼睛,可是什么都没有。她凝视着我的方向。"糖果耶,你喜欢糖果吗?"

毫无响应。我打开袋子,把一些五颜六色的 m&m's 倒在桌上。

她没有反应,只是继续盯着我的脸。我捡起一颗糖果,伸过去,塞进她的双唇之间。我的动作非常小心,因为我不想惹毛她,也害怕这样的动作会令她感到受威胁。m&m's 就停在那里,一半在她的嘴巴外面,一半在里面。

"呼!"比利高兴地喊着。"看看那个精神病!她甚至不知道该怎么做。那是糖果耶,笨蛋!你应该把它吃下去。来,老师,给我一些,我做给她看。"我还来不及反应,比利已从教室的那端冲过来。

"我也要!我也要!"薛恩与杰恩几乎是异口同声地嚷着,他们也从他们的座位上冲过来。

只有杰西仍留在原位。"我才不会笨到去吃那个东西呢,"他神经质地说,"那会害我变得多动。"

比利冲了过来,一把抓起放在桌面上的那些巧克力。"我爱死了这些糖果。"他高兴地说,并将整把的糖果丢进嘴里。"看,小女孩,看到了没?你要吃它们。咔嚓,咔嚓,咔嚓,就像这样。"他张开一张大嘴巴,露出一嘴嚼碎过的糖果。

比利没有碰薇纳斯，他甚至没有弯身靠近，可是一定是他行为中的某种东西具有威胁性，因为薇纳斯突然发狂。她惊声尖叫，从椅子中跳了起来，一把攫住比利的喉咙，将他压倒在地上并骑在他身上。吃了一半的 m&m's 四处飞散。比利挣扎脱身，站起来，满脸惊恐地拔腿飞奔。薇纳斯一跃而起，在他身后紧追不舍，同时发出她那高八度的尖锐叫声。

茱莉和我紧追在后，椅子纷纷倒地，桌子被他们推得发出刺耳声音。双胞胎也兴奋地加入追逐的行列，并且跟着又吼又叫。杰西痉挛之中跳到书架顶端。

"她要杀我！她要杀我！"比利惨叫。

"比利，别再跑了。过来这里，别一直跑，你那样只会让情况变得更糟。"

"我绝不停下来！"

"杰恩，坐下！薛恩！"

教室内的吵闹程度足以比过一架喷气式飞机的引擎声。就在那一刻，我心中极度庆幸教室没有靠近办公室，否则我们的声音一定会惊动到所有人。

茱莉终于抓到比利，在薇纳斯想纵身飞向他们时，我抓住她，将她拉了回来，并牢牢抱住她。

薇纳斯对此反应激烈，她奋力想要挣脱我的掌握，急速地前后摇晃着身体，不停地以她的头撞我的胸膛。她凶狠地踢我的腿，我使尽全力迫使她坐着，好让她无法伤害我。即便我比她高很多力气也大很多，但迫使她坐下来仍是件艰难的工作。

"茱莉，帮帮我。"我说。

茱莉把饱受惊吓的男孩们留在窗户旁，来到薇纳斯与我正在挣扎的地方。

"我得控制住她的脚，抓住它们。"

茱莉尝试地伸手过去。

"你得更用力些才行，"我一边抓住薇纳斯，一边抱怨地说，"抓着它们，用力往下压，让它们紧靠在地板上。"

茱莉再次犹豫地伸过手。

"帮帮我，我就快要抓不住了。必要的话，抓住她的脚，将它们固定住。我们必须让她停止乱踢。"

茱莉努力抓住薇纳斯的脚。她身体向前倾，将它们压在地板上。

这反而让情况变得更糟糕，薇纳斯尖叫得更大声，挣扎得更厉害。

"冷静下来。"我在她的耳边轻语。

她尖叫。

"冷静下来，薇纳斯。只要你不再尖叫，我就放开你。否则，我就得一直抓着你。"

她叫得更大声，事实上，已经大到我都可以感觉到我的耳膜在振动。

"不行，你得停止尖叫。等你不再尖叫，我就放开。"

她依旧痛苦地号哭。

"冷静下来。安静，安静。"

"我做不到。"茱莉痛苦地说。

我没听懂她的意思，猜测她是因为错误的姿势，所以无法抓牢薇纳斯的脚。"撑着点,一下子就好了。"

"我正在伤害她。"

"不,你没有,你做得很好。只要把她的脚压在地上就行了。"

"我对这样的方式真的感到很不舒服,桃莉。"

"撑着点,拜托,只要再一下下就行了。"

在这番对话过程中,薇纳斯的尖叫从未停止过。

"好了,甜心,"我说,更贴近薇纳斯的耳朵,"好了,现在,冷静下来。安静,安静,然后我就放手。"

可是正如其结果并非由我能控制。"桃莉,我真的做不到,"茱莉说,"我知道我在伤害她,那种感觉就是不对。"然后她放开手,起身,后退。

那正是薇纳斯所需要的,这个平衡上的小小转变给了她足够的力量挣脱我的掌握。霎时,她一跃而起,冲向门口,出去,消失了。

我只是目瞪口呆地望着她的背影良久,然后迅速地瞟了几个男孩和茱莉一眼。"看好他们。"我说,然后夺门而出。

逃跑的薇纳斯

"听着,我真的非常非常抱歉。"她不等我开口便抢着说。"的确,我们是有一点小问题,不是吗?"

失去还处在如此愤怒中的薇纳斯令我感到极为惊慌,我匆忙跑过学校的几条走廊,仔细搜索着她的声音。经过教室内那番震耳的惊声尖叫刺激后,我实在很难清楚地听到什么声音。不论我如何努力,我所能分辨出来的就只是学校一般上课时声音:压抑的吵闹声,椅子的移动声,偶尔的咳嗽声,老师的讲话声。我跑下楼梯,往下跑,再往下跑……直到来到一楼,那里没有任何不寻常的现象。我推开楼门走进操场。

薇纳斯就在她的墙壁上,但不再是平日那种轻松悠闲的姿势,而是疲累的栖息。她的下方是汪达。

我小心翼翼地靠近,害怕薇纳斯一见我走近又要拔腿逃跑。我心中最最在意的事,是她的戒备。薇纳斯这次并没有逃跑。她紧紧地盯着我，这并非是什么不寻常之事，只是这一次，她的眼神中并没有完全地空洞。另一件有意思的事情是，她并没有愤怒。她已从教室内的那个意外中明显地恢复过来。

"哈喽，汪达。"我说。

汪达的怀中抱着一个塑料洋娃娃，她灿烂地微笑着，"漂亮孩子。"

我不知道她指的是洋娃娃还是薇纳斯，那时的薇纳斯绝对称不上漂亮。她蹲着，双手与双脚都放在墙壁上，好似会随时伺机扑向我。她一头狂野的头发与专注凶野的眼神，令我想起我曾看过的一幅尼安德塔人（原始人）孩子弓身等待猎物的画面。

"薇纳斯不高兴，"我对汪达说，"你觉得如果你要求她的话，她会不会下来？"

汪达转过头看着她的妹妹。"她不想去上学。"

"她今天来了。她很不高兴，因为我们吵了一架，可是那种事情难免会发生，不是吗？有时候我们会吵架，可是没有人会生气。我希望薇纳斯回到教室里。"

汪达的注意力转回她的洋娃娃，她将它搂在她的怀中。

"薇纳斯？"我问，"你下来好吗，拜托？"

薇纳斯毫无反应，仍是一味地专注、警戒与沉默。

"我很抱歉惹你不高兴。"

她看着我。

"我们回教室去吧。"

"她不想去上学。"汪达抗议着。

我看着这个年纪较长的女孩，想要弄清楚她是否在和洋娃娃讲话。

她举起洋娃娃,用力挤压它,然后非常笨拙地将它转过来。洋娃娃从她的怀中滑落。

"哦,甜心。"汪达说。

我毫不考虑地便弯身拾起洋娃娃。当我站直身子时,薇纳斯已从那面墙壁上消失无踪。

"她不见了。"我对汪达说。

"漂亮孩子回家了。"汪达回答,并温和地微笑起来。

* * *

追回薇纳斯似乎已无意义,因为离放学大约只剩十五分钟。薇纳斯的神经已经绷紧,若我执意将她追回来,无疑只会让情况变得更糟糕。于是,我让汪达跟着她回家,我则回到校园内。

茱莉努力安抚那几个男孩,但显然他们被那阵骚动吓到了,无法平静下来,所以等我回到教室时发现他们到处乱跑。受挫于教导薇纳斯方式的失败,又懊恼茱莉当时的不配合态度,我气得无法冷静地去安抚他们。于是最后我决定也许可以让大家做点事情,让心中不好的感觉得到释放。

"我们来听音乐。"我说,并走过去把装有铙钹、三角铃与铃鼓的乐器箱子拿下来,因为我想用音乐敲走某种东西。

剩下的时间就如此散漫地度过,只是有种走在蛋壳上的感觉。几个男孩出奇的乖,甚至当我给他们机会随着音乐敲打乐器时,他们也没有胡闹。相反地,他们坐在那儿聚精会神聆听着音乐,跟着节拍打击他们手中的乐器。

放学钟声响起。送走男孩们，我转身回教室。茱莉开始在里面打扫，当我进入的时候，她正把书本归位到书架上。

"听着，我真的非常非常抱歉。"她不等我开口便抢着说。

"的确，我们是有一点小问题，不是吗？"

"我只是发现真的很难那样抓着薇纳斯，桃莉。她是那么的生气。"

"我知道那看起来像警察抓罪犯，"我说，"看似我过于强迫她，可是我没有，她根本就是严重的失控。身为她身旁的成人，我们的工作是控制混乱，而那正是混乱。"

茱莉注视着我，一言不发。我不想为此事做辩护，可是我可以轻易地看出问题所在。我对薇纳斯所做的事实在是种大胆行径，但处理过程中我对自己的行为深具信心。撇开它的表象不提，我的感觉是这是一个重要的议题。薇纳斯明显失控，我怀疑她也许心里一直在盘算着："我要将我的意志灌输到这个女人身上，并控制整个局面。"在一深层程度上，我感觉到薇纳斯正利用她的无反应与暴力行为控制她的环境。而我的责任是帮她改善那些行为使之更为有益。不幸的是，为了那样做，我必须开始把我的意志灌输到她身上。

可是那看起来很可怕、不负责任，因为这种"感觉"无法具体说明。我如何解释"嗯，这就是我对整个状况的感觉"呢？

茱莉垂下头。"我真的非常抱歉，桃莉。我知道我让你很失望，可是我真的很害怕我们会伤害她。她挣扎得那么厉害。"

"那的确是强迫性手段，可是我们并不会伤害她。那是肉体上的，可是我们得控制我们所做的事情，如此我们才不会伤害她。我们所做的事情不同于薇纳斯所做的。我从不逾越并伤害她，可是她无法拥有同样的自制能力，那就是为什么我要你抓住她的脚的原因，因为我不希望她伤害到她自己，或者我们任何一人。"

茱莉没有马上响应。她仍低垂着头，可是我看到她皱着眉头。

"我知道你不希望我这样说，"她终于抬起头来说，"可是我不认为你的做法是正确的。我仍然对这件事感到很不舒服，因为我无法认同那样的做法。"

"那你认为我们应该怎么做呢？"

"我不知道，反正不是那个样子。我们把她吓得太厉害了。"茱莉说。

"的确，我想我们吓坏她了。老实说，我也吓坏了。可是，有时候我们就是必须狠下心才行。我必须控制这个教室的秩序，茱莉。那个设定规则的人必须是我们，而不是任何一个孩子。截至目前，薇纳斯一直利用她的行为来控制她的世界，而那样的行为无法为她带来快乐。协助她找到其他的行事方法是我的工作，可是除非我完全掌控环境，否则我无法做到那一点。为了达到目的，我不得不铁石心肠。"

"你为什么就不能等等看呢？给她时间适应并融入你的班级？老天，这才开学第二个星期呢，桃莉。难道你就不能给她点时间吗？我的意思是，这些孩子大部分都已是来自暴力家庭，你怎么能够如此理所当然地在教室里对他们使用暴力呢？"

"我并不认为那是暴力，我是在约制她，那是种控制。我只是在设定界限。"

茱莉轻轻摇头，不相信的样子。

一阵停顿后，茱莉吐出长长的、沉重的一口气。"好吧，你才是那个受过专业训练的人，你有丰富的经验，而我只是个无名小卒，只是一个助理。"接着她又叹一口气。"可是我仍然对这个'极端手段的合理化'感到非常不舒服。明白我的意思吗？"她抬头望着我。"我在这所学校已经待了一段不短的时间，我清楚她和她的手足过的是什么样的生活。我也不认为让她觉得很恐怖是件正确的事情，绝对不相信。"

"我不认为情况有到'让她觉得恐怖'那么严重，"我说，"可是我接受你的意见。"我停顿一下。"我猜，现在唯一能够说清楚的事情是，在未来，如果你不想做某事的话，最好事先告诉我，而不是半中央放弃，那样我才能够更从容以对。"

谈话结束了，但令人最难过的是，在我的心里，我是认同茱莉的。在一个理想世界中，身处我这样位置的人绝对不可以强灌他们的意志到诸如薇纳斯这类孩子的身上。只是，在一个理想的世界中，薇纳斯这类孩子是不存在的。身陷这个可怜、卑微的真实世界中，我看不到其他整顿混乱的方法。在能够实际帮助薇纳斯之前，或者帮助其他男孩解决他们的问题之前，为了确保成长所需的环境，界限的设定是必要的。这些都是不快乐、会失控的孩子，所以才会被编到这个班级。他们必须确定：我会比他们任何最无法遏制的冲动或最可怕的感觉还要坚强，对于那些他们自己无法控制的事情，我也绝对不会退缩、放弃或回避。只有在那样的保证下，他们才能够真正有所改变。

然而，纯理论的学习以及实际将知识融入生活是完全不同的。再者，适量与过量压力之间的认定总存在着争议。事实上，每个孩子都不同，每个环境也不同，这其实难有定律。

在我的内心深处，我真的很想当茱莉那类的人，那种觉得只要有充足的爱便能够改变世界的人。我觉得一直抱持这种理想是件残忍的事情，这种理想就是：坚定相信善能够克服恶，爱能征服任何事情，没有人是没有希望的，因为即便世界不能尽如人意，只要我们坚定信念，一切就只是改变的问题了。

就这样，我心情低落地度过了这一天，回到家后，与茱莉发生的分歧对我所造成的困扰更甚于与薇纳斯的。这是个令我如此难以辩护的处境。事实上，我是站在茱莉而非我自己这一边的。

第一次家庭访问

> 薇纳斯的家谈不上是一栋房子,而是空地上的一个拖车屋,它不但老旧而且已死嵌进地里面。

翌日早晨,薇纳斯没有来学校。我利用下课时间下楼到中央办公室打电话给她。

"喂?"电话那端传来一个浓重的惺忪的声音。

我自我介绍并说明来电的目的后,问道:"薇纳斯在家吗?"

"啊,什么?不知道。"那个声音回答,然后电话就被挂断了。

我再拨过去,又是那个惺忪的声音,听不出来是男声还是女声。我再次解释来电用意。"请问你是薇纳斯的母亲吗?"我问。

电话另一端的那个人心不在焉。也许喝醉了吧,总之,这通电话根本就讲不下去。最后,我决定放学后亲自去拜访薇纳斯的家。我通常都会在给家长重大警告后才做这件事,可是,我不只担心前一天她在那样的精神状态下离开学校的情况,同时还想亲眼看看薇纳斯是否一切安好。再者，我要让她家中的掌权者清楚地知道，除非薇纳斯生病，否则她一定得到学校上课。这件事情不是薇纳斯或汪达可以做决定的，那是法令。

茱莉陪我一起前往。薇纳斯与她的家人住在距离学校五条街外、铁路与屠宰场之间的贫民区。虽然它目前是出了名的犯罪与贩毒区，但据说百年前，它曾被规划成一个有宽敞人行道、咖啡馆、遍植榆树与木棉树的小区。虽然后来榆木纷纷因得病枯死而被砍掉，可是当时木棉树却十分茂盛，掩映着人行道，遮蔽整个小区。绝大多数的房子都建于第二次世界大战期间，虽然全都面积不大，但大都有玄关与宽敞的草坪。然而现在，许多房子玄关破损不堪，油漆斑驳，而且都已积满厚厚的灰尘。

薇纳斯的家谈不上是一栋房子，而是空地上的一个拖车屋，它不但老旧而且已死嵌进地里面。屋门敞开着，一个男人坐在门阶上。我停好车子并下车。

他是个体形瘦小的男子，也许比我还矮六七公分，头发是那种介于暗金色与亮金色之间的颜色，而且凌乱纠结，好似他起床的时候从不梳头发。他蓄着厚厚的短须，敞开的衬衫露出胸毛。他坐着，抽着烟，抬头望着前门的小径。

"哈喽，我是薇纳斯的老师。"

"哦，嗨。"他神态淫荡地说，让我庆幸茱莉陪同前来。

"薇纳斯在吗？"

他想了一下，好似那是个很难回答的问题，然后微笑着说："可能。你要不要坐一下？"

"薇纳斯今天没有来上学，我很担心她。除非她生病，否则她必须每天都上学，这很重要。所以，她在家吗？"

"怎么？你想见她？"他问，然后不等响应便身体后倾，转头高喊，"泰芮，有人要找薇纳斯。泰芮。"

没有回应。那个男人漠然地对我咧了咧嘴。

"你是薇纳斯的父亲吗？"

"你以为所有这些黑杂种都是我的孩子吗？"

一个女人，大约三十八九岁，出现在他身后的门口，她的长发及肩，整齐地编成辫子，看似刚起床，只不过那时已是下午三点半了。她的眼睛受不了阳光的刺激，眨了眨。"请问你是哪一位？"

我再次自我介绍并说明来意。

"哦，去他妈的，"那个女人厌倦地说，"汪达，"她转头吼叫。"汪达，你到底他妈的在干什么？你是不是又没有带薇纳斯去上学？"

汪达蹒跚着走到门口。

那个女人转身。"你到底在做什么，你这个猪头！你为什么没有带她到学校去？"

"她不去学校。"汪达若无其事地回答。

"她一定要去学校，你这个去他妈的大白痴。我跟你讲过多少次了？你什么都不会。"那个女人举起手臂状似要打汪达，但她没有。汪达逃走了，那个女人回头看着我。"我很抱歉，这种事情不会再发生了。"

"你是薇纳斯的母亲吗？"

"是的。"她用双手梳了梳头发,将她的发辫推到后方。她是个相当漂亮的女人,只是神态疲惫。

"我可以和你谈谈关于薇纳斯的事情吗?"

"为什么?她做了什么?"

"她什么都没有做。我只是在想我们可不可以聊一聊?我希望你能够帮助我了解她。"

女人疲惫地用手擦了擦脸,后退到一旁。"好吧,如果你想谈的话,就进来吧。"

我小心地从那个依然坐在门口的男人旁边走过。茱莉将她的裙子紧压在她的腿上,戒备地从他身旁走过。男人抬头对我们笑着。

进到屋内,两名十几岁的少女和一个男孩懒散地躺卧在电视前的家具上。后面有张桌子,桌子两旁各有一张长椅子,汪达坐在其中一张上。

"你们几个小鬼给我滚开,"女人说,"关掉那个该死的箱子。我半个小时前就叫你们关掉了。"

"闭嘴,贱人。"男孩说,他一定有十二岁或十三岁了。

女人抬起她的脚,狠狠地踢他的腿,"滚开。"

他咕哝着站起来,走出去。

"泰芮,"门口的男人喊着。"有时间再拿罐啤酒给我。"

"你不会自己去拿啊?"她回答。

"法兰奇,嘿,法兰奇,拿罐啤酒给我。"

我不知道哪一个是法兰奇,因为屋里没有人响应。

"汪达,"他喊道,"汪达,去拿罐啤酒给我。"

汪达迟缓地离开位子，蹒跚着走向冰箱。她费劲地拉开冰箱门，以致里面的啤酒纷纷掉出来，在地板上滚来滚去。泰芮咒骂她，那个男人也是。

泰芮丧气地叹了口气，颓坐在沙发上。她示意茱莉与我坐下。"千万别告诉我你们带来了什么问题，"她疲累地说，"因为我已经无能为力了。我有太多问题等着去解决，你们只要看看四周就明白我的意思了。所以拜托，千万别说你们有问题。"

我感觉得出她说的是实话，这一刻我对她深感同情。

"薇纳斯在家吗？"我问。

"不知道。"泰芮说，再次用手搓着她的脸。

"你觉得我们应该去找一找吗？"我问，"我想要看看薇纳斯。"

泰芮抬起头，扫视整部拖车，然后转头看着汪达。"汪达，薇纳斯在哪里？"

汪达溜下位子，漫步走向狭窄走廊，进入拖车尽头的一个房间。沉默中，几分钟过去了。茱莉和我拉长脖子望着汪达消失处。泰芮倾身向前，从咖啡桌上的香烟盒中抽出一根香烟。她点着烟，慢慢地、长长地吸了一口，最后放松满足地叹了口气。

汪达缓慢地从房中走出来，手中拿着什么东西。当她来到我们前面时，我才看清楚是那个塑料洋娃娃，包在一条毯子里，穿着旧婴儿服。汪达害羞地对我微笑，并搂着洋娃娃。"漂亮孩子。"她说，又露出微笑。

"汪达，"泰芮一看到那个洋娃娃，便夸张地大喊，"你这个混蛋，我是说去找薇纳斯，不是你去他妈的的洋娃娃。"

可是汪达一直没有去找薇纳斯。是的，我们一直没有见到她。相反地，当汪达抱着洋娃娃漫步到拖车另一端时，我才明白，其实汪达所需要的关照并不少于薇纳斯。

第二天，薇纳斯若无其事地返校上学，于是我决定继续我昨日未完之事。趁着上课之前，我重新安排教室内的家具，让我在教室内有一个独立的小小空间可以使用。这样一来，我就可以不受其他几个男孩子的干扰，独自指导薇纳斯了。

那天下午，在叫男孩们做活页夹里的功课，并将他们交给茱莉管理后，我带着薇纳斯绕过档案柜的角落，进入我的独立小空间，我在那里增加了一张桌子和两把椅子。我让她坐在其中一张椅子，我则隔着桌子坐在她对面的另一张。

当我将她带进这个私密的地方时，我可以轻微地感受到她的警觉，可是那只是一种感觉罢了，她的脸部表情并没有多大改变，且坐姿也一样，不过倒是轻轻瞟了一眼这个小地方，双肩还极轻微地动了一下，这才令我开始意识到她动作中是有征兆的。不过，她并没有继续动。不到2分钟，她又像颗石头般一动也不动地坐在那儿了。

打开 m&m's 巧克力袋子，我倒出一些在手中，并伸到她前面。"还记得这些吗？前天我们吃过这个。记得吗？"

为了看我手中的糖果，她只移动她的眼睛。我让 m&m's 散落在桌面上，让它们就那样躺了数分钟，希望薇纳斯也许会自己伸手去拿，或者至少露出感兴趣的表情。

不是这么一回事。

"糖果，"我说，"你喜欢糖果吗？大多数的小朋友都很喜欢的。"

她盯着我看，她的脸麻木如木头。

"我们来吃它们。"我说，拿起一颗放进嘴里。"嗯，好甜，好好吃。"

她只是盯着我。我有种感觉，她一定觉得我是个疯子。一想到这里，我忍不住微笑，然后大笑。

"来，你也吃一个。"我说，拿起一颗红色的m&m's放到她的双唇之间。它悬在那里，于是我伸出一根手指将整颗推进她的嘴里。她没有反应。

"咬咬看。"

薇纳斯只是坐着。

"咬啊。"我伸过手去移动她的下巴，自己同时也张大嘴巴夸张地做出咀嚼状。做这件事情时，我脑海中同时想到电影《星际大战》里，某位组员教导一个大半生过着机械般生活的女人如何优雅吃饭的一幕。她与薇纳斯的情况相差无几。

这招儿似乎不见效果，于是我们两人就那样坐着。不论她愿不愿意，巧克力终究会在她的嘴里融化，而她也就会尝到那个味道。我注视着她，等着看她吞咽。

终于她吞了。

"好吃吗？"我问，"你要不要再吃一个？"我伸过手去，塞了一颗绿色m&m's到她的唇间。

我一共塞了二十二颗m&m's到她的嘴里，不变的动作整整持续四十分钟。她盯着我，我塞糖果到她的嘴里，等待融化，等待她吞咽，然后再塞下一颗。她未曾低头看一眼糖果,未曾明显咀嚼,未曾试着索取更多,甚至未曾体会到它们就在眼前。

整个过程中,我保持动作轻快,主要是为了持续糖果的味道与吃它们的感觉,可是一如对我的话毫无响应般,薇纳斯对 m&m's 也如此。

放学钟声响起,我起身,把糖果收好,带着薇纳斯加入其他孩子的行列。

汪达就在门口等着带薇纳斯回家。我对汪达挥了挥手。

"你可以和我说说话吗,汪达?"

"不和陌生人说话。"

"有人那样告诉你吗?"我问,"没错,那是个聪明的规则,对不对?可是我不是陌生人啊,我是薇纳斯的老师。我还去过你家,记得吗?"

汪达又抱着那个包着毯子的婴儿洋娃娃,她将它紧紧地抱在胸前。

"我想和你谈谈薇纳斯。你要不要进来坐一下?"

"不可以去陌生人的家。"

"来,你想不想吃一些 m&m's?"我问。我这样的手段实在很下流,因为我可能破坏了汪达对陌生人的防备心,可是这又是我不得已伎俩。当我把糖果倒在桌上时,汪达快乐地走进教室。

"那是你的洋娃娃吗?"我在汪达坐下的时候问她。

"漂亮孩子。"她说着并摸了摸洋娃娃的塑料头发。

"是的。你喜欢照顾你的洋娃娃,对不对?"

"漂亮孩子,她不去学校。"

"不,你的洋娃娃不去学校,可是薇纳斯要去学校,不是吗?"

"漂亮孩子。"汪达又抚摸洋娃娃。

"你可以和我说说薇纳斯吗？她不在学校的时候都在做些什么呢？"

"漂亮孩子。"

"来，吃一些 m&m's。"

汪达不似她的妹妹，她对于吃毫不犹豫。她塞了一把糖果放到嘴里，并且大口地嚼了起来。

"前几天我到你家去的时候，薇纳斯在哪里呢？我没有见到她。记不记得，你还去找她，薇纳斯在哪里？"

"她不去学校。"

"那个我知道。可是她在家里干什么？你可以告诉我吗？"

"吃。"

"薇纳斯吃？"

"吃！"汪达更坚持地说，此时我了解她所指的是她要更多的糖果。袋子已经快空了，我把仅剩的都倒到桌上，汪达用双手一阵猛抓。我的眼神越过她，落在薇纳斯身上，她就站在门边，并没有看我们，只是凝视着半空中。

"现在回家。"吃完了糖果的汪达说。

"等等。"我说。

"现在回家，"她起身，"漂亮孩子，回家，漂亮孩子。"她呼喊着薇纳斯。我还来不及阻止她，她已经到了门口，随着薇纳斯后面走出去。

她离开之后我才发现，那个裹着毯子的洋娃娃被遗忘在地板上。

我们奇妙的幻想之旅

"嘿,太酷了!"比利嚷着,扯掉一只脏兮兮的袜子,砰一声地把他的光脚放到桌上,然后晃动他的脚趾。

我与全班小朋友进行了一个我曾做过的活动,我偶尔也用它来对个别孩童进行治疗。我的版本源于多年前,当年我还是个学生老师,某个雨天下课时段,孩子们无法到外面去玩,且精力无处发泄,于是我决定带他们进行一次幻想旅程。我告诉他们,想象一个深海潜水艇,因为我正要带领他们进行一趟海底冒险。

这个方法十分成功。我首先让孩子们想象他们的潜水艇,它长什么模样,它的里面有什么,它摸起来与闻起来有什么感觉。接着让他们想象下降到深海里。然后我们开始寻找东西,同时我要求每个孩子描述他们所看到的。若他们的描述很模糊,我会温和地追问,让画面得以更完整。谁都不必刻意有所贡献,但每个人都有贡献。

当时我们围成圆圈,闭上眼睛,在海底畅游了约十五分钟。当我们终于浮出水面回到教室时，孩子们个个开心喜悦。我们将那景象绘成图，并贴在走廊的墙壁上，事后还欲罢不能地谈论这趟旅程好一阵子。的确，对许多孩子而言，它成了最美好的回忆。

从那时候起，我便经常举行幻想之旅，而且随着经验越来越丰富，我也越来越知道该在旅程中做些什么。当孩子们需要放松与冷静时，我们便去拜访安静的地方，让我们大多数的时间用来聆听与感受气氛。若孩子们需要改变环境，一如那个下雨的下课时间，我们便去某个充满异国风味的地方。若孩子们需要高兴喜悦，我们便去拜访马戏团或动物园或嘉年华会。我们还曾经举行幻想式的生日宴会、圣诞节，我们还去北极。我发现这种方式对注意力缺乏的孩子尤其有效，一起围坐在地板上并闭上眼睛，这样的动作可以帮助他们阻挡其他的刺激，进而能够集中注意力。

因此，这个方法看似极可能对我的花栗鼠帮奏效，我觉得杰西尤其会受惠。饱受图雷特氏综合征之苦的杰西，经常不由自主地抽搐，那同时也导致他发出突然的怪声。他并没有口出秽语，在媒体上极受注目的图雷特氏综合征抽搐症状，其实在现实生活中并不常见；不过，他的确会发出尖锐的怪声，颇像一种受到惊吓的吠叫声，而且经常如此。此外，他的脸部神经抽搐也往往伴随着吸鼻子的怪声，就像猪发出的声音。虽然如此，其他的孩子对这些痉挛与抽搐倒很能忍受，或者至少他们不会以此当借口与他大打出手。然而，若你不知道痉挛与抽搐这些症状，总不免会被它们吓到。

因此我觉得引导旅程也许有益于杰西，因为一遇到压力，他的痉挛与抽搐就会变得更严重。我希望这些旅程能够提供相对的放松，得以稍稍缓和他的怪声与抽搐。

我同时也希望它们能够对比利有所帮助,希望他能够培养出行动之前先思考的习惯。在当下,比利只是先行动,事后才思考,我相信他甚至不知道要"预先"思考。因此,协助他理解思考并培养控制能力,建设性地利用幻想旅程似乎不失为一个好办法。

于是,星期一早上下课时间结束后,我说:"好了,花栗鼠帮,我们要来做点不一样的。等你们把鞋子脱掉并放到箱子里面后,我要你们来这里,围成一个圆圈坐在地板上。"

这番话引起一阵兴奋。虽然多少有些无法控制与混乱,但这个团体却还有热情,这令他们还能保有上课的乐趣。

"好了,我要你们全都坐下来,还要自自在在的。薛恩,你的手不要乱动,拜托。薇纳斯,坐下。"我必须再次起身,把薇纳斯带到她的位子上。"杰恩,坐下。"

"大家都准备好了吗?现在,我们要举行一趟旅程,就在这里,就是现在。由于我们是花栗鼠帮,我想我们应该来一趟森林之旅。准备好了吗?"

所有的男孩都点头。

"那就闭上你们的眼睛。不用闭得很紧,只要轻轻闭着就行,这样你们会比较自在。"我也在一开始便闭上我的眼睛,并俯身向前,将手臂靠在膝盖上。"现在,我们离开,走向森林,看着前方。"我睁开眼睛,查看每一个人。"不行,杰恩,把你的眼睛闭上,心里想着往前看,那里有森林。看到树了没?所有的人都看你自己的内心,看看你们是否看到了前方的森林。你们看到了吗?"

"有!"比利兴奋地说。

"看看你能不能分辨出它们是什么树。你的森林里有什么树?有没有人知道?"

"有,"比利立刻说,"松树!"

"你看到了松树。还有没有人看到松树呢?或者有没有人看到什么不一样的?"

"我看到那种有大阔叶的树。"薛恩说。

"好,很好。松树以及那种有大阔叶的树,那种会掉叶子的树,我们称呼它们为'落叶性树'。现在,仔细观察你的树。你的森林里面有什么种类的树?"

"我看到有叶子的树以及松树,"杰西说,"我的森林里也有那两种树。"

"没错,我的也有。"比利说,他不愿他的森林中没有别人有的东西。

"它们全都是高大的树木吗?"我问,"它们有没有粗壮的树干?到处看看,你们有没有看到也有小树?"

"我的都是大树!"比利嚷着。

"你可不可以伸手去抱其中一棵呢,比利?各位,走到你森林的其中一棵树前,摸摸它的树皮,用你的手指感觉它,把你的脸也贴上去,试着张开你的手臂抱住树干,感受一下那种感觉。"

我再次微微地张开眼睛查看男孩们,他们的双臂全都伸展在半空中,感受着幻想中的树木。我瞟了一眼薇纳斯,她也紧闭着她的眼睛。

她没有像其他几个男孩一样把手举在半空中,可是她的手指在她的膝盖上张开,好似她可能正在感受某一棵她自己幻想的树。

"我的树皮粗糙又有疙瘩!"比利异常大声地喊道。

"安静,比利,"我说,"你会吓跑所有动物的。"

"是有疙瘩的树皮。"他轻声说。

"是的,我的也是。我的脸颊感觉到了。"杰西说。

"那你呢,杰恩?你的树摸起来有什么感觉?"

"是松树,很粗糙。"

"你闻到了它的味道吗?"

他点点头并淡淡地微笑起来,眼睛依然闭着。"闻到了。"

"我可以闻到我的树林的味道!"比利喊道,仍然有些大声。

"闭嘴,比利,你会吓跑所有动物的。"杰西说。

"看,"我说,"有东西跑过那边的树林,那是什么?仔细看,在很远的那个地方,跑过树林。你们也看到了吗?"

"一只鹿耶!"比利兴奋喊叫。

"你这个蠢猪头!"杰西嚷着。"你一直在那边鬼叫,会把鹿吓跑的!"我还来不及反应,杰西已经一拳打在比利的嘴上。

这个举动当然急剧地把我们从我们的森林幻想之旅中拉出来。比利没有预期到会被打,突然放声大哭。杰西站起来,气急败坏地走开,痉挛又号叫。杰恩与薛恩也站起来,大吼着:"不公平!他们毁了我们的时间。我们还没有结束耶!他们把它给毁了!他们应该去坐思过椅!"

我为比利感到难过,他的热情害他成了无辜的受害者,因为我知道他不是故意要捣蛋的，他只是自己玩得很投入罢了，而且一如既往地，他失去了控制。我给他一个拥抱，揉了揉他的下巴。接着，虽然我难以原谅杰西的行为，但我不想处罚他，他也只是深深陷入他的幻想旅程罢了，于是我走过去，伸出一只手臂搂着他，说我很抱歉比利打乱了过程，我了解那会让他很生气，但同时我趁机也提醒他我绝不容许打人的行为，拜托他务必牢记这一点。

薛恩与杰恩像被遗弃似的站在那里。"我们可不可以再做一次？那样不公平，是他们毁了它。拜托，我们可不可以再来一次？"杰恩要求道。

"可以，我们会的，可是不是现在，"我说，"我们明天同样这个时候再做一次。"

"不，"薛恩不悦地呻吟着，"我要现在做，那样不公平。"

"明天。"

"今天下午，好吗？"杰恩哀求，"拜托！"

"今天下午不行，那个时候茱莉会过来，而且我们班会有一个新女孩，所以我们需要做别的事情。明天早上下课后。"

这对双胞胎气急败坏地捶桌子。

我转身寻找薇纳斯。她就在那里，依然双腿交叉地坐在地上，她的双眼依然紧闭。我注视着她。为什么她会那个样子呢？再次地，我的第一直觉是认为她听不到我们说话，因而不明白我们的活动其实已经停止。可是反言之，若她听不到我们说话，她又何以知道我们已开始进行活动，或者我们在活动过程中做些什么。只是她又为什么仍然紧闭着眼睛坐在地板上呢？难道她部分的大脑没有输入我们已经停止活动的讯息？或者根本不想输入我们停止活动的讯息？抑或那只是单纯的抗拒行为？

我走过去，在她的正前方蹲下。"薇纳斯？"

没有回应。

我有点不情愿地碰了碰她，以防她没有注意到活动的进度。"张开你的眼睛，薇纳斯，我们的幻想旅程已经结束了。我们现在要来做点别的。"

她慢慢地张开了她的眼睛。

我微笑着。"你在森林里待得比我们任何一个人都还久哦。"

她看着我，我看着她。她的表情如谜般难以理解，好似是个外星人坐在那里。

那天，上半天课的学生开始报到。直到那一刻，我们还不是一个有凝聚力的团体，因为混乱随时会发生。不过，"他们其他孩子"（男孩们执意如此称呼他们）的抵达，随之唤起了花栗鼠帮的团队精神。

"他们不会是花栗鼠帮的成员，对不对？"薛恩在早晨讨论课的时候问，当时我正指导他们做好准备以迎接第一个新学生的到来。

"不行！"比利喊道，"不行，老师，不要让他们加入花栗鼠帮。好吗？拜托啦，因为只有我们几个才是花栗鼠帮。"

"你对这件事有什么看法呢，杰西？"

"没错，就只有我们在这里的几个家伙可以。"

"那么，好吧。"我回答。

"我觉得我们应该有一个特别的暗号，"比利说，"你知道的，就是某种让我们知道我们是花栗鼠帮的暗号。当我们得忍受所有这些其他的怪人来这里时,某种帮助我们凝聚我们精神的东西。"

"我们就说,'花栗,花栗,花栗,花栗,花栗'。"杰恩提议道。

"你不觉得那样有点吵吗?"我问,"而且太不够谨慎。"

"谨慎是什么意思?"比利问。

"谨慎就是,当你要保守某项秘密,不想太过虚张声势时,"我说,"某种例如手势的东西也许是比较好的选择。"

对话至此中止了数分钟,因为男孩们比着各种不同的动作与姿势,想要找出他们想要的特殊手势。我利用他们彼此热烈讨论之际,观察着薇纳斯。她坐在她的桌前,男孩们分别坐在他们的桌前,因为我们还没有进步到能够彼此毗邻而坐的程度。即便几个孩子的位置分散在教室内的不同角落,我依然能够轻而易举地听到他们的声音,再者男孩们的性格全都如此的喧闹,彼此之间的远距离会比人力介入阻挡更具效力。因为他们可能会跳起来,拳头到处乱挥,发挥他们那种旁若无人的本性。就这个角度而言,保持距离也有利于薇纳斯,因为一旦有人不小心侵入她的领域,可以预料,她会爆发。然而,这也让她轻易地孤立起自己。我看得出来,她完全跳脱于这场对话之外。她身体微微前俯,手臂交叉在桌面上,眼神一片空白而且没有焦点,僵硬的像家具一样。的确,那正是男孩们对她的看法。薇纳斯,事实上,根本人在心不在。

"嗯,我的想法是,"杰恩说,"我们应该晃动我们的脚趾,就像这样。因为我们是那种不穿鞋的人。只要你不穿上鞋子,你就是花栗鼠帮的人,如何?那样一来你就可以晃动你的脚趾了。"

"嘿，太酷了！"比利嚷着，扯掉一只脏兮兮的袜子，砰一声地把他的光脚放到桌上，然后晃动他的脚趾。

"比利，把脚放下来。"我语气严厉地说。

比利不但没有把他的脚放下来，反而突然兴之所至地摆出一副演奏儿童小调的姿势。"把我的头插进臭鼬鼠的洞里！小小的臭鼬鼠说，'看在老天的分上！快出去！快出去！快出去！'"杰恩与薛恩和谐地唱着，"把脚放下！"

来找我寻求额外帮助的半天课孩子中，有一个名叫关恩的小女孩，只是大家都叫她关妮。关妮八岁，是个非常吸引人的小姑娘，个性害羞却率直，有一头漂亮的金发与异常美丽的黑眼睛。她被诊断出患有HFA，意即高功能自闭症（high-functioning autism）。就像许多自闭症的孩子一样，关恩是个极聪明的孩子，学业成绩十分优异。她的阅读能力极端出色，数学能力更是好得没话说。不过，她的社会科目则又是另一回事了，因为关恩以表面意义及现实价值的角度来看一切事物。她无法诠释语言的不同层次意义、人们的脸部表情或行为，也无法明白如何根据身边的环境调整她自己的行为。由于她经常会脱口而出莽、伤人的话，或在游戏或活动中行动缓慢，以致她在自己班上的人缘极差。

她的兴趣更进一步阻碍了她适应社会的能力。高度追求特殊兴趣对这个年龄层的正常孩子而言是极普通的事情，而且似乎也是健康发展过程中的一部分。因此，在此典型的"收藏"阶段，何处可以交换卡片或玩具变成绝大多数学龄孩子最深感着迷的事情，而对部分的孩子（至少是暂时性的）则是一种真正的着迷。而身为具有自闭症倾向的典型收藏迷孩子，关妮将这些孩子的着迷提升到完全不同的程度。例如，她收集铅笔。虽然铅笔本身并非热门的收集品，但也有许多孩子收集它们，尤其是那种笔身闪闪发亮的，或是那些有着鲜丽色彩或新奇造型的橡皮擦的。而关妮却独独钟爱平淡无奇的老旧黄色铅笔，她随时都带着二十支左右。只是在我们其他人看起来，它们其实全都一样。关妮对每支铅笔都了如指掌，她经常抚摸它们，检视它们，将它们放在桌上，然后依照长短顺序整齐地排列。每次只要进到一间新教室，她就坚持一定要知道教室内是否有任何其他黄色铅笔，若不弄清楚，她怎么都无法安静下来。若真有黄色铅笔，她就一定得知道有多少支以及它们的使用情形。每回只要发现一支黄色铅笔，她那双黑眼睛便会为之发亮。

不过，与关妮的"大"着迷——海外国家相比，这根本不值一提。关妮对这个着迷对象有着百科全书般的知识，而且极爱告诉你关于印度尼西亚的地理环境，或比利时的人口统计。问题是，这些知识全都是她真的想要谈论的。当我第一次知道她即将来我们教室时，我感到好奇，因为她的功课是那么的出色。然而，聆听她讲了半个小时的话后，我突然意识到，真正要解决的问题倒不是关妮的，反倒是该如何让老师可以从这个孩子身上得到片刻的喘息。我们全都发现，她有多么的累人。

星期二下午，午餐时间结束后，她走进教室。
"哈喽，关妮，"我说，"来吧，我带你去你的座位。"

"瑞典的全国总面积是四十四万九千平方公里，它的首都是斯德哥尔摩，而斯德哥尔摩同时也是瑞典最大的城市。瑞典的北边邻国是挪威，东边的邻国是芬兰。它是斯堪的纳维亚半岛的五国之一，其他还有芬兰、挪威、丹麦与冰岛，岛民大都是德国人的后裔，少部分是芬兰人后裔。其他主要的城市还包括哥德堡、乌普萨拉、松兹瓦尔、厄斯特松德。"

"好的，关妮，谢谢。你坐这里，拜托？"

"你去过瑞典吗？"

"没有，这是你的活页夹。"

"你去过法国吗？法国的总面积有五十四万三千九百六十五平方公里，首都是巴黎。大约百分之三十四的法国土地是开发出来的……"

"呼呼呼，"比利边吐气边发出声音，"这是只布谷鸟。"

杰西高举起一只穿着袜子的脚，并晃动他的脚趾。

由于每个星期有三个下午关妮要来教室接受辅导，我认为她会是薇纳斯的理想伙伴。她与关妮可以一起学习社交技巧，因为两个女孩在这个班级里几乎都是孤立的。可是我觉得与其个别指导，还不如两个一起教，如此她们可以以对方为典范。这是我以前从未尝试过的方法。

第一天，我让两个女孩坐在一起，那当然意指利用薇纳斯如木偶般不动如山的坐姿来镇住关妮，因为关妮正欲对杰西谈论韩国。我尽量选择简单基本的活动。我从杂志上剪下图片，并将它们贴在索引卡上，每一张卡都有一个脸部表情非常清楚的人——微笑、大笑、哭泣、皱眉——每种表情我都准备了约四张图片。

"你们可以告诉我这个女孩的感觉吗?"我问关妮,并给她看一张有个小女孩对着一只小狗微笑的图片。

关妮看着图片。

"你知道伯利兹的首都在哪里吗?"

"关妮,我们现在讨论的不是国家。看着这张图片,拜托。这是什么表情?是微笑,对不对?微笑对我们透露了这个小女孩的什么呢?"

"大部分的伯利兹居民是罗马天主教徒。你是罗马天主教徒吗?"

"关妮,我们现在不讨论那个。看着图片,拜托。这个女孩的微笑告诉我们她有什么感觉?"

关妮身体前倾,仔细研究着那张图片。

"这张图片告诉你些什么?"

关妮抬头看我,睁大眼睛说,"也许这个女孩是个芬兰人?"

当然,与薇纳斯玩这个游戏就更有趣了,我把同样那张图片给薇纳斯看。"看,看到这个女孩了没?"

薇纳斯双眼空洞地看着我。

"看这里,薇纳斯。"我伸过手去,轻轻地把她的头压低到能够看见那张卡片。"看,她抱着一只小狗。再看看她的脸,看她如何把她的嘴唇往上翘。她在微笑。她看着那只小狗,而且显然她很喜欢抱着它,因为你看她对它笑得多么开心。你可以为我笑一下吗?"

薇纳斯眼神空洞地看着我。

"这样,就像这样,"我做出一个明显的微笑,"你会那样做吗?"

"我会做。"关妮插嘴。

"乖女孩，看着关妮，她会微笑耶，关妮微笑的时候有什么感觉？"

"生病。"关妮回答。

"你觉得生病？"我惊讶地问。

"你有什么感觉呢？生病。"关妮说并微笑着，我明白她只是重复她听到的话，这是她对这场对话唯一关心的地方，每个问题都有一特殊、不变的答案。

"你可以做一个像那样的微笑吗，薇纳斯？"

没有回应。

"这样，就像这样。"关妮说并做出一个夸张的微笑，并靠向薇纳斯。

我无法分辨薇纳斯是否处在一种即将发动攻击的情绪中，可是当关妮冷不防靠向她时，她在她的椅子中动了一下。

"别太靠近，当有人突然靠近时，薇纳斯会感到很紧张。"我说着伸出一只手臂隔开两个女孩。

"她是爱斯基摩人吗？"

"不是。"

"爱斯基摩人住在北极地带，他们的正确名字是因纽特，他们会讲六种以上的不同语言。"

"不，薇纳斯和你一样是美国人，只是，她一直不想开口说话。"

"或许她是天主教加尔慕罗修会的修女。"关妮热切地回答。

9
事情有了意外的转机

> 薇纳斯真的开始冷静下来了。这时她已精疲力竭,尖叫得几乎已经没有声音。

第二天中午一开始就是一团混乱。比利在午餐时与另一班某个孩子打架,被逮到校长室。鲍伯将他好好训斥一顿,然后命令他坐在校长室外面走廊一排"校长椅子"中的一张上。这是"坏孩子"坐的地方,他们得一直坐在那里,直到鲍伯允许他们回教室。比利一如既往地意识不到自己犯下的任何错误,当上课铃声响起,他回到我的教室时,他气得满脸通红,那样的待遇让他濒临落泪边缘。他觉得所有人都痛恨他,所有人都待他不公平。既然这是所如此愚蠢的学校,他又何必一定得来这里。他当下就想回家。他要他的哥哥,他要去上他哥哥那所学校,因为,那样人们就不会一直找他麻烦。

很幸运地,茱莉正好在场,所以她可以照顾其他几个孩子,因为我需要单独与比利相处。我的感觉是,他真正需要的是同情与拥抱。

而我知道，只要我对他好，一定会引发他的眼泪。我要宽恕他在其他同学面前大声咆哮的行为，尤其是对杰西，他总对比利并没有太多的耐心。

若非我漏掉关妮的存在，这个方法原本可以收效的。我和比利在走廊上时，她正好上楼来。"嗨，"她愉快地说，"他为什么在哭？"

"干你屁事！"比利回嘴。

"他为什么在哭？发生什么事了？他跌倒了吗？我跌倒了，昨天。你知道的，我骑在我的脚踏车上，而我的脚踏车翻倒了。"她给我们看她膝盖上的两道刮伤。

"叫她走开。"比利哀求。

"我有一部瑞莱牌脚踏车，英国制造的。英国是一个……"

"关妮，请你赶快进教室好吗，拜托！我现在要和比利讲话。"

"没错，这是私事！"比利说。

关妮没有动，只是注视着我们。"他到底怎么了？"她问我，好似比利根本不存在。"他是不是发生了什么严重的事？"

"对啦，就是你啦！"比利吼叫，并朝她挥出一只手臂。

关妮不疾不徐地后退一步闪过那一拳，然后就站在那儿不动。

"关妮，拜托，茱莉正在等你。"

没有用，关妮还站那不动。我放弃了，打开教室门，把关妮和比利都带进教室。

茱莉正忙得不可开交，薛恩与杰恩为了谁应该先使用录放机而大打出手，而杰西则紧张得狂叫。

"我记得我还是小婴儿的时候，"关妮突然大声地宣布，"我记得我母亲把我放在外面一张小小的椅子里。"

"很好，"我急忙说，"现在，请你去找自己的椅子，好吗？你也是，比利。"

"哦？我的椅子什么时候弄丢的？"他问。

"我的意思是，坐在你的椅子上。"

"我正坐在我的小椅子上啊，而且我还看见一只鸟，"关妮说，"一只食米鸟。食米鸟居住在大草原，有些住在加拿大。加拿大的首都是渥太华，它是一个非常大的国家。"

"关妮。"我坚定地指着她的椅子。就在那时，我注意到薇纳斯并不在她的位子上。"薇纳斯到哪里去了？"我问茱莉。

茱莉看起来一脸苦恼，迅速环视四周。"我想她应该是去洗手间了吧。她刚刚还在这里，我很确定她刚刚还在这里。"

我走到窗前。薇纳斯就在那里，站在她的围墙上。我甚至不记得午餐后她是否曾进了教室。"我们不可以这样，"我说，"只因为没有人注意到那个孩子不在这里，就害她错过上课时间。我去找她。"

"不，"茱莉带着意外的感觉说，"我去找她。"

我可以听出她未说出的借口：不愿一人照顾其他几个孩子。过去数天来，我开始越来越注意到我对茱莉的期待有点太高。虽然她有一定教学经验，但她毕竟不是一名老师，也不自命为一名老师。显然，在她做过卡西（一个工作勤奋、脾气温和、坐在轮椅上的人）的支持人员之后，我教室内的情形令她的情绪饱受惊吓。

趁着茱莉下楼到操场诱导薇纳斯离开她的围墙时，我要求大家开始做功课。两分钟过去了，五分钟，十分钟。我瞥向窗外，茱莉仍在那里，站在围墙旁边，仰头对着薇纳斯讲话，而薇纳斯显然完全对她视而不见。

约二十分钟后，茱莉回来了。她一语不发，可是气馁的表情已说明了一切。

"我去找她，"我对茱莉说，"孩子们现在都忙着写功课。等他们的功课写完后，他们可以选择他们想要做的活动。如果你到时又遇到问题，就打电话叫鲍伯过来。"

我想在我说那些话的时候，心里清楚一时之间我是回不来的。

我越过空荡荡的操场，来到薇纳斯的那道围墙前。"薇纳斯，上课时间到了。当你听到铃声的时候，就表示该进教室了。"

她没有回应，保持她那尊贵如皇后般的姿势，她这会儿坐着，双臂倾斜于身后，支撑她的体重，头后仰，双眼闭合，一只脚向上抬，另一只沿着围墙向前伸，长长的头发向下垂落。

"薇纳斯？"我站在她的下方。这道围墙大约有六英尺高，这样的高度让人很不方便将她抱下来。

她完全无视我的存在。

"薇纳斯，你听到我说话了吗？该是进教室的时候了，现在是上课时间。"

我知道我得采取果断的手段。我亲自越过操场来找她，融入她的游戏里。把它变成我的游戏的唯一办法，就是确定她会跟我回去，我不能现在就缩手。在此同时，我知道不论我如何做，都必须判断精确。万一我伸手过去，没有抓到她或抓不稳，她就会翻到墙的另一边，然后逃之夭夭，就像上次那样。

我又站了一会儿，试着想出最佳的解决之道。这实在很难，因为那道围墙比我还高，而薇纳斯就在那上面，我不想失去她，可是我也不想伤害她或我自己。

她注意到我了吗？这个问题一直潜藏在我心里。这个不可思议的孩子到底有多少意识？一方面，我强烈感觉到她一定有相当程度的控制力，尤其像在目前这样的时刻，她不要进教室，而且她已习惯于不做她不想做的事情，就像一只装死的袋鼠，只要装的时间够久，大家就会纷纷走开，只剩她一人。另一方面，她是如此的毫无反应，这给人某种感觉，好像她大脑受损或失聪或智商非常低。而因为我的不了解，因为我以前未曾接触过像薇纳斯这样的孩子，以致我极端害怕做错事情。

可是，光想是无法成事的。我趁其不备，突然一手抓住她的腿，另一手抓住她的衣服，我迅速但稳妥地将她拉下围墙，她掉到我的怀里。她没有料到我会来这一招，开始拼命挣扎，惨烈尖叫，狂暴地欲挣脱我的掌握，我紧抓不放。此时我想要坐下来以防止她继续踢我，因为，在户外，她脚上穿着鞋子。

薇纳斯一声声的尖叫，引得老师与学生纷纷开始从窗内往外看，对街许多人也都走到屋外，站在他们的篱笆栏前看。

我双臂紧紧环抱住她坐下来，薇纳斯被带着重重地跌坐在我的大腿上，她又踢又尖叫又挣扎。

鲍伯从办公大楼冲出来喊。"你需不需要帮忙？"

"抓住她的脚，我只是想要让她安静下来。"

鲍伯抓住薇纳斯的双腿，并将它们按在地上。

薇纳斯的尖叫与挣扎更厉害了。她不喜欢鲍伯紧抓她的脚,于是把大部分的力气都用在那个地方。

"冷静,"我说,"只要你冷静,我就放开你。"

她依然猛烈的挣扎,几分钟过去,又几分钟过去,我们还是难以控制住她。为了不让她挣脱,鲍伯紧抓住她的脚,我的手臂也抱得发痛,这对她而言也一定很难受。

我不停地对她讲话,几乎是贴着她的耳朵,以期引起她的注意力。"冷静,安静,立刻安静下来。只要你安静,我就放开你。"一次又一次,再一次又一次。

我不知道我们在那里待了多久,因为我无法抬起手腕看表,但我担心下课时间就快到了。不知道其他老师会不会想到要把他们的学生带到操场?我无法想象一堆孩子围着我们看的画面。但一旦开始,我便觉得需要看到这种局面最后的结果,尤其经过上回茱莉敌不过薇纳斯的挣扎,而让她得自由之后。若我想要薇纳斯按照我的规则玩游戏,我就必须打败她这强烈的挣扎。

薇纳斯继续尖叫。

"冷静。"我已说了不下一百次。

然后,突然地,她尖叫着说:"放开我!"

鲍伯与我交换惊讶的眼神。

"冷静。只要你冷静下来,我就放开你。"

"不要!放开我!"

原来,她能说话!

大约过了二十分钟左右,薇纳斯真的开始冷静下来了。这时她已精疲力竭。她在我手掌下掌控的肌肉颤抖着，我的肌肉也是。

"放开我！"她最后一次哭着说。

于是，我松开我的手并站起来。鲍伯放开薇纳斯的脚，我拉她站起来，但仍继续握着她的手腕，以防她突然拔腿跑走。

"哇噢，"鲍伯咕哝着，一边拍掉他长裤上的灰尘，"我已经很久没有做过这样的事了。"

薇纳斯仍然在哭，不过那是孩童的眼泪。

我蹲在柏油地上，以拥抱的方式拉起薇纳斯。最后，我把薇纳斯抱起来，将她抱进教学大楼。我们开始要上楼梯，可是当我才踩到第一坎阶梯时，我没有继续往上爬，相反的，我转身把她带到楼下的教师休息室。正如我愿，休息室里空无一人，我冒险放开了她。

"你就坐在那里吧。"我说，并指示她走向沙发。薇纳斯照我的话做。我掏出口袋里的钱，投进饮料自动贩卖机里。"我打赌，经过那一场大哭，你一定很渴。你喜欢喝可乐吗？"

薇纳斯看着我，我觉得或许她非常轻地点了头，或许她没有，或许那只是我自己一厢情愿的想法。我从机器出口拿出饮料并打开它。"拿去。"

第一次薇纳斯有了自发的反应。她从我手中接过可乐，大口地喝了起来。

"我打赌你一定累了，我也是。"我说着在她的对面坐下来。

她目不转睛地盯着我。

"我们别再这样子了，好不好？下回上课铃响的时候，请进教室。铃声代表'上课时间到了'。那样比较好，我不喜欢像今天这样。"

薇纳斯垂下眼睛,注视着可乐罐子良久,然后她身体前倾,将它放在咖啡桌上。那一刻,她看起来和其他孩子没有两样。接着,她坐回去,缓缓地叹了口长气,眼睫毛再次垂下。接下来的整个下午,移动那个可乐罐成了她最随兴的自然动作。

茉莉的哭泣

"我没有能力做好。"她说,再次痛哭起来。

度过精疲力竭又戏剧性的一天,当天晚上我带着愉快的心情回家。突然间,一切似乎变得可能了。薇纳斯会讲话,会回应。现在唯一要做的事情就是找到方法将她从沉默世界拯救出来,找到方法让她想要与我们沟通。

只是,有什么办法可用呢?一整个晚上我都在想这个问题。

我翻遍我的公寓,寻找某个能够刺激她的东西。我拉出档案柜的抽屉,里面装着数年前的学生档案与学生的作业,我忘记吃晚餐,坐在地板上一个卷宗接一个卷宗地翻阅。

在寻找的过程中,两个不同的回忆不停闪过我的脑海。一个是我所辅导的第一个孩子,她叫玛莉,当时四岁。我那时是个大学生,在一所残障孩童幼儿园中当助教。指导玛莉是我在选择性缄默症问题上的第一段经历,这种病症的个体(通常为孩童)会讲话,但因为心理因素而拒绝讲话。以玛莉的案例而言,她受过非常严重的创伤,就我目前的怀疑,那个创伤其实就是性虐待,只是当时人们并不这么认为。不论原因为何,她就是很害怕男人,而且大部分上学的时间都躲在钢琴底下。我的主要工作是与玛莉培养关系。一如薇纳斯,玛莉也是个通常没有反应的孩子,只是没有像薇纳斯那么严重。她同时也拒绝所有鼓励她融入教室活动的方式。我当时经验不足又满腹理想,所以从不考虑玛莉的没有响应有可能是受创太深或智能太低所致。我日复一日地钻到钢琴底下,即便她没有回应,仍不停地与她讲话,念书给她听,直到最后我再也找不到话说。那个冗长又缓慢的过程持续了好几个月,但到最后玛莉的确与我培养出一段关系,而且终于再次开口说话。沉浸在过去的回忆中,回味那好长一段待在钢琴底下的时日,那一幕至今在我脑海里依然印象深刻。

成功地引导了玛莉令我感到万分喜悦。同事们不曾间歇的支持,并在玛莉终于开始开口讲话且参加班级的活动时,纷纷庆贺。毫无疑问,如此正面的结果与回馈铺设了我未来的事业之路。只是我还记得众人的祝贺眼光让我感到有点内疚。为什么?因为事实是,我并没有做什么大不了的事。我没有使用特别技巧,没有受过特别训练,没有深刻洞察力,我只是陪伴她而已。更清楚地说,我很高兴陪伴她,即便什么事都不做,即便有更重要的事情等着我去做。一切的一切就只是为了帮助玛莉。

另一个回忆是关于我的一位朋友,她的儿子在六岁的时候因一场车祸而使头部严重受伤。我还记得当他躺在医院中昏迷不醒时,她用一把软鬃毛刷子刷他的手臂与腿。我不太记得这种技巧源于何种理论，不过我对这种以轻柔刺激唤回他的生命力的方法倒觉得很合理。

整个夜晚，这两个回忆不停交汇融合。我是念了书给薇纳斯听，可是我当然无法像陪伴玛莉那样终日一对一地陪伴薇纳斯，至少在上课期间不行，所以我不得不利用上课以外的时间。那倒没关系，反正我经常在课余时间指导、陪伴学生。用软毛刷子刷她的手臂似乎有些太夸张，或者至少有些奇怪，因为我并不认为她的脑部受损。可是我有一种非常强烈的感觉，觉得薇纳斯需要这类的触觉输入。

我开始在我的书架上寻找童书，并挑选了几本。然后，当我从一个更高的书架上取下卷宗时，一本漫画掉了下来。我拾起它，是《希瑞：魔力公主》。

我不太记得我是怎么拥有这本很特别的漫画的。希瑞是太空超人"霍曼"（He-Man）的妹妹，而霍曼是20世纪80年代初期某位玩具制造商的主力商品。受到"太空超人"（The Masters of the Universe）漫画的刺激，虽然这些玩具或许无法像"太空超人"那样"统治宇宙"，可是数年来，它们却与我的班级深入结合。小小的塑料玩具：霍曼，他的伙伴，他的淘气敌人，已经完全占有我班上男生们的自由活动时间，发展出不胜枚举的下课游戏活动，并引起疯狂的收藏与交换。

对我而言，一开始霍曼似乎只是一个旧时代超级英雄的模仿者，诸如超人与蝙蝠侠，甚至连秘密身份都完全剽窃。市场人士推销他们的剽窃品的手法也令我愤怒。然而，虽然霍曼只是个平面的玩具，我却发现了他与其他角色背后的崇高精神，而且不可否认地，我班上有极多男孩热爱追随他们冒险的脚步,再不然便是在操场上大玩漫画人物的角色扮演。最后,随着霍曼日益受欢迎,我越来越熟悉他的生活细节、他的伙伴、他的敌人"幽灵王",我开始与霍曼和平相处。

另一方面,我对希瑞(霍曼的妹妹)仍十分不以为意,因为她的角色似乎不太重要,无法获得小女孩们的青睐,就像那些玩具制造商掳获了小男孩们的心与口袋里的钱的效果一样。她虽是女儿身,却完全复制她兄长的特质,例如秘密身份,邪恶敌人,魔剑的超神力,但希瑞却从未像霍曼一样,真正在我的班级中引起兴趣。

我翻开漫画,仔细翻阅。当我看到老旧、熟悉的太空超人时,一股乡愁油然而生。这些角色人物一度是我日常生活中的一部分,而如今,我已数年未曾想起过它们。那是种阳光照射在油毡上所散发出来的味道,和阳光穿过大草原的那种烘烤感觉一样,是一种回忆,那回忆如温暖阳光填满我。这一切,我想是太空超人正盛行时,我正好在一间有着面西大窗户的教室里教书的缘故吧。也许只是一种美好时光的感觉,促使我把漫画书放进我要带给薇纳斯的那一堆书中。

我们逐渐发现,关妮会被突如其来的吵闹声严重干扰。然而不幸的是,杰西经常会突然发出犬吠般的声音,这个声音又总会引起关妮用双手紧捂住她的双耳。

"叫那个男孩闭嘴。"某个下午她命令道。

"很抱歉吵到你了,关妮,"我说,"可是杰西无法控制自己不发出那种声音。"

她无法阻隔那个声音,因而用双手掩住耳朵,头来来回回地摇着。

"茱莉,"我问,"你可以带关妮到走廊上去吗?"

茱莉带着关妮离开教室后,我过去陪伴杰西。杰西似乎正在经历一段压力期,因为他的痉挛与怪声已经变得比前几天严重,我在心中提醒自己要记得打电话给他祖母,询问他在家中的状况。就在这个时候,走廊突然传来一阵像爆炸声似的噪音。我起身,走出去一探究竟。

关妮正大发雷霆,我不清楚是谁惹火了她,或许她只是累积了太多不好的情绪,再也压抑不住了。总之,她整个人倒在地板上,像个两岁大的孩子般又踢又尖叫。

"把她拉起来,"我对茱莉说,"带她进来。"

茱莉彷徨着,不知道是不确定还是不愿意去抓住她。

我跨前一步,抓住关妮的手臂:"来吧,甜心,我们不可以在这里这样子,这样太吵了。"

她不愿被碰触。我发现关妮对于大多数的刺激非常敏感,不论是听觉、视觉或触觉,而此刻她显然正遇到那样的刺激。问题是我必须将她带离走廊,因为她的尖叫会干扰到其他班级上课。即便如此,我还是听到了走廊上其他班级纷纷关门的声音。于是,我半拖半拉地将她拉进教室,拉到教室的阅读区。

"你在这里坐一下。看,这是德国的摄影集。记得这本书吗,关妮?等你觉得好一些的时候,你可以拥有安静的时间,好好地看一下这本书。"

她已失控到不在乎一切,所以我让她倒在地毯上尖叫。

其时关妮并没有真的大发雷霆,只是当她真的那样时,可就真要惊天动地了。现在她的姿势有点难看:双膝跪地,屁股翘起,身体前倾，额头碰地，就像教徒朝拜姿势，她用双手夹住她的头，尖叫又尖叫。

孩子们都痛恨尖叫声，他们坐着用双手捂住耳朵。茱莉显然也痛恨，神经质地到处走来走去。"我们不该为她做些什么吗？"她问，"我应该试着去抱住她吗？"

我摇摇头："不，我想她已经受了太多刺激。或许她在来我们这里之前便已受伤很深，再也容忍不了这里的吵闹。"某些患有自闭问题的孩子往往比一般人更容易受到刺激——比较大的吵闹声、比较强烈的味道。对碰触也是如此，所以我认为她在这个时候不想被碰触，她需要的是把过剩的精力发泄掉。"你何不去陪杰恩呢？"我提议，"你可以和他玩数学卡片。"

下课时间结束后，我们接着上烹饪课。这是我经常在班级里面举办的活动，因为可同时用来教小朋友数学与阅读，还培养耐心，我少有几个学生拥有此特性。这个活动的附加价值是，每个孩子都喜欢烹饪，它比学习更自由也更友善，而且食物是一种力量的催化剂。

我不认为我应该与这群孩子做太过于精致的东西，至少不要在初期阶段，于是我在家中烤了一些杯型蛋糕，并将它们带到学校。我们全班一起要做的部分是制作糖衣，然后孩子们可以在杯型蛋糕上面加上自己的糖衣装饰。我们计划观赏最后的结果，然后，当然，吃掉它们！

撇开这个特别团体的个体行为不谈，我觉得整个过程十分顺畅。杰恩因为无法如他所希望的为他的蛋糕上糖衣，气得打烂一个杯型蛋糕。而杰西把他的蛋糕砸在比利的脸上，两人倒在地板上扭打，然后两人打得如火如荼，早已把蛋糕的事情抛到脑后。我帮助关妮回到团体中。她仍然有些脆弱，不愿任何人出现在她身旁的任何地方，甚至不愿别人看她的杯型蛋糕一眼，不过她的确成功地上了糖衣，然后溜到阅读区狼吞虎咽。茱莉被指派指导薇纳斯，而这当然是件令人痛恨的工作。她得引导薇纳斯到桌前，引导她高举一只手去取糖衣刀，引导她的另一只手去拿杯型蛋糕。

"不。"我说，注意到茱莉面有难色，"别让她退缩，要让她加入活动。站在她的身后，这样她就无处可逃，然后牵着她的手做就对了。"

先前茱莉无力控制关妮的经历，令我不禁担心茱莉是否会因为太害怕而放开薇纳斯，或者不同意强迫薇纳斯加入活动，她似乎真的很犹豫。茱莉实在令人难以了解，一碰到要强迫孩子做些什么事，她便犹豫不决。我同时也发现，在面对某个顽强吵闹的孩子时，她也无法坚定立场。可是我们都在适应，虽然我们的风格非常不一样，但我还是很感激茱莉在教室内的帮忙，让我得以因材施教。对于薇纳斯与关妮这类的孩子，在某些场合中她们需要持续性一对一的关注，而此时另一个在场的成人助手简直就是无价之宝。

我们安全度过了烹饪课。大体而言，孩子们喜欢这项活动。撇开各种不愉快的纷扰不谈，我们倒是以十分喜悦、高昂的心情结束这一天的课程的。我带着孩子们下楼搭校车，然后回到教室。

在我带孩子下楼乘车之际，茱莉努力清理烹饪课后的狼藉。她在水槽中装满肥皂水与脏盘子。

"嘿，别洗了，"我说，"我们先把它们收到那边那个纸箱里，我再把所有东西带回家用洗碗机清洗。"

那是真心话,因为我不想看到她如此辛苦地做一件并非真的需要做的事情。那一刻我很清楚,一如关妮,茱莉那一天实在受够了。但一如对关妮一样,那番真心话成了骆驼背上最后一根稻草。有那么好一会儿,茱莉脸上的肌肉紧绷,僵立在那儿,全力地控制她的情绪。那是发生那些奇怪慢动作的时刻之一,因为那感觉起来很久,其实我知道那只是顷刻之间。我注意到了她的表情,却无法迅速做出有益的反应。茱莉把纸巾丢到水槽里,并离开教室。

我随后追出去。她没有走远,她就站在门外,大幅度地深呼吸以免哭出来。

"嘿,孩子。"我说,但这句话对她已然多余。她垂下头,融化在泪水里。

我伸出手臂搂住她的肩膀:"快回到教室里。"

回到教室中央的桌前,茱莉扑通坐下。我把卫生纸盒递给她,然后在她对面坐下。

"我没有能力做好。"她说,再次痛哭起来。她的手肘靠在桌上,双手托着脸颊,但张开手指掩住她的脸,并微微地把头别开。

"不,我觉得你做得很好,"我轻轻地说,"是这一天太难熬了。"

茱莉摇头:"不,我做不到。我以为我可以,我以为我喜欢,可是我其实痛恨。"

"一切只是因为今天很不好过罢了。"我说。

"对我而言,每一天都很不好过。桃莉,我无法达到你的期待。"

"不,我没有期待任何东西,茱莉。你做得很好,我很高兴你在这里帮我。"

"你是在期待。也许你自己不知道……可是你是……你期待我和你一样厉害……你期待我像你,而我就是做不到。"

我早就注意到茱莉发现这种每日混战的生活有时太难以应付。我知道我对她的依赖远远超出她所受的训练,可是我并不知道我像她所说的那样,期待她"像我"。这让我不禁感到有些挫折,因为这些话听起来简直就像当着我的面说"我不干了"。

"我的行为让你有这种感觉吗?"

她吸了吸鼻子,用手指擦掉眼泪:"你要我像你那样思考事情,你要我像你那样做事。如果我不愿意,如果我不行……我很害怕做不到,因为那样一来我知道你心里就会想,'要是她照我的方式做……'"

"我的想法完全不是那么一回事,茱莉。如果你失败了,我的想法会是:'我们该如何解决这件事情?'"

不幸的是,当我深思茱莉的话时,我体会并认识到它部分是事实。我的确觉得她对孩子们娇宠的态度已超出我的承受范围,而当她遇到麻烦时,我有时会想,这下子也许她就能够看清楚我的方式有何价值了。所以,没错,那也许是其中的因素之一。只不过,那些都只是在遇到意见不同时所产生的非常普遍的想法,其中绝对没有所谓刻意控制这回事。

这个讨论的负面结果是,茱莉并没有说她觉得孩子们难以应付。她说的是,她觉得我难以应付,这令我感到内疚与自然而然的自我防卫。

"你觉得该怎么做比较好呢?"我问。

"不知道。"她悲观地说,这又将她的泪水引回来。她挣扎着不让泪水掉下来,整个脸部的肌肉因而紧绷。

看着她,我心绪难平,想着她的模样看起来是那么的年轻。从她的外表看起来,她不过十五或十六岁。我压抑想要问她年纪多大的冲动,因为显然时机不对。但那也不禁令我陷入沉思,当你看起来像个十几岁的青少年时,一定很难建立任何类型的权威感。那同时也引起我的母性反应,我想要给她一个拥抱,告诉她我会改进。我真的不愿说也许她的看法比我的正确,我们应该照她的方式试试。

"这与跟着卡西·穆德洛做事很不一样。"她非常诚心地说。

"是的,我相信,同时我也为我自己这部分的行为感到很抱歉。我一直对你期待太高,"我说,"我不应该那样。"

"那不是你的错,是我的错。我以为这会很好玩,我以为这会是很有趣的挑战,因为我认为我已做好准备接受更大的挑战。"她的声音越来越小。

"我一直表现得好似这是你的专长领域,你曾受过完整的训练,"我说,"那是我的错,不是你的。你做得很好,我很满意你的表现。我知道大部分时候这间教室就像个混乱城市,可是真的,我们做得很好,男孩们越来越上轨道了。"

她低下头,并伸出双手环抱着自己的身体。

"听着,我知道我们的观点不同,"我说,"方式也不同,但那并非坏事。这种情况我绝对能够接受,所以我无意让你觉得你应该有所改变。"

茱莉伸手抽出一张面纸,拿着它擤了擤鼻子。"是的,好吧。"她说。她长长地叹了口气,然后耸耸肩,"我猜这就只是很不好过的一天吧。"

我点点头。

"我并非要故意失控,或许这是你最不需要的事情。先是那些孩子,然后是我。"

"别担心那个。"我说。

"那好吧,或许只有我。"她起身,"总之,我想我该回家了,今天就到此为止。"

"好吧。"

其实我宁愿她留下来,她仍明显地不高兴,而且我知道,一旦她走向她的车子或任何地方,她的泪水便又会决堤。我其实宁愿我们继续对话,直到我们之间的问题全部说出来,最后就算不能达成共识,至少也能够理解我们之间的差异。总之,我必须接受这样的结果,那就是我或许不是某个她想要得到安慰的人,至少在那一刻不是。的确,我或许是某个她想要逃离的人。

茱莉拾收她的东西并离开,我则怏怏不乐地坐着。

不过还好,至少她没有提到辞职。

被学校拒绝的薇纳斯

"这个孩子必须走!"他嚷道,"我们不能让她再待在这里。"

两天后"灾难"出现。事情发生在午餐时间,而当时我并不在学校。我有一位朋友在附近的另一所学校教书,那天正巧是她的生日,于是我与她相约到汉堡王庆祝她的生日。四十五分钟午餐时间,我只用去三十分钟,但是当我的车子回到停车场时,欢迎我的却是救护车的身影与操场上的大骚动。当我步出我的车子时,一群人朝我跑了过来,我立刻猜到是我的孩子闯祸了,而且不需花太多脑筋便能猜到是薇纳斯。

事情的细节仍不十分清楚,不过显然薇纳斯又起了无名火,穷追猛打一个一年级的小男生。在薇纳斯的穷追不舍下,为求安全,小男孩飞快爬到操场上的游戏单杠。匆忙中,他踩空了一根单杠,掉了下来,跌断手臂,并撞到了头。

以一阵骚动来形容学校教职员当时的情景实在是太保守。一遇到此状况,平时自信满满的鲍伯完全慌了。我想他应该是害怕吧,因为那个小男孩来自一个富裕家庭——认识无数律师的那种家庭,而鲍伯的第一个念头是法律诉讼。

"这个孩子必须走!"他嚷道,"我们不能让她再待在这里。她是个危险人物,迟早会害死人。她绝对不可以留在这里。"

操场助理惊慌不已。小男孩的一年级导师气得对我破口大骂,好似我中午离开校园是造成这件不幸的主要原因。我应该好好控制她的,那位老师大骂道。

薇纳斯已经被带到里面,她仍在尖叫。我很快地挤过操场上的人群,跑进办公室去找她,可是鲍伯伸出一只手碰我的手臂。

"别理会她,回你楼上的教室。"

"你是什么意思?"

"她不会再回到你的教室了,她在这里的日子已经结束了。我已经打电话给她的母亲,"鲍伯说,"反正回去照顾你那些孩子就对了。"

"可是……"

他摇摇头。"不,这次的意外太离谱了。她可以继续在家中自修或者其他,我不知道。坦白说,我不在乎,只要她离开这里就好。"他的眼睛与我的交会。短暂的停顿,然后他耸耸肩。"总之,你的孩子全都在楼上等着,所以你最好还是上楼去。"

我倍感震惊,一切发生得如此迅速。午餐之前,薇纳斯还是班上的一分子,午餐之后,她却离开了。

男孩们个个瞪着眼睛坐在座位上，茱莉甚至不曾费神集中他们的注意力。或许就算她努力也没有用，因为操场上的骚动实在很难叫人不去注意。

"老天，我早告诉过你了！"一见我踏进教室，比利便对我嚷着。"早说过那个疯子总有一天会宰了某人的，是不是？我说过那样的话，不是吗？"

"比利，坐下，拜托，"我回答并脱下我的外套，"各位，去找你们的座位。"

"我的座位没有丢掉。"比利大声地说。

我用邪恶的眼神射向他。"我今天心情很不好，再多任何一点点的刺激都会让我发狂的，比利。"

比利把头垂埋到双肩之间。

"到底是怎么一回事？"杰西问。

我知道他指的是薇纳斯。

"好吧，孩子们，过来这里，把你们的椅子拉过来这里围成一个圆圈。我知道你们或许对刚刚发生的事有很多感觉与问题，所以，我们就来谈谈那件事情。"

就在那个时候，关妮来了。

"关妮，你也是，"我说，"我们正要开始把下午的正常课程改成讨论课。"

"是啊，我们正要讨论疯子女孩如何杀害某个一年级的可怜男孩。"比利接着说。

这个团体的每个成员都很配合。我并没有把圈圈围得太近，以免侵犯到任何一个人的个人空间，可是我的确要他们把他们的椅子在教室中间围成一个半圆形，这是我第一次尝试这么做，没有人马上发动攻势。我把茱莉安排在比利与杰西之间。然后，我坐在比利的另一边，希望坐在他两旁的茱莉与我能够约束他。关妮不喜欢她的课程中有这样的改变，她是最难安顿的一个。

"关妮，坐下，拜托。"

"现在该是上课的时候，该是做'我的文档夹'的时候。"

"今天我们要先做一点不一样的，然后再做活页夹。坐下，拜托。"

她坐下，可是不到两秒钟，她又站起来。

"天啊，坐下，好不好？"比利粗声叫着。

"你凭什么耍老大？"薛恩咕哝，并半站了起来。

我意有所指地伸手在空中划过，薛恩立刻坐下。关妮看着我好一会儿，接着也坐下。

"好，很好，谢谢。现在，"我说，"我知道刚才所发生的事情很吓人。"

"才不吓人呢！很刺激的！"比利嚷道并弹离他的椅子，像个拳击手般挥着他的拳头。"疯女孩杀了一个一年级的男孩！咆！砰！"

"闭嘴！"杰西尖叫，马上离开他的座位朝比利冲过去，一拳将他打倒在地上，接着揍他。"闭嘴，闭嘴，闭嘴，你这个猪头大嘴巴！我不想再听到你的声音！"

在这个拳头往来的混战时刻，茱莉的双肩下垂。她看着我，表情中流露着投降。我不得不承认，在那个时刻，我自己的意志也有些消沉。

"男孩们！"此时的我已经懒得离开起身。因为就在那一刻，我觉得，呃，如果他们想大干一场的话……"男孩们！"

两人继续在地板上扭打了一两分钟，不过我的置身事外似乎把他们搞糊涂了，他们犹豫着。比利瞟着我，杰西趁机将比利制伏在地上。

"你们打完了没？"我问。

杰西跨骑在比利的背上，比利这时发现自己无法站起来，开始放声大哭。

"我说，你们两人打完了没？"

杰西转头望着我，他点点头并开始起身。"我只是要他闭嘴而已。"杰西回答。

"是的，你清楚你的感觉，"我说，"可是这并非是解决事情的方式。"

比利怒火难平。"你应该保护我的，"他带着哭泣后的鼻音嚷道，"不该让某个混球黑鬼小孩打我的。"

"她应该让你闭上嘴才对。"杰西反讥。

"比利，坐到你的椅子上不要说话。杰西，你也是。"

两个男孩照着我的话做。现在，在下个战事爆发之前，我还有多少时间呢？

"有谁看到操场上所发生的事情？"我抓紧时间问。

"我看到了。"薛恩说。

"我也看到了。"杰恩说。

"我看到了！我看到了！我看到了！点我起来问，老师！"比利从他的椅子上跳起来，在我的眼前猛挥手。

杰西盯着比利，我盯着杰西。"你看到了吗，杰西？"

他点点头。

"发生了什么事？"

"那个女孩？"

"她有名字，她叫薇纳斯，杰西。打从学校开学，她便一直是我们班上的一分子，所以就让我们叫她的名字吧。"

"那无所谓啦，"比利插嘴，"因为她不会回来了，我听到克利斯汀生先生说的，他说她将继续在家自修。我就曾经在家自修过，就像去年，那实在太糟了，因为好像你什么事情都不能做，只能待在家里。可是我哥哥说我很幸运，他想永远待在家里。"

"杰西？"我问，同时伸长脖子绕过比利的遮挡，因为他已经离开他的椅子，站在我前面。

他耸耸肩。"就像她平常做的那样……金达在操场上闲逛，然后那个女孩走过来，我猜他一定是去撞她或者对她干什么事了，不知道，没有看到。然后她就开始追他，一直追，追到他爬上游戏单杠，然后她把他扯下来……就像我说的，就像她平常做的那样，把小朋友打得半死。"

"嗯，我呢，我很高兴看到她离开，"比利正经地说，"我很高兴克利斯汀生先生让她离开。因为她是个疯子，就算你不这样认为。我也不喜欢她在我们的班级里。"

"当你不得不离开时，你希望有人也那样说你吗，比利？"我问。

"呃，如果我和她一样疯的话，是的，我不在乎。她很坏，老师。

你一直假装她很正常,可是你不是小孩子。如果你是一个小孩子,你就会知道她很坏。"

* * *

放学后,我把公文包里的东西摆到一旁时,无意中发现我要带来给薇纳斯的童书与希瑞漫画。就这样了,我心想,一切到此结束了。我感到伤心难过,我都还没有机会开始,事情就结束了。可是有时候事情就是这么一回事。我把童书归放到阅读架上给其他几个孩子阅读。漫画呢?我找不到应该保留它的意义。里面的角色已经过时,而且故事的开头也不怎么吸引人,没有小朋友会对那本漫画感兴趣的。我倾身将它投到我桌旁的垃圾桶里,它砰的一声掉到桶中……

就这样,没有薇纳斯,而我们继续上课。此时学校开学大约已有八周的时间,我致力于强化这群小叛逆的凝聚力,以期在冬季来临前,我能允许他们上课时穿鞋子,因为我们目前仍处于他们进教室时就得脱鞋的阶段。

我发现,一致性不但是我的环境类型中大多数决定性层面之一,也是我成功辅导这类孩童的关键。对许多这类孩子而言,尤其是那些具有侵略性、反社会性行为的孩童,那是他们在任何正面、凝聚的团体中,第一次的"归属"经验。一旦他们感受到这种归属感,那些孩子的行为往往变得越来越好,同时散发出更高度的自尊,那样的自尊更甚于我从中获得的启发。因此,我认为追求这个"团体定位"是很重要的一件事。每到秋季学年开学之际,这项挑战就变成令人头痛的问题。

就正常程序而言，利用八周的时间来"安顿一个班级"本是绰绰有余。在这期间，通常孩子会适应我，也适应我所定下的规矩、我的管教方式、我的特例与我指定的功课，他们习惯于从团体获取动力，以及适应团体中每个成员。因此到了这个时刻，我期待所有孩子都有视他们的班级为"我们的班级"的感觉，在规矩中找到安全感。

然而，面对这个相当异于往年所带领的孩子的班级，虽已届满八周，我们仍然没有"成功"地穿上鞋子，依然坐在教室各个角落的座位上，依然经常陷入混战局面。成立花栗鼠帮只是小有帮助，当然相对于其他只来我们班上数个小时的孩子（包括只与我们一起上主要课程的关妮在内），几个男孩已经培养出一种"我们"的良好默契感，形成了班上"我们"与"他们"的对立状态，但这实非理想状态。他们喜欢彼此晃动脚趾，此举更是向那些非全天性的学生表达反团体感，不把他们视为团体的一员。

因此，某天早上，我抱着在先前执教的班级所使用的大木盒来到学校。过去，它一直被叫作"小妖魔的盒子"，而我也经常编有关这个盒子的故事给孩子们听：一个小小的妖魔就住在我们的教室里，看看哪个小朋友最守规矩。当他看到某个小朋友的表现很好时，他便会将那位小朋友的优良表现写在一张小纸条上，并把小纸条投到小妖魔的盒子里。可是因为小朋友们的表现越来越好，小妖魔们来不及写，他们需要帮手。于是我要求小朋友们自己去寻找优良表现，当他们找到时，便将它写在纸条上，并将纸条放到小妖魔的盒子里。这招似乎引起我那混乱的团体的兴趣，于是我对他们说那个盒子叫作"花栗鼠帮间谍盒"。

我向他们解释这项计划。在一周的开始,他们将抽出谁是他们的"受害者"。然后,每天他们都必须做一件对那个人很好的事情。例如,一个美好的行为。可是,这是一个很大的"可是",他们是秘密情报员!所以他们必须秘密地做,不可以让"受害者"和其他人知道他们做了些什么。到一周结束之际,我们再来猜猜谁是我们的"秘密情报员"。

我进一步解释,那个"情报员"每天都要来向我报告他所做的好事,然后必须把他对那名"受害者"所做的善事写下来,并投到盒子里。到了一周的最后一天,我会把盒子里的纸条一张张念出来。为了增加过程的紧张热烈气氛,我告诉他们我将在星期五打开盒子并颁发奖品,那个每天对他们的"受害者"日行一善的人,将会得到一个间谍徽章。我同时也提议,若他们想要当一个特别聪明的"秘密情报员",他们也可以为其他人做好事,如此一来他们就可以对他们的"受害者""瞒天过海"。

这种方式不似小妖魔盒那般直接,这个"秘密情报员"的任务其实相当复杂,可是那也正是我期望能够吸引几个男孩们兴趣的地方。他们已到了那种想要加入帮派或团体的年龄,可是他们不具备这样的社会技巧。所以,那些得学习很多规则、熟悉很多挑战的活动便会非常受欢迎。

"那关妮也要加入吗?"杰西突然问。

"你认为呢?"我问。

"嗯,她不要参与这项活动。如果她是某人的'秘密情报员'的话,她一定无法对他们做出什么好事的。"

"可是她是这个团体的一员啊。"我说。

"她只有在下午才来，"薛恩说，"所以她并不是花栗鼠帮的成员。我们花栗鼠帮里没有女孩。"

"那么薇纳斯呢？她是女孩啊，"我说，"她也是花栗鼠帮的成员啊。"

"薇纳斯再也不会来这里了。她不算数。"薛恩说。

"更何况，"比利接着一本正经地说，"如果我们把薇纳斯算在内，那就变成奇数了。我们的成员必须是双数才能玩这项游戏。"

"可是我们玩这个'花栗鼠帮间谍盒'游戏的时间是星期五下午，而星期五下午关妮会在这里，"我说，"没有让她加入实在很不公平。"

"她不必玩这个游戏，"杰恩说，"她最好把这件事忘了。"

我扬起眉毛，一脸极度不解的夸张表情。"如果我们不让关妮加入的话，那么我们最好不要玩这个游戏，或许玩这个游戏根本就是个坏主意。"

"不，不，等等，"比利嚷着，"我们要玩。"

"那么你认为我们应该怎么办呢？"我问。

男孩们互相看着彼此。比利耸耸肩，杰西耸耸肩，这让双胞胎也一起耸了耸肩。

"反正把她排除就对了。"薛恩终于说。

"我不能那样做，我们必须想到某个大家都能一起玩的活动。"我重申道。

薛恩再次耸耸肩。再一次地，又是一轮的耸肩。

"也许你可以扮演关妮的秘密情报员。"杰西终于说。

"对啊，"比利嚷道，"这个主意很好，杰西！老师可以扮演关妮的秘密情报员。"

"那样行吗?"我问。

"行。"薛恩说,点点头。

"好吧,"我说,"不管关妮的情报员是谁,我就来帮帮她吧。"

"哦,太酷了!"比利嚷道,"一个'秘密情报员'老师耶!"

天才比利

班说:"这个孩子百分之百隐藏了他的天分。"

万圣节前一周,校区心理学者班·亚维瑞来探视我们学校。作为对校区评估与安置方案的一部分,他对所有安置方案的特殊教育学生进行成绩指数测试,然后再加上他们的魏氏儿童智力量表(WISC IQ)测试结果,对象包括我班上的孩子。这就表示他将与我们相处四天。

我其实很不喜欢这类的测试。因为有太多的东西可以影响其精确度,诸如文化差异或社会经济因素,在我看来,他们似乎在浪费时间。我倒很希望像班这种极具才干的人能利用这四天的时间对教室环境有所贡献,而非将他们自己局限在标准化的测试中。只是这种事情决定权不在我,所以,他一个接一个地把孩子带走。

头两天的对象是薛恩与杰恩,其结果,很令人伤心地,与我的预期不谋而合。薛恩的智商分数七十一,杰恩六十九,两人都在心智迟缓的边缘,都有严重的阅读问题。的确,杰恩仍然处于认识形状与字母的"前阅读"阶段,薛恩则才刚刚开始认识字母符号与一些简单的单词。他们的数学稍微好一些,可是也仅止于还可以的程度。事后,班花更多时间在我身上,和我讨论将他们转到一个轻度心智障碍孩子班级的可能性,因为撇开他们的困难行为不谈,他觉得这样也许更能符合他们的需要。

我觉得他们还是留在我身边比较好。薛恩与杰恩并不会阻碍我在这个班级做的工作。

第二天轮到杰西,他的表现其实比我预期的还要理想,智商测试得到一百零九分,属于正常范围,不过这倒反映出他的阅读技巧问题。他的阅读测试分数只达到一年级的程度,与他在班上的学习程度相符。班的其他测试显露杰西严重缺乏听觉处理与视觉集中能力,所以事后班又与我进行了一次冗长的讨论,讨论杰西的学习障碍与他的图雷特氏综合征对他的学业技巧的影响。我想我会更用心去寻找方法。在我事业的早期,我在学习障碍议题上着墨甚深,于是我决定回家,翻出我的旧数据,评估杰西属于哪一类型。我希望这样能够将他的学业技巧提升到更接近他的能力程度。

一如以往的,比利或许会成为粥中的那一颗老鼠屎。

"你绝对不敢相信这个。"隔天放学后班走进我的教室时说。

茱莉与我就坐在同一张桌子前做课程规划,我们两人闻声都抬起头来。

班将比利的魏氏儿童智力量表投向我们。我将量表翻过来放在桌子上。

语文分数：一百四十五

效能分数：一百四十二

智力分数：一百四十二

"你开什么玩笑。"当我看到那份量表时，我说。

"我了解比利，他有可能作弊。"茱莉说。

"呃，我倒是没有发现他带任何小抄。"班回答。

"这不可能是我们的比利，"茱莉说，"打从他来到这个班级后，我不认为他有把一份作业做完过。"

班说："这个孩子百分之百隐藏了他的天分。"

我把量表拉到我的眼前，读着。我实在太惊讶了，尤其对象是一个什么事情都落后一大截，而且对学业一直显得不感兴趣的男孩。可是，我越想越觉得有其道理，我们只是一直没有注意到这件事，因为我们之前可能忽略了。

数周过去，万圣节到来，我们教室里也兴高采烈地要庆祝一番。每个人都刻意打扮，穿上恐怖的衣服。只有关妮例外，她痛恨这一切。薛恩装扮成蜘蛛人，杰恩的打扮我猜应该是蜘蛛人二号，因为他穿着与薛恩一模一样的衣服。杰西的祖母帮他做了一件黑白相间的可爱狗衣服，长长、懒散的耳朵连到发带上，鼻子上还画上一个发亮的黑色鼻子。我猜他应该是动画史努比里面的角色，因而赞美他的巧思，却只得到他气愤的反驳说，不，他"只是一只狗。"比利则选择打扮成红魔鬼。

几个男孩疯狂依旧,以致我不敢期望像其他班级一样,办一个正常且正式的万圣节宴会。我做了一个小小的糖果袋,并在下午的下课时间带领大家吃饼干、喝饮料。即便如此,混乱仍多于乐趣。因为课程的改变让孩子们太过兴奋,以致引起数不完的打架、哭泣、叫骂、尖叫,以及坐"思过椅"时间。还有,关妮因为吃了太多糖果,以致吐在阅读区的地毯上。不过,我还是很高兴我们举办了这个庆祝活动,否则我们一定会觉得我们遗漏了些什么。

然后是漫长的、冰冷的、带着暴风雪的冬天来临。

这段时间以来,薇纳斯的身影从未离开我的脑海。我不停地检查操场上的围墙,期待看到她在那里。可是我并没有看到她的身影出现在围墙上。

她的两个哥哥继续上学。他们两人都在比较高一点的年级,同时两人也都接受密集的学习支持,于是每当到了学习支持的时间,我便晃到教师休息室,玛莉·麦可肯纳就在那里。我与玛莉并不很熟,当我成为一名巡回学习支持教师时,她还不是校区支持小组的成员。她是一个年纪较长的女人,私底下给人一种精明干练、效率十足又极友善的印象。我发现我很自然地与她谈到薇纳斯。然而鲍伯一眼就看穿了我的意图。

"玛莉并没有辅导薇纳斯。"某天下午鲍伯在走廊上对我说。

"这个我知道,我只是……"

"薇纳斯有一位特殊家庭指导老师,来自第八校区。自修是她唯一能做的。"

我点点头,一阵无言。"不知道她过得好不好,不知道她的哥哥是否曾经说过些什么，我只是，我是说，你有没有听到任何消息？"

鲍伯摇摇头。然后他以一种近乎父亲的方式，拍拍我的肩膀，要我放心。"呃，反正我们也没有能力帮她些什么。"

"你为什么会这样说呢？"我问。

他耸耸肩。"太多了，太多家庭问题，你知道的。"

"她命中注定的，所以我们真的不应该为她担心吗？"

"不，我的意思是我们有得也有失。对某些孩子，你就必须持那样的态度。有些事情是你无力改变的，因此，当事情不再由你掌控时，你就必须相信那样的结果会是最好的。"

我讽刺地淡淡微笑。"我们经历了很多，对不对，你和我，打从一开始？"

鲍伯立刻意会到我宁愿回到当初，虽然面对毫无希望的孩子，但我们两人都怀抱着热情与理想。

"你是指，'我有没有成长'吗？"他问，"因为若这是你话中的意思，桃莉，有的，我成长了。我有丰富的阅历，所以现在才会真正地理解到，你的确得到一些什么，也会失去一些什么。而你必须跟着你所得到的东西前进，并且，令人悲伤的是，同时放弃你所失去的。"

我点点头，我无法反驳他这样的说法。有些孩子我确实无力帮助他们，这些孩子我不得不放弃。这类孩子难以计数。而我，也一样，不得不平衡我的理想世界与现实世界。只是，我依然不喜欢被迫放弃那个我自身都还没有放弃的孩子。

又是一阵无言。鲍伯开始转身回他的办公室。

"漂亮孩子。"我喃喃念着。

"什么?"鲍伯转身问我。

"我说,'漂亮孩子'。想想那有多么讽刺,汪达一直都那样叫她。然而,事实上,薇纳斯是我所见过少数几个最不漂亮孩子之一。"

"嗯,在汪达的眼里,她也许很漂亮。"鲍伯回答,接着犹豫片刻。"你清楚真相的,不是吗?"他说。

我不解地抬头望着他。

"档案上没有记录,可是那是真的,至少社服单位是那样说的。"

"什么?"

"泰芮并不是薇纳斯的母亲,汪达才是。泰芮的前一任男人,也就是她目前这个懒散男人的前一个,是他害汪达怀孕的。"

"哦,老天。"这种感觉实在太可怕了。

鲍伯抿着双唇。"那个家伙甚至不负责任,害一个十三岁的智障女孩怀孕后便逃之夭夭。"

回到我的教室时,我简直头都大了。突然间,许多其他事情开始变得符合逻辑了。如果薇纳斯是汪达的孩子,而万一薇纳斯的婴儿与幼儿时期的照顾重任又全落在汪达身上,那么就算薇纳斯的智力不受影响,但她又在什么样的环境中被抚养长大的呢?令人不得不怀疑的是,以汪达这种能力有限的人,如何能适度提供一个婴儿所需要的安抚与照顾?我想起汪达和那个塑料洋娃娃的情景,她粗心随意地搂着它,这一秒钟爱它,下一秒钟当有别的东西引她分心时,便把它忘到九霄云外。万一薇纳斯的幼年都在这种环境下度过呢?她所得到的刺激也许很少,尤其是语言上的刺激。或者,若汪达没有想起她,她便孤独地一直被放在摇篮里或婴儿围栏里。或许她哭了太久，最后她想到这样哭无济于事，于是一动也不动地等待着。万一家中其他成员对她的唯一方式是以暴止哭，进而让她领悟到防御就是最佳的攻击呢？所以她总在任何人攻击她之前先发制人。

这些都是我个人的猜测，可是套入某个可怕的谜团中时，却显得合情合理。

* * *

花栗鼠帮间谍盒的构想谈不上成功。第一个问题是，薛恩与杰恩的阅读技巧实在太差，这方面的事情他们什么都不能做。他们必须让茱莉帮他们读谁是他们的"受害者"，而这也就难以让事情保持秘密，而且他们两人也需要有人帮助他们写纸条，这样他们才能把纸条投到间谍盒子里。

然后，男孩们虽然喜欢当间谍的主意，也喜欢星期五下午庆祝的主意，但就是没有人喜欢做善事的主意。

事情在第一天就进行得很不顺利。我不停地说："你们今天做善事了没？"每个孩子都点头并说："做了。"于是我提醒他们要去找茱莉或我确认，而唯一找我们确认的只有杰西。他的"秘密情报"对象是杰恩，而他的善行就是，在发现杰恩作业纸掉到地上时，将它捡起来放在杰恩的桌子上。这虽不是一个诚挚的举动，却是一个开始。

到了星期四，杰西又来找我。这次他说他在美术课的时候借彩色笔给杰恩。我犹豫地指出我曾经说过要一起使用彩色笔，因为他霸占整盒的彩色笔到他的桌上，而我所说的一起使用是指所有男孩，而非只是杰恩而已。

我看到比利也在盒中投下一张纸条。"比利，"我说，"记得要茱莉或我确认，这样我们才知道你真的做了。"

"我的确做了啊，"他不情愿地回答，"你不相信我吗？这是什么烂地方，我们在这里得不到信任。如果你不信任我们，你又怎么期望我们做任何事情呢？"

我伸出一根手指压在唇上。"请注意你的用语。"

"看吧，你甚至不信任我所讲的话。"

见他如此激昂，我没有坚持询问他做了什么善行。

星期五来临的前夜我做了一些人型姜饼——一个人型姜饼配班上一个男孩的名字，我把它们带到教室当作间谍盒的奖品。我同时也为胜利者做了非常时髦的"间谍徽章"。

一看到人型姜饼，他们极端兴奋。整个早上，男孩们都对着姜饼直流口水，确认着他们的名字在哪个姜饼上。

一天课程即将结束之际，我要每个人坐在他们的座位上。我把姜饼放在我的桌上，然后煞有介事地把间谍盒放到桌子正中央并打开。"你们认为我们将会有什么发现呢？"我以非常夸张的期待口气问道。比利已经兴奋得坐立难安，他要我长话短说，直接跳到姜饼人的部分。

我打开盒子，里面只有九张纸条。我代表关妮投票给薛恩的有五张，杰西投了两张给杰恩，还有两张完全空白。我将我代表关妮投给薛恩的其中一张内容念出来。

"我得到最多张！我得到最多张！"薛恩嚷着，"我的奖品在哪里？"

"事实上，这样是无效的，"我说，"我们的奖品是给真正日行一善的人，可是你们真正做到的善行并不多。"

"可是我得到的张数最多啊！"薛恩吼道，"我要我的奖品。"

"等一下，你一张都没有写啊，薛恩。"

他突然大哭。"可是我赢了呀。"

"那我呢？"杰西嚷道，"我做了最多善事，我应该得奖品，而且应该得到全部，还有徽章。那是我的，我正大光明赢到的。"

"你才做了两件善事。还有这张空白纸条又是怎么回事？"

"老师！"比利号叫着并且指着，"你看她在干什么好事！"

我转身看关妮，她正站在我放姜饼人的桌旁，正以最快的速度把每个姜饼人的腿都咬掉。

"老师！"比利惊声尖叫，弹出他的椅子，向关妮冲过去，我差点来不及阻止。

我拦截到他，可是无法制止所有男孩。茱莉也以最快的速度介入，可是为时太晚。杰西拿起唯一完整的姜饼，那个姜饼上面正好挂着杰恩的名字。

"那是我的！"杰恩尖叫着朝他冲过去。

"我赢到的，我才不要吃任何被那个女孩吃过的东西。"杰西回答，并迅雷不及掩耳地把整块饼干塞进嘴里。

短短几秒钟，所有孩子已陷入一阵大骚动，在地上翻滚、扭打、哭号、纠缠。

杰西被他嘴里的饼干噎住，因为他还来不及吞下便已被打倒在地。关妮每遇悲恸过度时，便会以高八度的魔音尖叫。比利打得太投入，以致说不出话来。双胞胎只是尖叫并捶打每一个人。大约有一半的姜饼人都已被踩得粉碎。

茱莉与我奋力地将他们分开，拉他们起来，塞回他们的座位上。

"坐好！"我以我最最严厉的教师口气说。

每个人不情愿地都乖乖地坐在他们的座位上。"现在双手交叉，并低头趴在你们的桌上。再过五分钟就下课了，所以你们就这样一直待到下课钟响。"

每个人，甚至包括关妮，都乖乖地听话行事。当然，只有比利例外。

"你也一样。"我说，狠狠地瞪着他。

"不行。"他口气极轻地回答。

"我可以问为什么不行吗？"

"因为你说把头趴在你们的桌子上，可是我又没有桌子。"他张开双臂，手掌朝上，好似他是世上最无辜的孩子。"只有这张桌子。"

"立刻趴下，比利。"

我们互瞪彼此好一会儿。终于，比利双手交叉放在桌面上，并将头压在上面。"去他妈的学校。"他一边趴下，同时一边咕哝着。

就这样，花栗鼠帮间谍盒游戏就此寿终正寝。

13
我们自己的交通信号灯

> 我利用制图纸，分别做了一个交通信号灯。我在上面写上班上男孩们的名字。

无可否认的，我一直以来用来控制一个班级与凝聚班级团体力量的方法，显然对这个班级无法奏效。所有男孩都有过动与注意力不集中的问题，全都冲动且好斗。而关妮，因为对突如其来的吵闹或动作无法忍受，更增添下午教室内的混乱。

一开始，我对关妮充满期待，因为据闻她的自闭问题只局限于社交方面，至于她的学业则是十分出色。当然，我心中预先将她与薇纳斯凑成一对。但是实际上，我发现关妮的自闭症延伸问题远比我所预想的还要严重。她很容易受到过度刺激，很容易挫折，而且极端无法忍受正常程序受到干扰。这让她无法与比利、杰西、杰恩与薛恩打成一片，因为他们老是破坏正常程序，而且完全无法控制自己不去制造喧闹声。

杰恩与薛恩则有他们自己的特殊问题。虽然他们两人来自温暖的小康家庭，他们的父母亲在他们还不满一岁的时候领养了他们，但当两个孩子抵达时，他们的养父母已经四十五六岁。虽然他们很和蔼可亲，也非常喜爱这两个孩子，但是他们并不具备解决杰恩与薛恩问题的充足知识。养父母两人都未受过良好教育，也没有旺盛的体力，尤其生理上也不再年轻。我经常打电话给两个孩子的养母，而她常常在电话中为两个孩子上学前所做过的许多事落泪，其中许多麻烦都是任何一个这种年龄层的孩子经常会犯的，可是她发现问题真的很难改善，主要是因为两个男孩老是无法吸取他们行为的教训。不论她多么努力，同样的事情总是一再地发生。

当薛恩与杰恩真调皮的时候，他们有可能真的非常非常调皮。婴儿致命酒精症候群的最主要影响是智力迟缓，从那个角度而言，两个男孩的智商其实已相当接近迟缓。然而，婴儿致命酒精症候群通常同时也会引起一些行为问题，也就是所有教殊教育班级的三大行为问题：冲动、过动与注意力缺乏，以及某些特殊的问题。薛恩与杰恩的最大问题，也是许多婴儿致命酒精症候群孩童的典型问题：无法从经验中学习。这类孩子无法拥有所有形式的记忆，他们必须加以一次又一次的教导，每次都像是重新开始。这意味着要他们"学习教室规矩"是一件极端困难的事。再者，在牢记事情与了解如何适时利用它们方面，似乎缺乏一个连接器。即使他们知道规矩，能够将那些规矩倒背如流，那些规矩依旧无法适用在他们身上。最后，我终于明白我在薛恩与杰恩身上所发现的极多问题，其实都导因于他们无力理解他们的行为后果所致。

我们所面对的另一个大问题是，他们两人都没有一点所有权观念。只要他们在教室内或操场上看到他们喜欢的东西，便理所当然地拿来使用。这并非偷窃行为，他们只是不了解那些东西属于别人，必须征得同意才能使用。这种情形当然导致他们的人缘极差，不论在教室内或教室外。友谊根本就不存在这两个男孩的脑海里。

杰西是班上唯一不论在活动或注意力集中上都正常的学生，只是他的痉挛强烈阻碍他的学习。压力导致痉挛情况更频繁和严重，而他的痉挛症状又十分复杂，面部歪扭，头部突然扭转，吸鼻子。当他生气的时候，会握起拳头，不停地捶打太阳穴上方的头部。每当集中注意力时，他则不停喃喃地重复一些话，诸如"哦天啊，哦天啊，哦天啊"或者"要集中注意力，要集中注意力"。这种行为的确令人感到不耐烦，也扰得其他几个男孩无法集中注意力。更严重的脸部肌肉抽搐症状是吠叫，那是种突如其来的、大声的、几乎是爆发的吠叫，而每当此一症状出现时，关妮完全无法忍受。

除了痉挛的问题外，杰西同时也有很严重的学习障碍。我想，在对我班上学生进行测试之前，我们一直不知道他的学习障碍竟然严重到这般程度，但之后，我便努力地想要找出他的学习问题：大约主要出在阅读与拼字。一旦他有了自己的认定后，便难以真正解释文字，也无法理解那些文字。一如关妮，我发现杰西无法在一个吵闹的教室中学习。当出现杂音时，他便无法清楚地区分各种声音，以致像"椅子"与"橘子"这类词汇在他听起来都一样，而我们这样的学习环境更使得他的学习变得艰难。

然后，就是比利。由于评估清楚地显示比利极具天分，因此我忽略他现在可怜的学业成绩以及令人冲动暴躁的行为，尽我所能地让他融入班上的轨道。但这份工作一点都不轻松！比利不想坐下，不想写功课，不想阅读或做数学题以及做任何他应该做的事情。他唯一想要做的事情只有讲话，还有打架。

我尝试利用我们教室的现有设备改进比利的状况。我想，若我安排比利一些专门说话的时间，也许他就不会在不该说话的时候拼命说话。于是我为他设计了一个小小的方案，让他对班上同学"报告"他所学到的事情。若我能够让比利久坐地阅读或书写任何东西，或者若其他几个孩子能够静静坐着聆听，则这个方案也许会奏效。

然而比利的悲哀是，从来没有人告诉他他是个天才孩童，因而他当然不会对我为他安排的所有聪明的、创意的小事情深感兴趣。不论我如何努力地想要改善他的问题：喧闹、粗暴、过度热情以及集中力短暂，比利还是坚持当他的比利。

这一切的混乱凸显出我与茱莉之间持续的问题。每当出现诸如"采取强硬手段"时，茱莉便成为反对者。她认为孩子应该被爱、被鼓励、被奖励，不要在意他们所做的一切事情。数周过去，她这样的立场显然越来越坚定。

这件事情的实际结果是，我们对教室内的状况有不同的回应方式。当某一个孩子行为不当时，茱莉的反应是"我们来谈谈你为什么把那本书丢到地上"。我的反应是"把它捡起来"。当某一个孩子离开他的座位，在教室内胡闹时，茱莉的反应是什么都不说，然后称赞那些没有离开座位的人。这种情形下，她试图让那个为了要打其他孩子的头而离开座位的孩子不要离开座位，或者让留在座位上的孩子继续留在座位上。

大多数时候我班上的男孩们若不是彼此攻击,便是改写部分《苍蝇王》的版本,但茱莉却很能轻易地适应吵架爆发的环境,对打架视若无睹,或者在打得正火热的时候问他们为什么要打架。这是非常不实际的反应。她做的,顶多就是试着抓住一个孩子并抱住他,一遍又一遍轻柔地对他说,不要彼此伤害是多么重要的一件事。只是在此同时,她的对手已经制造了更糟糕的破坏。

对这一切,我存在两个大问题。第一,我真的很喜欢茱莉这个人,我喜欢她的幽默感、她的勤劳、她的善良,而且我也想要她喜欢我。因此,必须扮演黑脸的角色实在令我很为难,我得随时指出她错误的地方,比如说,如果我们事前协调出一致的方式,一定更有助于解决问题。再者,我并不喜欢我必须处于辩护的位置。在先前任教的几所学校中,我一直是开放的、无偏见的、最没有约束力的一个人,我痛恨一夕之间被贴上保守的标签,它破坏了我的自我形象。第二,我们之间的差异让我感觉到我在教室里的窘境。数周过去,我知道我必须更严格地建构这个环境,以压制我这些小男孩们的行为,可是我一拖再拖,只因为我痛恨必须告诉茱莉她也必须如此做。

在与这个班级挣扎了十二周后,却不见学生明显的行为改善。在丝毫感觉不到我对这个班级的控制力后,我决定我必须采取一个更明确的方法。于是,我设计了一个方案,以整顿教室让一切有序。

在家里，我拿出四块白色海报板，利用制图纸，分别做了一个交通信号灯。我在上面写上班上男孩们的名字，并在交通信号红、黄、绿三个点上插进小小的曲头钉以便悬吊。接着我利用索引卡做了一堆圈圈，每个圈圈上都着上红、黄、绿三种颜色中的一种。最后我做了一个大表格，上面标上一周的日期。

第二天早晨，在教室里，我解释着接下来要做的事：每个人的信号灯都从绿色开始，当我想要警告某人的不当行为时，我就拿掉绿色圈圈并挂上黄色圈圈。当我必须叫某人去坐思过椅或任何其他规范他们的行为的方式时，黄色圈圈便变成红色。我把表格挂在公布栏上，然后高举一包星星贴纸。我发给每个男孩一个独特的颜色，若有人能够在绿色的时间内完成指定功课，他就可以在表格上贴上一个星星。如果一天中五个星星全部贴上，那么他就可以得到这个：我高举着一条巧克力棒。不论任何颜色，当我们贴满了五十个星星时，我们就举行一个班级宴会。

比利觉得这个主意实在太棒了，杰西看起来有点困惑。我看得出来薛恩与杰恩完全搞不清楚怎么回事，不过他们知道他们自己的颜色，因此我希望一待这个方案开始实行时，他们可以很快上轨道。然而，一如我所预料的，茱莉痛恨这个方案。

"行为修正？"她问，拿起一条巧克力棒，好似它是一个牛角。"当我第一次当助理时，卡西就是对学生用这种方法，可是我让他放弃这个念头。它太不人道了，待小孩犹如动物。"

我迟疑地指出，在哪一刻，我的学生的表现就像动物。

"贿赂他们来表现良好，用糖果。我的意思是说，难道我们不能至少用葡萄干或什么某种比较健康的东西？"

"我不确定葡萄干能够收到效果，"我说，"我要先可以掌控，然后才考虑健康问题。"

"是啊。"她说，语气反射着她认为我很得意自己那样说。

事情进行得并不完美，孩子的行为并没有突然的改变。正如我所预料的，那个星期五没有开班级宴会。的确，在五天中我只送出去两条巧克力棒，而且两条都是给杰西的。可是慢慢地，慢慢地，这几个男孩似乎有那么一点点注重他们的行为，也注意起班级整体行为了。这整个规划方案的麻烦之处在于管理，让这一群需要具体、视觉提醒的孩子守规矩的确需要费一番心力。所以，我们采取一些迂回的步骤达到团体凝聚力。

另一件我决定主动去做的事情是教导班上孩子"价值观"，这类事情以前我是不做的，在我先前所带领的大多数班级中，我们都进行"早晨讨论"。我利用上课之前的一点时间，要班上的孩子以圆圈的方式围坐在地板上，讨论各种不同主题。这段时间通常结合了主题探讨与纷争解决，孩子们可以说出对他们很重要的事情，吐苦水，抱怨，讨论先前决定的"主题"，诸如在特定场合中的适当行为。这个方式一直都能收到很好的效果，也是我主要的教学技巧。可是今年却行不通，部分因为一天当中我们班上还有其他特殊学生会来来去去，我们的讨论时间很难不受干扰。不过，最主要的原因是他们是一个非常特殊的团体，只要有一个成员出现问题，就会干扰到其他成员，就算完全没有受到干扰,要这几个孩子长时间坐着,专心聆听和讨论,也是极端困难的事情。他们不受拘束,不感兴趣,不愿合作。我尝试应用早晨讨论,到最后总落得以杀戮战场收场。于是,我开始放弃这项活动。但是,随着时间消逝,我越来越觉得有需要在上学时间找个地方协助男孩们了解更适当的行为,并透过对话、角色扮演等更有技巧的方式进行探讨与练习。

我们由非常简单的地方着手。那是当天最后一堂课,男孩们都坐在他们的位子上。"每一天,我们都将利用一些时间来讨论一些字,"我说,"今天我们要讨论的字是坏。是否有人曾叫你是'坏男孩'或'坏女孩'?"

"有!"比利高喊。

"你怎么那么多话啊,比利。"杰西接着说。

我伸出一根手指压在唇上。"你们每个人有一分钟发言时间。所以,比利,人们对你说了些什么话?"

"坏男孩!你没有坐好!"他说,"坏男孩!你没有写功课。坏男孩!你把所有东西弄得一团乱。"

"很好。那你呢,杰西。有人曾经叫你坏男孩吗?"

杰西耸耸肩。"也许有吧。"

"你呢,薛恩?"

他点点头。"杰恩昨天晚上尿床,妈妈说:'坏男孩,你尿床了。'"

"才没有呢!"杰恩嚷着,并站了起来。

我用力地挥着一个黄色的交通圈圈。"嘿,杰恩,坐下,再想清楚,你不会想要得到黄色圈圈吧?你想要在这堂课结束的时候得到一个星星吧,对不对?"

他缓缓地点点头。"可是我没有尿床啊,是他尿的。"

"好了,你可以坐回位子上了吗?"

"我知道另一个,"比利插嘴,"撒谎,而且有人一定会说那样很坏。"

"没错。你呢,关妮?有人曾对你说过你是'坏女孩'吗?"我问。

关妮凝视着窗外。茱莉一直在教室内巡视,她走到关妮桌旁,轻轻地伸出手,想要转过关妮的头,可是还没有碰到,关妮便把头往后缩,所以我知道她其实不像表面上那样心不在焉。

"关妮?"我又问了一次。"你能不能也加入我们的讨论呢?"

"我还知道一个,"比利喧嚷,"如果你不专心,你就是坏!"

"谢谢你,比利,可是你可以等到轮到你的时候再发言吗?关妮!"

她耸耸肩,依旧无言。我等候着。

"现在瑞典正在下雪。"她淡淡地说。

"关妮,这里,"我指着我的眼睛,"抬起头来看这里。"

"你没有专心,"关妮说,"坏女孩,你老是不专心。你真的是一个坏女孩。"

"谢谢你的分享,关妮。好了,我们有多了解坏呢?坏只是一个小小的文字,却可能招来拳头。"

"噢!"比利喊道,捂住他的右眼,并从椅子上摔下。"哦哦,唉哟!"他痛苦地翻滚。

我跳了起来,很焦急。"怎么了?发生什么事?"

比利缓缓地移开他的手,顽皮地笑着。"坏刚刚打了我的右眼一拳。小小的文字,可是,天啊,它招来一拳!"

我叹了口气,在他面前挥了挥黄色交通信号圈圈。"来,你得自己去把你的交通信号灯挂起来。"

出其不意地歌唱

尤其当彼此之间开始出现小小的情绪时。当我说"让我们来唱歌"时,几乎每个人都兴致勃勃。

12月中旬,鲍伯早上的第一件事情就是绕到我的教室。当他进来时,我正坐在我的桌前整理孩子们的活页夹。

"你知道薇纳斯吗?"他劈头便说,"我想她就快要回来了。"

我很高兴听到这个消息。"真的吗?怎么回事?"

"这恐怕绝非好事。有一些传闻,那个家庭遭遇了一些不幸。一个年纪比较大的孩子因为吸毒被捕,显然,他是在家里吸毒的,问题是其他几个孩子是否也参与了。史丹·穆尔豪斯……你认识史丹的,不是吗?他昨夜从教区行政官办公室来电质疑,社服单位阻止了他。他们认为如果薇纳斯能不整天待在家里会比较好,他们很关心这件事。显然他们很担心这个与薇纳斯一家住在一起的那个叫丹尼的男人,因为他过去一直对小孩子心怀不轨。泰芮从事夜间工作,因此白天的时候通常在睡觉。只要汪达、薇纳斯以及任何一个孩子在家,他便对他们虎视眈眈。他们说即便没有证据证明他涉及了任何这方面的罪行,但若我们这里可以提供薇纳斯另一个选择,那么她就不必一定得在家自修。"

"好啊,我很高兴她回到班上来。可是操场上的暴力问题该如何改善了呢?我们能够及时阻止吗?"我问,"或者我们正在拿其他正常孩子的安全来冒险?"

"史丹说教区愿意在午餐时间提供一位助理陪伴薇纳斯,那样会比请一位家庭教师来得便宜,而且也有助于问题的解决。我们必须亲自安排一些下课的活动,这也就是说,给你一个不同的下课时间。"他说得飞快,我心想,他是希望我没有听到。

就这样,迅速一如她的消失,她回来了——圣诞假期前两个星期的星期一,鲍伯领着她走进教室。

"哦,不!疯子回来了!"比利戏剧般地嚷着。

我立刻从衬衫口袋中抽出一个黄色的交通信号圈圈,意有所指地在空中挥了挥。

"不公平!学年都还没有开始呢!不公平!我不该得到黄色的!"比利尖叫。

"那么就闭上你的嘴。"我说并做出拉拉链的动作。

"闭嘴?可是我都还没……"

我又挥了挥手中的信号,非常意有所指地。

薇纳斯看起来比我印象中还衣衫狼狈了些。那个曾经绑着她的长发的发圈深埋在她的长发中,长长发丝上粘了许多看似果酱的面包屑。她穿着一条黑色长裤,上身是红色苏格兰格子上衣,明显地不合身,衣服褪了色,结满毛球,而且比她那瘦小的身躯至少大上两三倍。在她的脚上,一双尺寸不合适的袜子,一双芭比娃娃款的布鞋,鞋的边缘已裂开。

"哈喽,小可爱,我很高兴你回来了。我们为你保留了你的位子。"我将她带到她原来的位子上,就在杰恩位子的后面。

没有太大的改变。薇纳斯坐下来之后,我分发活页夹并开始上数学课,她眼睛未曾片刻离开我身。她并没有打开她的活页夹,甚至连头都没有低下。

"她也会得到一个交通信号吗?"比利问,"你会给她红色、绿色和黄色的东西吗?你打算怎么处理这个疯子?"

"你打算怎么处理,比利?"我问。

这并没有让他闭上嘴巴。"她应该得到一个交通信号。她没有做功课,所以你可以给她一个红色的。我就因为没有做功课而得到一个红色的。"

我举起黄色警告信号。"我再问你一次,你现在打算怎么处理,比利?"

我们对峙了好一会儿,比利气愤瞪眼。"那样不公平,"他咕哝着,"我什么都不能讲,你实在太独裁了。"

"你要说那是独裁也行。或许这样是不公平,可是事情就是这么回事。所以,我们就来看看你这一整堂课是否能够一直保持绿色,好吗?"

我在薇纳斯的旁边坐下。我不知道整堂数学课她心思飘到何处,我很确定我们没有一个人知道。我拿出一个装着各种彩色造型木头的盒子,并从里面拿出三个放在桌上:一个蓝色的圆柱体,一个红色正六边体,一个绿色圆锥体。然后再放三张颜色相符的对照图片在桌上。"你可以告诉我哪一个能够配上这个吗?"我问她。

没有回应。

"是这个,对不对?红色……红色。正六边体……正六边体。这个颜色配那边那个正六边体,对不对?"我拿起正六边体放在卡片上。"再来,哪一个配这张图片呢?"

没有回应。

"是这一个。看,它是蓝色的,同样的形状。有没有看到它们的形状一样呢?"我拿起圆柱体放在图片上。"现在,剩下最后一个。你能够告诉我它配哪一个吗?"

这一点都不难,只是薇纳斯还是不愿响应。

"来,让我来帮你。"我伸手握住她的手腕上方。在我的手指下,我可以感觉到她肌肉的突然紧绷。我就要激怒她了吗?那种可能性在我还未碰到她之前便闪过我的脑海,不过它并没有发生,她只是僵硬得让我无法移动她的手。

我将我的椅子往后推。"我们要来做些事情,来,站起来。"

当然,她不会主动站起来,不过我轻而易举地便将她拉起。

"我们来做一些运动。"我依然坐着,但把薇纳斯拉到我的前面。

我握住她的双手。"好吧,我们开始了。肩膀。"我把她的双手放在她的肩膀上。"屁股。"我拉着她的双手来到她的臀部。"膝盖。"我将她的手移到她的膝盖上。这是不轻松的任务,因为她一开始不会弯不下来碰她的膝盖。"脚趾。"我无法让她弯到能够碰到她的脚趾。"来,我做给你看。肩膀、屁股、膝盖、脚趾,看到没?看我怎么做。"我把我的双手放在我自己的肩膀、臀部、膝盖和脚趾,只是我仍然坐着。"现在,该换你来做了。"我双手握着她的双手。"肩膀,屁股,膝盖,还有……"我轻轻将她的双手往下拉。"很好,脚趾。"我放开她的手。薇纳斯就那样弯着腰、手碰脚趾地站着。

我伸出手再次拉着她的手。"我们再做一次,这样你才不会动作那么僵硬。我们开始了。肩膀,屁股,膝盖,脚趾,肩膀,屁股,膝盖,脚趾。很好。现在,倒过来做。脚趾,膝盖,屁股,肩膀。由上到下再来一次。肩膀,屁股,膝盖,脚趾……"我得拉着她做每一个动作。

"嘿,带我做那个!"薛恩嚷着并离开椅子,冲了过来。

"好吧,来。"我说,迅速离开我的椅子,趁着他还没有贴近薇纳斯之前拦截他。"我们全部一起来做,所有的人都站起来。"我站在薛恩身后,一如我带领薇纳斯一样,握着他的双手做每一个动作。"肩膀,屁股,膝盖,脚趾。"

"我也要!"杰恩喊道,"现在就带我那样做!"

"下一个是我!"杰西大叫。

"那么,再下一个是我,"比利接着说,"我是整堂课中唯一没有离开座位的人,所以我应该仍然是唯一得到绿色交通信号的人。"

我对着他笑。"好吧,这次你可以多得到一个星星。"

短暂的随兴喜悦随之而至。我轮流地握着每个男孩的双手做这个简单的动作，他们都很喜欢。我又做了一次，交错地带领孩子们，越来越快，上，下，又上……看看我是否能够逗他们每个人都开怀欢笑。当然，除了薇纳斯，她只是站在那儿注视着。

四十五分钟的午餐时间中，学校教区雇了一位特别助理来监督薇纳斯，她是位受过训练的行为助理。那在我看来似乎太小题大做了，就让她什么都不做地站在外面的操场上，只为了监视薇纳斯。而正常而言，薇纳斯也是什么都不做，只是站或坐在她那道围墙上。我倒希望她能够与薇纳斯互动，而不是目前这个样子。

我不希望因为薇纳斯的关系，而让我班上其他的孩子失去与别班孩子下课相处的时间，于是我告诉鲍伯，茱莉或我会监督她两堂课的下课时间，分别是二十分钟。当然，这意味着，我们两人都得放弃其中一堂下课休息的时间。可是相较于班上孩子下课时可与别的孩子相处，这一点牺牲实在不算什么。

茱莉负责早上的下课时间，通常她会和卡西·穆德洛一起到操场上。我负责下午的那一次下课时间。除了与那位助理站在操场上，准备一旦出现问题便随时插手外，我们其实也没有什么事情可做。是否薇纳斯知道有人随时随地地监视着她，抑或她已比较能够控制她自己的行为，我不知道，可是并没有出现真正的问题。她咆哮吼叫了几次，我们介入，提醒其他人薇纳斯需要空间，提醒薇纳斯那样咆哮吼叫是不对的，没有人会想要伤害她，然后我们再度退回到操场上。然而，大多时候她与其他孩子保持遥远的距离，通常是靠在操场边缘"她的"

那道围墙上。

到了第三天,我改变作风。当下课钟声响时,我说:"我们留在教室里。"

薇纳斯眼神茫然地看着我。

我帮男孩们穿上鞋子,穿上外套,打开门,好让他们冲到楼下与三年级的孩子一起玩。然后我回到教室,薇纳斯仍然一动也不动地原地站着。

"我们有二十分钟的时间。并不是很长的时间,可是我想我们不要到外面去站在墙旁,我们来念故事。"

我拿起一本亚诺·罗贝尔的《青蛙与蟾蜍是好朋友》(Frog and Toad Are Friends),这一直是我很喜欢的故事。那是一本孩童可以轻松阅读的故事书,是关于青蛙与蟾蜍的系列幽默小故事。

"过来这里。让我们坐下来,我来读这个故事给你听。我敢打赌你一定没有听过这个故事。"

薇纳斯盯着我看,没有回应。

此时我自己已经坐在阅读区里。我站了起来,并走向她。"来啊。"我的一只手放在她的背部,引导她来到阅读区。我再次坐下。"来,坐下。"

她站着。

"来啊。"我跪坐起来,抓着她,将她拉到我的大腿上。我伸出一手搂着她,将她紧紧地压抵着我,另一手拿起书并开始念了起来。我先前从未尝试过以触觉的方式将薇纳斯抱坐在我的大腿上。她非常僵硬地坐着,那种感觉就好像抱着一个人体塑料模型。

这本故事书还不到十分钟便念完。在那整个过程中，薇纳斯坐着，每块肌肉都紧绷着。我并没有只要我一放手她就会拔腿飞逃的感觉，可是同样的，我也感觉不到她乐在其中。她的僵硬似乎有着什么期待，好似她正等着某件事情的发生。此时，一个念头闪过我的脑海，或许从来没有人像我现在这样念故事给她听。这是一种令人难以置信的想法，但令人悲伤的是，它却不是不可能。

为了不想因起身寻找第二本书而破坏了我们得之不易的缓和关系，我再次打开《青蛙与蟾蜍是好朋友》。其中最有意思的一段是，当青蛙生病时，蟾蜍努力地要想出一个故事说给青蛙听。蟾蜍绞尽了脑汁，好不容易终于想到了一个故事。于是，我以兴高采烈再加上声音效果的方式，把这段故事又念了一次。

"蟾蜍是不是很有趣呢？"我说，"看，他以倒立的方式强迫他自己想到一个故事。那是不是很傻呢？"

没有回应。

"也许他认为等到所有血液都冲到他的头部时，故事也会跟着冲到他的头里，真是只傻蟾蜍。现在看看他又干了什么好事，看看他，他正把一杯水倒在他的头上。你觉得那能够帮助他想到一个故事来说给青蛙听吗？"

没有回应。

"不，我也不这么觉得，那只是淋湿他的头罢了。现在他又做了些什么好事？看看这张图片。"

没有回应。

"真是只傻蟾蜍！为了让自己可以想到一个故事，他竟然拿自己的头去撞墙。你会那样做吗?"我继续问道。

没有回应。

"不,我也不会。为什么呢?"

没有回应。

"没错,你完全答对了。撞墙会让你的头很痛,对不对?你的头一定会肿一个大包,对不对?"我摸了摸她的额头。

没有回应。

钟声响起,示意下课时间已结束。

"呼,我们就到此为止了,关妮和男孩们随时会回来。可是我们刚刚很高兴,对不对?"我说,同时将她抱站起来。

没有回应。

* * *

就这样,那变成了我们两人下课时间独处的模式。如果薇纳斯是汪达的女儿的假设是真的,那么显然,薇纳斯是个严重被忽略的孩子,未曾体验过太多的互动。虽然她毫无反应,但我仍努力地创造一系列令人难以忽略的刺激活动。"在你的脸上"的活动,鲍伯如此称呼它们。我频繁且重复地进行这些活动,好让一切有所期待。

因此,在每堂课之前,真的是每一堂课,我都对她做肩膀,屁股,膝盖,脚趾的运动。我让男孩们也加入这个游戏,而从这个插入每天课堂中的游戏里,他们受益的程度似乎甚于薇纳斯。他们喜欢五分钟的跳跃,喜欢它每个小时都会发生的可预测性,也喜欢让我拉着他们的手玩这个游戏,就像我带领薇纳斯那样。不过也只能等茱莉在场带领薇纳斯时,我才能分身带领他们,因为薇纳斯根本丝毫不自己做她的动作。

的确，我刻意对她使用许多碰触的方式。我一开始便与鲍伯讨论过这个问题，主要因为孩童虐待意识正进入高涨时期，老师与学生的肢体接触总是容易引来争议。可是鲍伯的想法几乎与我不谋而合，对我的方法他表示认同与支持，也了解对薇纳斯这类孩子触觉沟通的重要性。

在这样的环境中使用触觉沟通，我有三个不同目的。第一，它是一个简单但非常有效的沟通工具。温暖、关怀的碰触，拍拍背部，快速拥抱，一只坚定的手搭在肩膀上，这些沟通方式远比我语言上的鼓励、赞美，说我注意到了她的存在，很高兴班上有她，不觉得她令人讨厌等话更具效果。第二，正面、温暖且无性暗示的动作示范，对那些可能遭到生理或性侵害的孩童而言，是一种非常重要的区分。第三，它也可以是单纯的触觉刺激。站在她婴幼儿时期严重缺乏刺激的角度来看待薇纳斯近乎痴呆的精神状态，我觉得我必须利用所有可能的感官来"唤醒她"。

我所做的另一件事情是读故事给她听。在每一天的下午下课时间，在阅读青蛙与蟾蜍，以及经历有关它们两三本书中的各种冒险过程之后，我们继续读着加倍悬疑的鲁索·赫本的法兰西丝的冒险故事，法兰西丝是假扮成一只小獾的一个非常小的小女孩。这系列的书有好几本，故事更长也更复杂，所以我读得很慢，不停地读，解释所有故事的细节。没有一个孩子，不论女孩或男孩，不认同法兰西丝的感觉与她的青少年逻辑，我希望他们的这股魔力也能够在薇纳斯身上发酵。

大约在此同时，教室内响起音乐声，这是神来一笔。

谈到音乐，我可就没什么天分了。我很能记住旋律，音感也很好，不过，我几乎完全没有节奏感，尤其老记不住歌词。因此，很自然地，我便很少在教室里教音乐，或许是因为我经常无法优于学生之故吧，而且有时候甚至会更糟糕！但我想到也许音乐是另一个我们能够提供薇纳斯正面刺激的重要方法。同时我也想到，这也许不失为一个让男孩们释放精力的好方法。所以，我心想，管他的，我可以来唱歌。男孩们喜欢唱歌，不在乎唱得好不好。

于是，我在圣诞气氛炽热的12月做了个清楚的决定：我们要把音乐融入日常生活中。我策略性地计划这项活动，因为我们现在有另一个需要学习支持的学生要经常来上二十到三十分钟的课程，所以以此而中断我班上孩子们音乐时间是不公平的。这意味着音乐必须是一种"不固定节目"，只要一有时间便可进行。我们从唱歌开始，我随时都可以安排。"如果你很快乐而且你知道"是一首老歌，还有"B-I-N-G-O"（宾果），这两首都是孩子们喜欢的歌曲，因为可以让他们吼叫。但我加入了一些老歌，诸如"大大的希望，""在寒冷的夜晚"，"小小的箭"以及"如果你想要在星星上荡秋千"，因为它们不但有趣，也容易上口，而且可以兴高采烈地站着唱。但是其实最主要的是，因为我可以记得住歌词！当然，在这圣诞佳节时刻，我们正好可以配合季节地大唱圣诞歌曲。"圣诞铃声"变成我们的主打歌，我们唱了好多次。

"唱歌"非常迅速地风行起来。每当有人整堂课的表现一直维持在绿灯，我们便开始唱歌。我发现比利十分善于换词，都是些呆笨好笑但很有趣的词，而且每个人都很喜欢在歌词中听到自己的名字。我发现这不失为一个让大伙变换活动的好方法，因此每当到了准备去吃午餐或其他什么事情的时候，我便带大家开始唱歌。更好的是，当孩子们在做他们不该做的事情时，这是一个吸引他们注意力的绝佳方法，尤其当彼此之间开始出现小小的情绪时。当我说"让我们来唱歌"时，几乎每个人都兴致勃勃。即使闹情绪的两人不愿加入，其他人也仍会加入，而那两个人的心情也就随之转变。短短的期间，我们唱歌的次数已数不清，犹如活在一个滑稽歌剧中。当有人出其不意地突然唱起歌来时，大家便纷纷跌落到有点超现实的气氛中。

虽然茱莉或我经常选择薇纳斯作为舞伴来随着歌曲跳舞，但她却从不曾主动参与任何一首歌。但她也没有忽略我们，每当我们唱着熟悉的老歌词，同时又跳舞又模仿时，我看到她的眼光经常紧紧盯着几个男孩。某天午餐时间，趁着还在等候下课铃声之际，我们唱起"小小箭"。虽然它有点情歌的味道，但男孩们爱死了这首歌，来来回回地模仿着拉弓射箭的动作，那对我们无疑是最最活泼的曲子。就在下课铃响门打开那一刻，他们一边往外冲，一边齐声合唱着"小小箭在你的衣服里，小小箭在你的头发里。当你陷入热恋时，你会发现到处都有小小箭"，然后身影消失在楼梯间。

潘，我隔壁班三年级的老师，正站在她教室外面的走廊上，当与我眼神交会时，宽容地摇了摇头。

"我或许不该让他们到外面那样玩耍，"我说，"楼下已经有人在抱怨走廊的吵闹声了！"说完我大笑起来。

"你的孩子非常快乐，不是吗？"潘问。

"那事实上是团体控制。"

"不，我听到了你们的声音，桃莉。你的孩子总是在唱歌，任何时候。"

她的话突然让我想到我们或许吵到潘的班级。学校的建筑物和墙壁老旧，所以容易被声音穿透，不过她说得没错。"任何时候"说明了一切。

"我很抱歉，"我说，"我希望我们没有太过吵闹。"

"不，我觉得那样很棒。如果我像你们一样任何时候都在唱歌，我班上的学生铁定会觉得我是个疯子。可是你那几个小家伙，他们对每件事情都如此的热衷，我觉得你很幸运能够拥有这样一个班级。"

我惊讶地微笑。我倒不曾那样想过，我一直没有看到：快乐其实已悄悄来到我们班上。

15

比利的灰猫雕像

> 他拿起那个猫咪雕像,爱怜地抚摸着它,"我就知道'老师会喜欢这个'。"

在这种气氛中,我们终于开始凝聚成一个班级。唱歌对男孩很重要,让我们"玩得很高兴",也让他们想要加入这个团体。它给了我们团体身份,我们不再是"资源教室",而是那个不停唱歌的班级。不幸的是,随着这种气氛的形成,茱莉与我之间的分歧越来越大。就以唱歌为例,我们之间的分歧是因为茱莉坚决地拒绝加入所有的唱歌活动。她说她不会唱歌,我笑说唱几次后就没有问题了,开玩笑地说我也不会是玛莉亚·卡拉斯[①],而即使是罗杰斯[②]与汉默斯坦二世[③]教薛恩与杰恩唱歌的话,这两个小鬼也一样会把旋律抛到脑后。我们在乎的根

[①] 玛莉亚·卡拉斯:著名的美籍希腊女高音歌唱家。——编者著
[②] 理查德·罗杰斯:美国著名音乐剧作家,代表作《音乐之声》——编者注
[③] 奥斯卡·汉默斯坦二世:美国著名音乐人。——编者注

本不是是否真的会唱歌的问题，真正会唱歌也未必一定得加入这个五音不全的合唱团，我们只是好玩罢了。然后茱莉变得有些可怜，解释说事实上她痛恨唱歌。她小时候常常为了她不会唱歌而遭到其他孩童取笑，至今对此仍然耿耿于怀。

我可以理解这种感受，也不希望她感到不舒服，站在那个角度，我不介意她的拒绝加入。不过，男孩们不停地要求她，让她感到困扰。我说："没有关系，在这个班级里，我们让人们做他们自己的选择。"然而事实上，它的确有关系，唱歌似乎与加入我们的团体画上等号。我们全都系于这样的一种感情联结，它甚至凝聚成我们以前从未追求过的团体感情。当茱莉拒绝参与时，她的角色就变成一个外人。然而事情发展到最后，却变成是我将她排拒于外，利用某件她不擅长的事情，某种她不喜欢的事情，将我们其他成员凝聚在一起，同时也暗示着我不要她。这当然并非事实。事实上，这整个唱歌活动才刚刚开始而已。当然，它绝非我刻意计划要利用的某种事情，因为我本身也不擅长音乐，只是碰巧有此机会，而男孩们也都喜欢，所以我就顺水推舟。可是茱莉并不如此认为，我们已经改变了以往我们两人那种解决问题时的方式，以致她觉得如此这样的差异是我刻意计划的，我企图将她排拒于我们之外。

这令我感到极端恐慌与沮丧。我不喜欢每次我们两人同在教室时的那种微妙的紧绷感，不喜欢那种当在困境中无法相信茱莉会支持我的感觉，更不喜欢她老认为我们之间的歧见都是刻意的，因为它从来就不是。

我们之间早就存在着问题。我一直不太清楚其导因为何，难道纯粹只是人格因素所致？或者更深的问题？我不知道。我不停观察，不停思考，不停分析我的感觉。问题是，虽然在面对具体事情时我是一个精明的分析性思考者，然而对抽象的事情我却是直觉性思考。当事情不对劲时，我可以"感觉得到"，但却无法确定是什么不对劲。这令我无法将茱莉与我之间的问题具体地告诉鲍伯。

我们之间存在的所有差异已快把我逼疯了。我痛恨一成不变，然而茱莉却有着圣人般的耐心。或许那尤其令我不高兴，因为我一直认为耐心是我的优点。我曾成功地解决许多问题孩子的困境，主要就是因为我就是能够非常、非常的有耐心，不气馁、不生气地等待事情的解决。坦白说，那是一种先天人格特质，而非一种后天培养出来的美德，但我仍深深以此为傲。只是我的耐心甚至不与茱莉的同一个属性。她似乎能够容忍任何事情，不会因此不悦或懊恼。部分的我近乎讨厌地发现，在教室内，她似乎以无情的冷静方式迎接所有不幸；而另一部分的我，则满心嫉妒于某件我知道我永远做不到的事情。

就在我们放寒假的前几天，事情终于到了不得不面对的地步。

那天早上比利抵达教室时，手中抓着一个包着鲜艳包装纸的礼物。

"这个送你，老师，我亲自买的。"

"你真细心体贴，比利，"我说着把它放在我的桌上，"真的很谢谢你，我真的迫不及待想要打开它。"

"现在就打开啊。"他说。

"你不觉得我应该等到圣诞节再拆吗？"

"不要！现在就打开。我想要看着你打开它，我想要你看到里面是什么东西!"

其他孩子开始一个个抵达,他们全围在我的桌前。我微笑地解开缎带,形状不规则的包装盒被胶带牢牢地黏着,我只好拿起剪刀小心地剪开包装纸。

里面是一只灰猫雕像,约一英尺高,由陶土做成的。"好漂亮,比利。真的很谢谢你。"

比利高兴地笑得合不拢嘴。"我亲自去买的,用我自己的钱买的。知道它多少钱吗?"他等不及其他人回答。"一元九毛九。我是在一元商店买的,那里的每样东西应该都只卖一元。可是这个是他们的昂贵东西,而且是用我自己的钱买的。"

"真的很谢谢你,比利。我很喜欢猫咪,很高兴收到一个这么棒的猫咪雕像。等我回家之后,我会找一个特别的地方将它摆起来。"

"是的,我就知道。"他说。他拿起那个猫咪雕像,爱怜地抚摸着它。"我就知道'老师会喜欢这个'。"

我蹲下来给他一个拥抱。"你是一个很体贴的男孩,比利,"我说,"我一直都知道你是。"

他一脸喜形于色,微笑地回抱我。

我把猫咪雕像摆在我的桌上,然后开始一天的工作。

那天下午,我们班级举办圣诞宴会。因为正常的程序改变,以致这场宴会简直成了一场大灾难。薛恩与杰恩似乎特别受到那天兴奋的气氛影响,跳脱了平日有序、可掌控的场景,怎么都无法控制他们自己。我们投注很大的心力协助他们解决这个问题。例如,我们为一些我们喜欢的歌曲配歌词,以帮助提醒他们停止,休息,思考,然后行动。我们会玩诸如木头人的游戏,就是当大家听到我突然喊"木头人"时,他们就得立刻停下正在进行的动作,僵在原地不动,深深吸一口气,直到我抓到"鬼"为止。我们同时也玩得特别的"安静音乐"游戏,即当我们玩得太刺激时,我便会播放安静音乐。另外,还有一个特别的"安静地方"可以让薛恩与杰恩坐下,冷静他们的思绪,以帮助他们不致玩得失控。这个安静地方所具的意义不同于思过椅。然而,即便如此,当正常课程有太多改变时,他们还是会变得非常非常顽皮。

那整个早晨都是一场混乱,幸运的是,因为是寒假前的最后一个上学日,班上没有需要学习支持学生来上课,让我可以把心思全放在这几个孩子身上,并设计了很多低调性活动。

午餐时间,点心抵达。杰西的祖母送来了杯型蛋糕,薛恩与杰恩的母亲顺道送来了一大盘圣诞树形状的饼干。茱莉抵达之后,帮我准备宴会桌子。虽然学校所有其他班级整个下午都在举办圣诞宴会,但我们却只利用下课时间举行,因为那正是圣诞老公公抵达我们教室的时间。虽然宴会时间如此短暂,然而任谁都无法忽视某件刺激的事情即将发生的事实。当薛恩与杰恩拿着饼干进来时,他们已经高兴得魂不守舍了。

等不及下课铃响,第一件令人不悦的事情就发生了。

"你们看薛恩干了什么好事。"杰西嚷着。

当时我正把出席名单挂在外面并关上门。我转身看到薛恩握着一支圆胖的红色马克笔,把他的左手皮肤与衬衫袖子涂满了红色。

"哦,亲爱的,"茱莉口气温和地说,"难道你忘了马克笔是用来画纸，而不是画人的吗？过来这里，薛恩，我们去把它洗掉。"

我开始进行下午的活动，茱莉则尽她所能地清洗薛恩的手。水槽旁的卫生纸不够，所以她到橱柜去拿一盒新的。在这间隙薛恩用手掌拍打水槽底，弄得水花四溅。

他这时一边打水一边抬头看着我，他的眼神中闪着小小的表情，因为他知道我正在看他，然后他用手指塞住大半个水龙头流水口，使得水花溅得到处都是。

茱莉回来看到这一团凌乱。"唉哟，"她冷静地说，"地上到处都是水了，有人也许会滑倒。来，我们拿纸巾来把它擦干。"她抽出卫生纸，弯腰拭擦溅在地板上的水，而薛恩只是拿着纸巾。由于那是抽取式卫生纸，所以被抽起的一张会连接着下一张，薛恩尝试性地快速抽取，结果只见卫生纸张纷纷四散飞落。

我不想因为介入而破坏了茱莉的权威感，但我专注地观察整个过程。她发现到他的这个行为，于是站起来。"卫生纸是用来擦东西的，薛恩。来，"她递给他一张卫生纸，"请你帮忙。"她又跪了下来擦地板上的水。

薛恩根本就不理会她所说的话，相反地，他开始用手上的卫生纸打她的头。那当然不会痛，可是他执拗地打她。一开始她不理会他，接着他开始拿着卫生纸在她的眼前挥呀挥的，让她视线不清。

"卫生纸是用来擦东西的，薛恩。你到底要不要帮忙？"

薛恩继续用卫生纸打她。

她起身，抓住他的手。"回来你的位子上坐好，你的活页夹里还有功课要做。我们来看看有没有什么可以让你着色的东西，那一定很好玩，对不对？"

　　整个过程我都看在眼里，同时思索着我可能会以什么不同的方式处理。第一，我会拉高我的音量。不是吼叫，可是我会利用我的声音，并配合语言，去凸显我认为用马克笔画自己，把水花溅得满地，然后到处乱丢卫生纸等行为，都是不被接受的教室活动。然后我会要他把地板擦干净，若他不愿配合，我会罚他去坐思过椅。

　　在想着这一切的同时，我也感到轻微的内疚。我可以合理化我的方法，说那是教薛恩如何守纪律的更清楚讯息，但事实是，我同时也可能因为对他厌烦而做出与茱莉相同的反应。我不喜欢那类的行为，因此我的反应有可能是，至少部分上是情绪化的。只是那样是正确的吗？我在这里的最主要目的就是要帮助他。这些孩子都是特殊孩子，茱莉是如此的在做孩童导向，如此强颜欢笑地努力以人道、热情、保护自尊的方式与他们互动。而看看我，我的反应是："别那样做，因为我不喜欢。"

　　整个下午的情况可谓越来越糟。这一次，交通信号灯把我打败了。一整个早上，他们一直都是从黄灯跳到红灯，但到了下午，每个人都是一路红灯到底，而且根本没有人在乎。杰西，因为过度兴奋，无法控制他的痉挛，又吠叫又抽搐又装鬼脸。即使没有这些行为，他也是在打架。他与薛恩为了一根铅笔而大打出手，与比利在阅读区里大打两回合，直到我强将他们两人拉开，并命令他们去坐不同的思过椅。关妮也变得很神经质。她讨厌杰西的吠声，坐在她的椅子上良久不愿起来，双手高举在她的头上，想要将那讨厌的声音挡开。而且趁着我们不注意之际，她冲进圣诞糖果那里，双手抓着糖果与饼干拼命往嘴里塞。薛恩与杰恩才是活动中的主要噩梦。薛恩把布告栏上的东西扯了下来,把椅子都踢倒,然后拿着一块积木拼命地打后面的一扇窗户,想要把它打破。杰恩拉开他的裤子拉链,在我的椅子上尿尿。薇纳斯是唯一没有制造麻烦的——因为那天她缺席。

下课后的半个小时,宴会的重头戏就是圣诞老公公的到来,他当然就是鲍伯假扮的。他背着一袋糖果走遍校园内的每间教室,最后才来到我们的教室,因为我们的宴会时间最短。大部分正规班级中的孩子都会得到一小袋的糖果,可是我们班级因为得到"狮子会"①整年度的赞助,所以每个孩子都得到了他们所提供的礼物,就连关妮也不例外,虽然她只来一下午。

在欢迎圣诞老公公到来时,薛恩与杰恩两人都离开了他们的座位,到处乱跑。我对茱莉点头,示意她去抓住他们,把他们带回座位。

薛恩从我的桌旁疾跑而过时,顺手抓起比利送我的那个灰色猫咪雕像。

"把它放回去,你这个小混球!那不是你的东西!"比利吼道,离开他的座位。

圣诞老公公把他的袋子放下,并抓住比利的手臂。

"叮叮当,叮叮当,"我开始唱,"一起唱,各位!铃声多响亮。你看他……"

圣诞老公公也跟着唱了起来,一边温馨地唱着,一边仍抓住比利的手臂。比利开始唱,只是眼睛依然怒视着薛恩。杰西也开始唱了。关妮仍低着头,双手捂住耳朵。

---

① "狮子会"一个赞助特殊儿童基金会。——编者注

茱莉拦住薛恩，从他的手中拿过猫咪雕像，并将它放回我的桌上。

我开始一面唱一面拍手，并且走向杰恩，愉快地在他面前拍着手。他也随着我又唱又拍手。然后，薛恩终于也拍起手来了。

我开始前进，拍着手，同时唱着"圣诞铃声"，一直到每个人，包括圣诞老公公也拍手唱歌地跟着我绕着教室行进。最后我们行进到阅读区。

圣诞老公公回到门边去打开他的袋子。教室内大约有五六分钟的沉默，然后圣诞老公公开始分送礼物。男孩们兴奋不已，迫不及待地撕扯包装纸。关妮正好利用这个间隙摆脱我们的注意，并开始俯首在宴会桌子上方。当我们注意到她的存在时，我不知道她已吃掉多少饼干。她的礼物仍然包装完整地躺在地板上。我抓着她的肩膀，将她带回到阅读区。

我们要所有孩子坐在阅读区的地毯上，然后茱莉与我分发饼干与饮料。圣诞老公公拉过来一张椅子坐下来，开始读着"圣诞夜故事"给正在吃东西的孩子们听。

片刻的和平……

然后，就在他读到"现在朝气蓬勃者……"时，作呕声传来，接着关妮开始呕吐。秽物就像瀑布一般从她嘴里倾泻而出，溅在她的洋装前面、她的大腿、她的鞋子、整片地毯上，把其他几个男孩吓得纷纷跳了起来。然后，她开始放声大哭。

"没有关系，没有关系。"茱莉轻声地说，双手握着她的肩膀。"只是呕吐而已啊。别哭，亲爱的。你是不是被吓到了？别担心，那只是呕吐而已。"

那绝对不只是"呕吐而已",我愤怒地想着,那根本就是一种可怕的凌乱——毁了我们圣诞宴会中的宁静时光。而且如果关妮没有那样拼命地把饼干塞到嘴里,这种事情就不会发生。我痛恨自己有这样的想法,虽然我知道关妮那样的行为一定会导致呕吐,可是我就是忍不住会那样想。可是,该死,那绝对不仅"只是呕吐而已"。我为关妮感到难过,但我同时也为男孩们、地毯、圣诞老公公感到难过,因为他去租来的圣诞老人靴子也被吐得一团脏。我还为我自己感到难过。

我把男孩们移到教室的另一边,叫来清洁人员,递给圣诞老公公一些卫生纸擦靴子,并把剩下的饼干放到孩子们拿不到的地方。茱莉把关妮带到女生厕所去清洗。

等到茱莉与关妮从女生厕所回来时,我们距离放学时间只剩五分钟。圣诞老公公已离开,但清洁人员仍在场,于是我决定这一天就到此为止。我要孩子们去把他们的外套穿上,然后剩余的时间就在操场度过。

就在那时,我转身看到薛恩再次拿起灰猫雕像。他并没有恶意,显然只是想要看看它。可是就在他拿起来并开始走向我时,或许是想让我看看上头的什么东西时他的鞋带松脱了。他踩到鞋带并绊了一跤。他没有跌倒,不过猫咪雕像从他的手中滑落,摔到地板上,砰的一声,摔得粉碎。

比利见状,泪水夺眶而出。他没有生气,也没有像以往那样,一旦事情不如己愿便立刻展开攻击行动。他甚至一动也不动,只是脸垮了下来,接着开始号哭。

薛恩被碎裂的声音所惊吓,也开始哭了起来。

茱莉立刻出现在他的身旁，双臂搂抱着他。"把你吓到了吗？那只是一个意外。别哭，甜心。没有关系的，意外总是难免的嘛。"

我不得不承认她说的的确是事实，只是在那当下，我就是控制不了自己。

"那的确有关系！"我说，"那是比利买的，那是他送给我的礼物，被打破的确很有关系！"

意识到我非常的生气，薛恩哭得更惨烈。

比利跑过来我身边。"你这个可恶的蠢蛋！你打破我的猫咪。我要宰了你。"

比利的话令我立刻恢复意识。"不行，你不可以那样做。"我说。我把双手搭在他的肩上。"我真的对刚才发生的事情感到难过，可是我不要你惹麻烦。去把你的外套穿上，然后到操场上。"然后我看着薛恩。"我要你去坐思过椅。"

"我不是故意的。"薛恩啜泣地说。

"我知道你不是故意的，可是你原本就不该去碰它的，那并不是你的东西。"

薛恩没有质疑我，走过去坐在思过椅上。

"我留下来陪他直到放学铃声响。"茱莉说。

我点点头，转身，带着其他几个孩子下楼到操场上。

坦白说，我很想为自己而哭。当然，我不想回到楼上解决茱莉与我之间的问题，然而我心里很清楚，等孩子们都回家之后，这件事情是一定得处理的。因此，当每个孩子都与我道别并坐上他们的车子后，我勉为其难地回头往教室的方向走。

茱莉就在教室的远程室,清洁人员离开了,她正在做善后的工作,把阅读区中为了清扫地板而被移动位置的桌椅归位。

"坐下吧,"我说,"这件事情我们得好好谈谈。"

"这只是很不顺利的一天罢了,"茱莉说,"我很抱歉事情没有按照我们的计划进行。"

"不,不止如此,我们需要好好讨论我们之间的问题。"

茱莉走过来,在我对面拉了张椅子。她坐下,我也坐下。

"我清楚我们有不同的观点,我可以尊重这一点,"我说,"事实上,在许多方面我的确很欣赏你,你有许多让人羡慕的特质。可是,你在这里所做的事情……就像对薛恩……这是一种……感情的说谎,你并没有诚实地对这些状况做回应。"

"你这话是什么意思?"她的语气中带着些许防卫。

"我的意思是,不论是他把水花溅得到处都是,或者他用卫生纸打你的头,或者是当他坐下来做他的功课时,你对他的态度完全一样。你以同样温柔、平静的语气对他说话,可是你当时内心的感觉绝对不会也同样的温柔、平静。在他应该帮你擦地板却不帮,反而拿卫生纸打你的时候,你的感觉绝对不会是温柔、平静的。"

"不,我是如此,"她冷静地回答,"因为我应该是温柔与平静的。那样很好,桃莉,那正是我们应该持有的态度。"

"并不能一直都如此。"

"为什么不能一直都如此呢?"她问。

"因为那不诚实,人们不可能永远感觉温柔、平静。人们有时会感觉到厌烦或生气或疲倦或心烦意乱，而这些也都是我们的部分感觉，虽然控制自己的情绪以免伤及他人是很重要的一件事情，但并不代表我们应该表现得好似完全没有这些情绪一般，更何况有这些情绪也没有什么不对。当我们表现得好像我们没有这些情绪时，我们就是在撒情绪的谎。"

茱莉只是坐着。

"那样不好，那并不会给孩子学习如何控制他们自己情绪树立模范。相反的，那会让他们觉得我们与他们不同类。一直保持愉快的人并不真实。"

茱莉叹了口气。"你是有史以来唯一让我觉得愉快是种错误的人。"她说。

"这方面有更深的层次，"我说，"它和对与错没绝对的关系。我知道表现出接受与容忍很重要，这可以让人们觉得自己很好，可是却不能因此失去这个单纯的事实：如果我们不主动教导孩子对与错，他们就永远也不会学到。教导孩子们正确的行为是我们的责任。他们所做的一切并非都是对的，他们需要有人主动教导对与错行为之间的差异，引导他们如何表现得更好，最后让他们成长为更快乐、更完整的人。"

"那只是你个人的看法。"茱莉反驳。

"没错，是我个人的看法，而我的这个看法同时也是培养良好自尊的看法。当我们的行为得到别人正面的响应时，我们会对自己更满意。当我们感觉到能够控制自己时，我们会对自己更满意。自尊不会因为人们不断地赞美你而产生，除非你知道那个人也会在必要的时候说出你的缺点,否则那样的赞美便毫无意义。自尊并非被动,它是主动的,它来自于熟悉你的世界,来自于正当称职与自我控制。若人们不协助你明白涵盖其中的行为,你又怎么学会那些事情呢?"

"可是所谓的我们指的又是谁呢?"茱莉质疑道,"我不喜欢凡事都以这样的价值观看待。何谓对与错呢,桃莉?我又不是上帝,我又怎么知道?而且,我也不愿意自视为上帝,这个国家已存在太多这类心胸狭窄的人了,我不愿成为他们其中的一员,我不认为那是我们的目标。这方面,薇纳斯应该接受教堂的教育,而不是在学校里。"

"薇纳斯应该到所有地方接受教育。"

"没错,可是我们没有权力去判断这些事情,"茱莉回答,"这是一个多样化的学校,我们这里存在着不同的文化,不同的道德背景,不同的宗教,不同的社会经济层级。这才是重点,桃莉,而我们不能对那些生活方式与我们不同的人们做价值判断。我并不是非裔美国人,也不是拉丁人,然而这个学校的大多数孩子就是来自那里。我不住在贫民区,也没有发展迟缓,然而我们班上的大多数孩子就是那些群体的一分子。"

我犹豫着。再次地,我发现我必须站在我平日行事风格的对立角度;再次地,我对此感到很不舒服。"基本价值仍然存在,"我说,"基本价值与你是什么肤色或你说什么语言无关,"我说,"也与你的智商多高或你多么有钱无关。人类的价值之一便是人人都有权利,所以不管任何时候,只要你所做的事情侵犯到他人的权利时,那便是错误的。"

茱莉非常小心地点点头。"好吧,"她慢慢地说,"我同意你的说法。"

"所以薛恩拿走比利送给我的礼物并让它掉到地上,而你却对他说,'薛恩,那只是一个意外。'——的确,那只是一个意外,而且我也明白他并不是故意要让那个雕像掉到地上的,所以我们不应该过分生气。问题是,他的行为仍然是错的。那东西并不是他的,他先前已经被警告过不可以拿的。当他摔破那个猫咪雕像时,对他说'那只是个意外'与'他不是故意的'也许能够给他安慰,却无助于他的道德养成。摔落那个雕像侵犯到我的权利,因为身为雕像主人的我,此刻已不再拥有它了。那同时也侵犯了比利的权利,比利花了他的钱,那是他的礼物,那里面有着他的心意。这件事伤害了比利,就是不对的,就算只因为薛恩'不是故意的'。"

"可是他的确不是故意的啊,而且事情也的确发生了,对薛恩发脾气又不会让雕像恢复原状,"茱莉说,"难道我们就应该为此也去伤害他的自尊吗?这个小男孩的问题已经够多了,他也无法控制他自己,所以我们又何必让他觉得更难过呢?"

"因为那样是不对的。"

"我并不觉得那有什么不对。"她说。

"而且也因为那是情绪上的不诚实,我们内心并非真的觉得那其实没有关系。"我又一次重申。

"我倒不会有那样的感觉。"茱莉回应道。

我注视着坐在桌子对面的她。终于,她耸耸肩并站了起来。"我很抱歉,桃莉。我希望我能够认同你的说法,因为我看得出来你觉得那很重要。可是老实说,我并不那样觉得。"

大小手臂的触碰

> 她非常轻盈地伸出手,将我那只手拉回去放在她的另一只手臂上。

然后1月来临。

我持续利用下午下课时间读书给薇纳斯听。我选择重复读同样几本书——亚诺·罗贝尔的"青蛙与蟾蜍"系列与鲁索·赫本的"法兰西丝"冒险故事系列,对两个系列的熟悉度会让我比较容易进行。薇纳斯的智商还有提升空间,再加上她的家族历史,我知道她就像双胞胎一样,也许还在"可教育的"范围,只有轻微的迟缓。如果我们重复读同一本书,也许她就有可能了解并感受故事的内容。再者,熟悉会让她期待书中的情节。那些情节都很幽默,故而我希望随着她期待接下来故事情节的同时,或许能够引发她一个微笑或某种其他我用心积极引导的成果。

其实,我知道我已经吸引她了,只不过,这个征兆非常非常的微小。例如，她现在很期待下课时间的来临。每当活动结束，下课钟声响起时，薇纳斯便会停下手边的活动。她并没有去阅读区，对打开教室门也没有什么反应，但她也不允许被其他孩子盲目地推挤到门边。她总是检视着我的眼睛，检视着我身体的意向。当我转身走向阅读区时，她也会跟着转身，不过还是等着我唤她过去，她才会有反应。此时她会穿过教室来到我身边。

更令我感到高兴的是，我注意到就连早上下课时间她也出现同样的动作。虽然那时我并没有读故事书给她听，而她也总是跟着茱莉到操场去，但总有着那么片刻的流连。我的感觉是，她希望我也许会读故事给她听，她在等着看看是否有此可能。可是我们目前为止所谈的都是很轻微的征兆。若不是我费了如此多心思在她身上，我相信除了她那一张空洞的脸与一动也不动的身体之外，人们是不会注意到任何改变的。

1月中旬，我想试着将我们的沟通提高到下一个层次。我不再像以往那样事先选择其中一本故事书，这次我一下子带来两本，一本是青蛙与蟾蜍，另一本是法兰西丝。

"我们今天应该读哪个故事呢？"

薇纳斯看着我。

"你来选。这一本吗？还是这一本呢？"

没有回应，我等着。

我跪坐在我的小腿上，把两本书摊在我前面。"过来这里。"我轻轻地说。

出乎意料地，她照做了，在我的对面蹲下来。

"我们今天应该读哪本书呢?法兰西丝这一本吗?我们来看看,这一本叫作《法兰西丝的面包与果酱》,是很有趣的一本,记得吗?我们上个星期才读过的。或者我们应该读"青蛙与蟾蜍"呢?我也很喜欢这一本。"

没有回应。

我等着。一分钟、两分钟……过去,在这样的沉默中,两分钟的感觉就像永恒。

我思考着最佳行动的时刻。再等待吗?或者帮她做选择呢?我看到她的手臂移动了,非常非常轻微地。她的手完全没有离开她的膝盖,可是她的手臂扭动着。

"那一本吗?"我说,拿起法兰西丝那一本。"你要这一本吗?"

她看着我的眼睛。

我愉快地点点头。"这一本吗?好的,我也喜欢这一本。"

就这样,这变成了我们之间的游戏。每天我都让她"选择"一本书,都问她想要读哪一本。每天我等了又等,等待一个响应,终于她有些动作了——倾斜她的头,扭转她的手臂……做我能够认定为一个答案的任何事情。我无法确定地说薇纳斯真正在选书,可是我确实感觉到她在努力。

这种状况持续下去,日复一日,没有变化。然后……有了第一个突破。

选择一本书要经历整个谈判交涉过程,在这一番的折腾之后,二十分钟的下课时间往往只剩不到几分钟可以用来念故事。就以这一天而言,单单为了选择《法兰西丝的最好朋友》一书,就花掉近七分钟的时间。

我把薇纳斯抱到我的大腿上,这已变成了我们的习惯。我觉得这是过程中非常重要的一个环节。基于她一直是一个非常严重缺乏注意力与刺激的小孩的假设,我总是尽可能地提供她触觉上的刺激——搂她、抱她、以手搭她的肩膀、摸她的脸,以引起她的注意。我经常一边念着,一边用空出来的手上上下下地摸她的额头。就如我的某位朋友总是轻柔地搓揉她那脑受损的儿子一样,我感受到有规律、韵律的触摸感觉能够提供受损的大脑可贵的刺激。

对我而言,这真的是心神分散的一天。因为选择故事书占去不少时间,我们只剩一点点念书时间。而更进一步令我心神分散的事情是,外面正大雪纷飞,我已经听到操场上一些孩子拿着雪球丢窗户的声音。他们打得不是我教室的窗户,我猜测操场职员应该会制止这些行为,可是我仍断断续续地听到那些声音。终于,我把我空出来的那只手放在地板上撑着,膝盖稍稍抬起,一边念着故事一边将我们两人同时撑起,以便我能够从窗户边缘往外看。可是我的视野不佳,嘴里咕哝着"顽皮的孩子",然后又回头继续念法兰西丝的獾与她的友谊盟约。

一分钟之后,我意外地感觉到了薇纳斯放在我手腕上的手。先前我起身试着望向窗外时,我让空出来的那只手悬垂着。现在,她非常轻盈地伸出手,将我那只手拉回去放在她的另一只手臂上。

"你喜欢那样吗?"我悄声地说,"你想要我搂着你念故事吗?"

她非常轻微地点着头。

"好吧。"我说,并继续读下去。

就那样,那就是那天我与她的全部互动,可是我从没有那样喜悦过。

在持续念了五个月的故事后,薇纳斯终于非常缓慢地开始有反应了。这当然是一次奇迹性的突破。她仍然不说话,在班上仍然什么事都不做,可是在我们下午相处的二十分钟下课时间里,一种非常微妙的沟通模式开始在我们之间形成。

第二日,当我拿两本书让她选时,她犹豫一如既往,而我等待一如既往。可是然后,非常非常缓慢地……她举起她的右手……食指缓缓向前伸出。虽然看不出来她指的是哪一本书,但显然那是第一次她在做出指示。

"那一本吗?"我说,举起《青蛙与蟾蜍》一书。

一个轻微得几乎无法辨认的点头动作。

这样的情形大约又持续了一周。我不认为她真的做了选择,只不过是伸出一根手指头而已,可是我宁愿接受她任何沟通上的努力。

然后,在这样持续了约十天后。

"这本吗?"在她移动她的食指后,我说。

她沉默很久,并没有做出她那几乎无法察觉的点头动作。

"这本吗?"我又问。

非常非常非常缓慢地……她举起她的手……倾斜地指着另一本书的封面。

"啊哈,你要听另一本法兰西丝的故事!很好,我很高兴知道。是的,当然,我就来读那一本。"

薇纳斯点点头,第二次点得更明显。然后,她自动爬到我的大腿上。

放完寒假回到学校，茱莉与我忙于处理我们放假前未完成的事情。我们两人对放假前的意见分歧都只字不提，这使得教室内有着一股挥不去的小小紧张气氛，而茱莉表现出一副她并没有做错任何事的样子让这种气氛更凸显。这令我意识到，我们之间是否真的有问题，抑或这单纯只是我个人的问题。最后，我决定去寻求鲍伯的意见。

我解释整个状况——茱莉与我的观念有落差，而且一直无法协调出一致的意见——并问他他觉得我应该怎么做。

鲍伯很惊讶，因为我一向都没有同事问题的记录。除了因为我不按陈规、太过吵闹以及直言直语偶尔会引来一些微词外，我发现我一直与大家处得不错，而且也能与同事建立良好的关系。再者，他很惊讶地发现，在这么多人里面，与我发生不愉快的竟然是茱莉。她是如此的气质优雅，如此的谦让与温柔婉约，在学校时的记录是那么的无懈可击。

"你怎么没有早点来找我反映这个问题？"听完我的解释，他说。"如果教室内真的存在这种妥协的气氛，我们应该现在就解决。"

"我想'妥协'是不当的用词。"我说。

鲍伯看着我。

我踌躇着。"呃，好吧，也许'妥协'并不是错误的用词，的确有妥协的气氛存在。我花了那么多时间才将这个班级凝聚在一起，我的意思是说，老天，只不过才五个孩子，我想，要是茱莉能够助我一臂之力……而现在……我只求她支持我就行了。"

"怎么支持你？清楚地说，你又觉得她怎么地不支持你呢？"

我思考着。事实是，坚决拒绝加入我们每天无数次的愚蠢唱歌游戏就是不支持我。可是我觉得这根本就是蠢话，她的工作合约里丝毫没有详文记载她应该唱歌。然而，因为不愿加入我们唱歌的行列，让她变得与我们格格不入，让她觉得她像个外人，好似我们都在排挤她，虽然整个事情给我的感觉像是她在排挤我们。这凸显了我们之间的明显差异，但我发现很难让鲍伯体会到这一点，因为那会让我变得很可悲。曾几何时，几个孩子的唱歌变得如此重要了？

可是它的确很重要，唱歌已经变成我们团体的一种定位。

我犹豫地试着向鲍伯解释这一切。

"那无关她歌唱得有多好，我自己也唱得不怎么样。真正的问题在于拒绝加入，拒绝成为我们的一分子。"

"嗯，你的要求也许有一点点太多了，桃莉，"鲍伯温和地回答，"我一下子就可以想到好几个成年人因为太过于矜持而无法开怀唱歌的情景，即便是在一群小孩子面前。"

"是的，我明白，可是那不是我真正要讲的。我要说的不是唱歌，我的意思是，她不一定得唱歌。她不单纯只是因为'不愿参与'而已，而是拒绝参与，这之间有很大差异。在经过这几个月无法将孩子们凝聚在一起之后，我好不容易有了一些进展。若她真的支持，她大可以随着音乐节奏打拍子，哼旋律，或和孩子们一起跳舞，或做一些凸显她认同感的事情，表现出她很高兴我们终于凝聚成一个班级。"

鲍伯若有所思地抓了抓他的头。"我倒觉得这个容易解决，"他语中略带幽默地说，"把茱莉叫到这里来，并对她说，'这样吧，就算你在桃莉的班里不能随着一起唱歌，那么可不可以请你至少哼哼曲子或跳跳舞呢？'"

我们两人都大笑起来。

"不，说真的，"鲍伯说，"我的确听到了你的问题所在。这件事情仍然令我惊讶，我得承认这个问题。不过茱莉协助卡西·穆德洛时，她所负的责任就只到这样的程度而已。"

"那么观念的问题呢？我该如何处理那方面的问题呢？"我问。

鲍伯叹了口气。

"老实说，我有毛骨悚然的感觉，"我说，"我试着不要有那种感觉，可是那就像和恐怖电影《复制娇妻》①中的复制妻子在一起一样。茱莉对任何事情不做负面的响应，她的正面性是冷漠无情的，有如一切事物都在一个天平上用同样的砝码。我不停地思考，你怎么可能用同样的口气说'唉哟，你把鱼缸摔落在地上，害里面的鱼都死掉了'以及'我爱你'呢？而她却坚持她的想法是对的。"

沉默。

"然后我心想，'这是正常人类吗？你正吞下了多少愤怒呢？''而这样压抑的结果会有多么可怕呢？''那时你是否会变成一个真正可怕的人呢？'"

"你觉得孩子们有这样的感觉吗？"鲍伯问。

"我不知道，他们似乎和她保持不错的关系，他们激发了她参与的勇气。她不擅于坚持规则，而他们也都清楚这一点，所以他们就可趁机胡闹。也许只有我一个人觉得她很可怕，也许我在这一点上太过敏感。"

又是沉默。

---

① 《复制娇妻》，英文名：《The Stepford wives》美国著名恐怖电影——编者著

"那么，我们应该怎么做呢？"鲍伯问，"你要我怎么处理这件事情？"

"帮我找另一个助理吗？"我很快地说，与其说是一个问题，倒不如说是一个希望。

"我觉得这不可能，更何况她又没有做错任何事情。"

"不，这个我明白。可是面对这一切，我很确定她不见得会过得比我快乐。如果她能够待在一个更安静、更平和的班级里，而我可以有一个平实的凡人助手，不是一个圣人。我想，那对我们都会更好的。"

鲍伯微笑。"要不要我直接找她谈谈？把一切事情摊开来谈，看看她立场如何，看看是否她能够稍稍改变她的行为。也许你也可以改变你的。"

"你是指哪一方面的改变？"

"对不同的方式变得多一些容忍度。"

我点点头。

"从事情的来龙去脉听起来，我可以听出你的问题所在，而我也信任你所使用的任何教学方式，所以，问题好像出在茱莉身上，对此我会和她好好谈谈。只是，与人们互动的方式各种各样，如果她没有实际伤害到孩子们，没有惹他们不高兴或干扰他们的进度，那么我们也只能接受彼此之间的差异，那并非错误。一旦如此，我们自己也必须调适。"

小脚踩大脚的华尔兹

薇纳斯踩在我的脚上,我们在没有开灯的教室中跳着舞。

自从 12 月初薇纳斯回到班上之后,她在操场上的行为便被进一步地控制着,部分是因为她要被严密地监视着之故。她仍然拥有自己的午餐助理,茱莉在早上下课时间监看她,下午下课时间则由我负责,所以她没有什么机会攻击其他孩子。尽管不知是否因为这个原因,不过她的问题似乎也慢慢地变少了。虽然还会有小小的肢体冲突,但一直没有发生严重的混乱状况,直到 2 月初。

那天薇纳斯的运气似乎不太好。她在上学之前就发生了一个小麻烦:汪达步履蹒跚地登上通往教室的楼梯,气喘吁吁地,她那变胖的体重令她举步维艰,而薇纳斯就跟在她的后面。此时排在后面上楼的双胞胎之一,对汪达的缓慢速度感到不耐烦,推挤而过。这个动作惹火了薇纳斯,她怒吼一声,开始猛追,可是双胞胎遥遥领先。他冲进教室，我则设法在门口抓住薇纳斯，将她放到思过椅上。不到几分钟的时间，她已冷静下来，回到她正常的茫然，然后事情就这样结束了。

数学课上到一半时，我们又遭遇另一个意外事件，而这次的对象是比利。我不清楚事情是怎么开始的，可是我想应该是芝麻蒜皮的小事，就像比利擦到她那种小事。我还来不及阻止，火冒三丈的薇纳斯便已重重地一拳打在比利的头上。所以，她又回去坐思过椅了。

然后到了下课时间，她又怒气上升。茱莉及时阻止之后，薇纳斯退倚到操场外她那已经覆满白雪的墙上。上课钟响时，她狼狈又安静地回到教室，并回到她的位子上。

午餐时间，正当我在教师休息室里边喝汤边吃三明治之际，我听到从操场上传来薇纳斯火冒三丈的尖叫声音。教师潘就坐在我的对面，听到尖叫抬眼注视着我。

"又来了。"我咕哝地推开椅子站起来。

我望向窗外，看到一群人聚集在螺旋溜滑梯旁。从我的位置看不出来还有谁涉入其中，只是我知道我最好赶快过去。于是我快速收拾了尚未吃完的食物，将它摆到桌子的一旁，迅速离开了教师休息室。

我抵达操场时鲍伯已经在那里了，另外还有两位老师，茱莉与负责看顾薇纳斯午餐时间的助理。没有人真正知道薇纳斯到底为什么发脾气，可是她愤怒某位三年级女学生所做的某事，并满操场地追着那个女孩，直到那个女孩为了逃避她的追逐而开始爬上螺旋溜滑梯。薇纳斯没能爬上去，那位负责监看薇纳斯的助理此时正好赶上，可是那个三年级女孩仍有如遭谋杀般地尖叫不止，但薇纳斯尖叫得更大声，也挣扎得更用力。她凶猛地往外冲，意图挣脱三个抓着她的大人的掌控。

那一刻我最担心的倒不是薇纳斯的状况,而是某人说让这个女孩待在学校是一件多么不适当的决定,并建议将她送回去接受家庭教育监管。上回那么轻易地便决定将她排除于学校之外,我很害怕旧事重演,所以一心只想将她带离开操场。

"把她交给我,"我来到人群中时说,"我带她上楼。"

我抓着薇纳斯的手臂,像背一袋马铃薯般地将她甩到我的肩膀上。我不知道是我突如其来的动作,或者是位置本身所产生的效果,总之我一将她甩到肩上后,她立刻停止挣扎。她仍然尖叫,仍然哭泣,可是没有挣扎。我牢牢抓住她,往教学大楼走去。

薇纳斯大声啜泣着。我脚步沉重地登上楼梯,一阶又一阶,暗自咒骂着得爬这么多楼层。她虽然只是一个七岁大的孩子,可是一点都不瘦小。这种费力的感觉有如在爬"马特峰"①。终于,我来到了顶楼。我打开门进入没点灯的教室,将她放了下来。

她仍然以那窒息式的半尖叫方式啜泣着,那是她的"注册商标"。

我趁机喘息……我原本打算将她带去坐思过椅,可是我改变心意。我单脚跪下,身高正好与她齐高。

"你今天真的很不如意,对不对?一切事情都不对劲。"

薇纳斯眼眶含着泪水注视着我。她或许没有像平日那般茫然,只是我也感觉不到她对我的任何响应。

"我知道,有时候其他孩子会让你很生气、让你感到很紧张、让你觉得非常生气,可是以不同的方法来处理这些感觉是很重要的,因为

---

① 意大利与瑞士边境上的一座高峰。

我要你留在我的班级里。在这里,跟着我。可是你必须用不同的方法处理你生气的情绪。如果你办不到,克利斯汀生先生就会说你需要再一次接受家庭教育监管,到时候你就得整天待在家里。"

她的脸上出现一阵闪烁的表情,足以让我知道我所说的话产生效用了。我知道她不想回到家庭教育监管中。

"你今天来上学之前是不是发生了什么事情?"我问。

她突然停止啜泣,只是眼中仍含着泪水。

我抽出一张面巾纸,伸过手去擦拭她湿润的脸颊。她轻轻地退缩。

"我不会伤害你的。来,这样可以让你觉得舒服一些。"我又试了一次。

当我举起面巾纸轻柔地拭擦她的脸颊时,她非常非常谨慎地看着我。我将我的另一只手搭在她的肩上。

我微笑着。"你愿意留在这里,对不对?"我问,"你不想要家庭教育,想要来学校,对不对?"

她点点头,非常非常非常轻微地。若不是我如此紧盯着她,我可能看不到她点头的动作。可是那真的是点头,是一种表示愿意的动作。

我笑得更灿烂了。"你知道如果你不来学校会有什么后果吗?"我问,语气中带着逗弄。

她没有响应,只是定定地盯着我。

"你长大以后也许会变成一只骡子!"我大笑,然后开始唱起一首最受我们班上欢迎的歌,那是我多年来用来引领孩子们的一首歌:"你想要在星星上荡秋千……"

"骡子是一种有着长长的、很有趣耳朵的动物,"我举起双手在我的头两侧晃动着,"它会踢任何它看到的东西。"

这的确引起了薇纳斯的反应,她的眼睛惊讶地瞪得大大的。

我伸手拉起她的手:"来,站起来,把你的脚踩在我的脚上,我们来跳舞。"

薇纳斯显然没料到我会这样说。她抬头看,一脸讶异,然后低头看她的脚。

"来啊。"我说,弯腰将她的一只脚拉起来放在我的鞋子上。我挺直身子,拉着她的双手。"把另一只脚也踩到我的脚上。"

薇纳斯小心翼翼地抬起她的另一只脚,并踩在我的鞋子上。

我继续唱着歌,并开始绕着教室跳起华尔兹。

那是一个超现实的时刻,薇纳斯踩在我的脚上,我们在没有开灯的教室中跳着舞。我一个人唱着歌,唱着走调版的 50 年代流行歌曲。

这并不在我的计划中,我先前连想都没有想过这种事。从来没有想过"这也许会比思过椅更有利于她",或者"这也许会吓得她有所回应"。她这次唯一的回应就是当我说"你想要来学校吗"的时候的表情,而这让我想到那首歌的歌词。然后一切就自然而然地发生了,就连我都有些惊讶地发现自己竟然和她在教室里旋转跳舞。

我们持续着……我把歌曲套进各种不同歌词,我们不停舞着。我又唱了一次,我们在教室里旋转、不停地旋转……

一开始,我用双手拉着她,但是跳着、跳着,我开始改变姿势。我的右手仍拉着她的左手,但用我的左手将她紧紧搂着,以期更流畅地旋转。我是个笨拙的舞者,会跳的舞式就那么一两招。我不知道这是不是华尔兹的舞步,不过那无所谓,因为这歌声绝对不是华尔兹曲调,我们就这么完全不配合旋律地在教室内乱舞一番。我低头发现薇纳斯正抬头望着我,她在微笑——那只是紧抿双唇之间的淡淡微笑,可是却是无可否认的一抹微笑。是的,那是一个微笑。

突然,灯亮了起来。

"你们在干什么?"

我猛然停下脚步并回头看,门口站着的是茱莉。

"已经快一点了。"她说,朝着墙上的时钟示意,好似她意识到自己闯入某个私密、需要加以解释的现场。

我对她微笑:"我们正在跳舞。"

"我看到了,我还以为你们是上来坐思过椅的,"茱莉的脸上闪过很淡的微笑,"永远猜不透这上面会有什么戏码演出,不是吗?"茱莉在擦身而过时对薇纳斯露出微笑。

可是薇纳斯脸上的笑容却不见了,她撤退回毫无响应的沉默中。

下午下课时间来临,茱莉把其他几个孩子带出去,我走到阅读区。薇纳斯自然而然地跟了过来,这种现象已持续好几天。

"你要不要选一本书呢?"我说。到目前为止,我们仍只针对两个系列,每天让她二选一。可是今天下午我两个系列都没有挑选。

当我那样问的时候,薇纳斯只是茫然地站在阅读区的地毯边。

"今天由你来挑。"我说。我们经常使用的书都摆在举手可取的矮书架上。

没有回应。

我等着,还是没有回应。

薇纳斯稍稍向我移近。我们相距约三尺远,她开始走,步伐非常小,一步只有几英寸,可是越来越靠近我。

我等待着……

我们只有二十分钟的时间,而这个恼人的走过地毯的缓慢过程便已占去了约十分钟。我没有感受到任何情绪,所以并不难熬,时间不足的自然结果我也要从容接受,因此我只是站在那儿等待。

就在这时,薇纳斯已经来到我面前。她抬头看着我,那是一个漫长、搜寻的眼神,其背后的意义难以理解,可是不似以往那般茫然。然后,她非常、非常小心地抬起一脚。那只脚就悬在那儿,悬在半空中约三十或四十秒之久,然后她非常、非常缓慢地踩在我的鞋子上。

"啊哈,"我突然明白了,"你想要再跳舞吗?你不想读故事,你想要跳舞。"

她的眼睛依然盯着我的脸,轻微且迅速地点头。

于是我们跳舞。我再次唱着"你想要在星星上荡秋千……"并拉着踩在我脚上的她旋转起来。我们再次绕着教室转,前前后后地,我的右手拉着她的左手,我的另一只手将她搂紧,以期我能够流畅转动。她的脸深深埋进我的毛衣中,我可以感觉到她温热的气息在吹进我的毛衣里面。

* * *

第二天早晨,下课铃声一响,男孩们便迫不及待地冲出去拿外套。我到走廊上监督这几个兴奋不已的孩子,他们随着潘班上的孩子下楼。就在我回头要关教室门,准备到楼下教师休息室休息之际,发现薇纳斯仍在教室内。

"嘿，现在是下课时间耶。"我站在门口对她说。

她走了过来。

"快点，快去穿上你的外套，茱莉正在等你。她会说，'薇纳斯今天早上跑到哪里去了？'"

薇纳斯停下脚步。

"快点啊……快，快去穿上外套。"

她抬头望着我，我可以感觉到那股期待。

我温暖地微笑着。"你今天一点都不急，我知道。"

她非常小心谨慎地抬起一只脚，踩在我的鞋子上。她距离我有点远，所以需要有一点向前的灵活伸展。她轻轻地踩在我的鞋上，抬起头望着我。

我微笑。"我懂了。你今天不想到外面去，你想要跳舞。"

她轻轻地、轻轻地点了点头。

薇纳斯非常仔细地看着我的脸。

"你会说那些字吗？"我问，"你可以说，'我要跳舞吗'？"

她踌躇着，仍紧紧地盯着我，她的黑眼睛搜寻着我的脸。"跳舞。"她咕哝着，声音几乎比呼吸声还轻。

于是我们又一次跳起舞……

糖果小径的游戏

> 我们只因为他患某种毛病不想去伤害他的感情而不敢笑,那么我们就是真的认为杰西有毛病。

在所有的孩子里,我最担心的就是杰西。虽然年初的测试显示他的智商在正常范围,但他的学业表现依然不佳,连最基础的文字都不会念。的确,他的技巧是比薛恩与杰恩好一些,他们两兄弟除了年纪比较小外,也有着严重的智力与行为方面的问题,但是杰西的图雷特氏综合征问题也为班上制造了不少问题。他的抽搐毛病让他上课时无法专心,而且大脑塞满了想法。尤其是,他易于陷入重复语言的状态中,如果不是大声重复,便是喃喃自语地重复,而每遇到这种情形,就得花上额外的时间处理。再者,一旦他进入心神不宁的状态,便很难要求他乖乖地坐下。即便当他集中精神时,也会出现持续性的忐忑不安现象。可是绝大多时候他刚坐下,屁股才碰到椅子两分钟对他而言便已是极限。他不会漫无目的地到处闲荡,只是必须站起来走动走动,再坐下来。这当然对他的课业学习造成极大的干扰,而如此坐立难安的情形似乎又造成了侵略性与易怒的倾向。这种情形部分原因是其他孩子所造成的,因为他们会因杰西的坐立难安、走动和其他反应而分心,这反过来会进一步影响杰西,但更大的原因是,那似乎是杰西对几乎所有事物所感觉到的一种眼球刺激。我想这不但与图雷特氏综合征有关,也与杰西控制不住抽搐而破坏上课气氛的挫败感有关。总之,这一切让他在功课上倍加艰辛。

我对这个问题的处理方法是,赞美杰西的良好表现,并尽可能忽略他的抽搐与其所引发的后果。其他几个孩子显然能够适应杰西的各种吵闹与抽搐,不会因此发生太多的骚动。虽然他们经常陷入混乱,但很少是个人刻意挑起的。班上大多数的争执似乎比较倾向源于每个个体无力控制他们自己的冲动,而非对其他人的刻意憎恨与敌意,因而,孩子们可能有着令人惊讶的理解与外交手腕。当其他班的小朋友在操场上嘲笑杰西的抽搐问题时,比利有时候会跳出来帮他解围。

为了解决杰西的阅读问题,我想到一个我最喜欢的老方法——自制游戏。有一种所谓"糖果小径"(Candy Land),即沿着一条长长的、由各种不同颜色的方块铺成的蛇形小径前进,玩家从一叠纸牌中抽取一张象征糖果的纸牌,依照抽的纸牌颜色,在蛇形小径上找到相符的颜色方块。那时当我第一次教小朋友们玩这个游戏时,我发现了用数学问题取代颜色纸牌的方法,如此一来,孩子们就一定得在蛇形小径上找到正确的数字答案才算完成,是一个十分好玩的游戏。后来我还从这个游戏延伸出其他许多不同的玩法。于是我想,何不把它用在杰西身上，就利用简单的视觉文字，诸如 was（是）、what（什么）、saw（看见），一些他经常碰到却老是搞不懂的字。

"糖果小径"游戏的附加价值之一是，其中有所谓的"疯牌"（wild cards）环节，它可以戏剧性地让玩家在游戏中，突然往前推进，或退后。要看"疯牌"何时被抽到，这是增添游戏紧张气氛的元素。当我设计我自己的游戏时，我额外增加疯牌的数量。其中有一些，一如在真正的游戏中，玩家可以赢得向前推进的机会，可是偶尔，我的纸牌会增加一些好笑的要求，例如单脚站立并绕着桌子跳或获得意外奖品，像获得一个星星或五颗巧克力糖。这个游戏不仅刺激，同时还包含大量的动作，会适时减少不安情绪。

某天下午，我、杰西、比利以及詹姆士（一个偶尔来班上接受阅读辅导的小男孩）玩着为杰西改良过的杰西版的"糖果小径"游戏。

因为杰西这一天过得很不如意，抽搐不断发作，强力拉扯他的脸部肌肉，而大约在前一个星期，他会发出怪声音的问题变得越来越频繁与严重。我们还必须给他更多时间去做事情，例如回答问题，因为他又陷入不断重复说话的毛病。

比利对此倒是相对的很有耐心，可是詹姆士就觉得不胜其烦。

"快点啊，小鬼，轮到你了。"他不停地催促，但是那样只会更延长杰西回答的时间。

我伸过手去摸了摸詹姆士的手臂。"那样是没有用的，詹姆士。"

"他这样要玩到什么时候？如果我们快一点的话，早就已经玩六遍了。"詹姆士回答。

"他已经尽力了。"我回答。

"他会抽搐嘛,"比利保护似地辩解,"所以他才要花那么久的时间啊。"

"别说得好像我不在这里一样。"杰西咕哝着。

"是的,你说得没错,"我说,"我很抱歉。现在可以轮到你了吗?"

杰西的肩膀扭动,高举他的纸牌并仔细研究。我从他的脸部表情看得出来,他在心里正在重复念着什么东西,因为那个表情中闪现出很大的期待感。他已到了就要张嘴说话的边缘,可是……

"天啊,"詹姆士终于说话了,"这样一辈子都玩不完。"

就这样,杰西爆发了。他突然跳了起来,以迅雷不及掩耳的速度踢翻游戏板,纸牌到处飞散。而转眼之间,他已跳上桌子,抓住詹姆士。

"嘿,嘿,嘿!"我喊着,并将他们两人拉开。"杰西,过去那边,到你的座位上,把你的活页夹拿出来,开始做你的功课。詹姆士,过来坐在这里。比利,回你的座位,拜托。"

"天啊!你该给他一些处罚,"詹姆士粗声地说,"他怎么在可以打了我之后却安然无事?"

"让我来处理这件事情,"我回答,"詹姆士坐这里。离下课只剩下十分钟而已。"

虽然杰西无法坐下,急促地在教室内走动。我很清楚若我不及时安抚他,以他那样的情绪,最后一定会是一场大灾难。我望向茱莉,她正陪着关妮做功课。"你能不能照顾他一下?帮助他坐下来开始做功课。"

"我可以帮助他。"比利愉快地提议。

"谢谢你，比利，你真好心，可是我想，如果你能坐回你的位子上并开始做功课，那就是最大的帮忙了。等你的功课做完后，你可以去检查杰恩的功课是否需要帮忙。"

"我不要！"杰恩不悦地说。

"好吧，随便，"我回答，"你做你的功课，比利做他自己的。还有你，詹姆士，做你自己的功课。"

茱莉设法抓住杰西，并将他带回他的座位。只是，这同时也意味着丢下关妮自己一人，她正努力做着另一个班级的阅读报告。这对她是一项真实的试验，但关妮显然并不知道做一份"报告"背后的真正意义。即便这只是三年级程度的基础的报告，对她而言还是太抽象了。上次她做这类报告时，根本就是把她所读过的文字照抄一次，所以茱莉和我尽我们所能地对她灌输摘录的概念。这不容易，而关妮也发现做报告的压力很大。她会想出许多分心的语言，并致力于将这些语言围绕在她喜欢的话题上——外国的种种。关妮感受到的压力越大，她就越陷入自闭类的行为中，诸如不停地旋转她的铅笔，不停打开她的活页夹，在那个时候，双胞胎之一正需要专心，而她却令他分心。我陪着詹姆士，因为他待在教室的时间即将结束。和平维持了三四分钟，我想我们团体所能维持的和平时间大约也就这么长了。

"去你的！"杰西吼叫。我想象得出来他骂那句话时的样子，那事实上是一种抽搐而非咒骂。这并非杰西正常的抽搐，但它偶尔会发生。

我不理会它，俯身继续督导詹姆士做功课。

"去你的！"杰西又吼叫。

"你不打算阻止他吗?"詹姆士惊讶地问。

"他控制不了自己,"比利说,"就像你就是无法控制自己变成一个大混蛋一样。"

我伸出一根手指压在唇上并转头看着比利。"可是比利你可以,所以赶快回去做你的功课吧。"

"他妈的!"杰西又嚷着。

然后,突然,"他妈的!"

我们全都抬头,是关妮。她已低下头并继续做她的功课。关妮就像个回音器一样,跟着杰西的咒骂而咒骂。

超现实的时刻随至,他们来来回回地对应着,一次又一次。杰西虽然注意到这种状况,但压力与注意力让他无法控制他的抽搐。关妮却一派轻松无事的模样。

"去你的!"

"去你的。"

"狗屎!"

"狗屎。"

比利开始大笑起来。"听听你们两人!"

"老天,你们这里已经疯了。"詹姆士咕哝着,那天他显然已经受够我们了。他把他的东西收拾妥当,准备离开。

"狗屎!"杰恩大喊,不想错过这场好玩的游戏。

"没错,狗屎!"薛恩说。

情况就是从这里开始变化的。所有男孩此刻都捧腹大笑,就连杰西也不例外,他仍然继续咒骂着,却也忍不住大笑起来。关妮也开始笑。他们全都大笑，笑得声嘶力竭，也全都一起咒骂起来。笑得更厉害，就咒骂得更凶野，个个都笑到捧着肚子。

我也开怀大笑，任由他们玩着各种变换咒骂文字的游戏，直到他们气喘吁吁地坐回他们的位子上。

唯一不觉得好玩的人是茱莉。她远远地站在一旁，勉强地挤出笑容，等到所有的声音都平静之后，她才非常巧妙地说："嘲笑杰西与关妮的毛病或许不是种非常仁慈的行为。"

比利回头看着她。"那种感觉很棒，很好玩的。"

"若是有人嘲笑某个你无法控制的毛病时，你有什么感受？"茱莉问。

"呃，有时候你是不应该嘲笑，可是有时候我觉得没有关系，因为我们现在并不是在笑他们，是因为这实在太有趣了，所以我们才笑成这个样子。"比利回答。

片刻的沉默之后，比利继续说："若杰西说了什么很好笑的话，而我们只因为他患某种毛病不想去伤害他的感情而不敢笑，那么我们就是真的认为杰西有毛病。可是当时我们并没有那样的想法。我们每个人所想的都是他说了很好笑的话，也就是说，我们早已忘了他和其他人不一样的事情。所以，我觉得那其实没有关系。有时候你得大笑，有时候事情就是很好笑嘛。"

班上另一个没有笑的人是薇纳斯，因为她并不在场。她的出勤率一直都不怎么令人满意。在开学的第一个月里，薇纳斯便经常缺席，但由于她才刚刚从家庭教育监管中返校，所以每个星期她总会缺席个一或两天。我追查无数次，最后总不外两个相同的结果——她生病了，再不然就是汪达忘了带她来上学。

当她来上学时，除了下课我们两人独处期间才培养出来的脆弱关系之外，其余的时间她几乎仍然呈现呆呆的状态。汪达每天早上带她来教室，带她到她的位置坐下，然后她就沉默地、麻木地坐在那儿，除非我们有人走过去带领她。悲哀的是，因为她是如此的沉默，以致大家极易完全忽略她的存在。要让她参与班上的活动就需要全职的助理，如此才能确保她实际参与每个活动，并做出活动要求的必要动作。但是我们没有这样的资源，放任她自由活动，她却又只能呆呆地坐在那里。她的活页夹，一旦发下去，便会一直一动也不动地躺在她前面的桌子上。她的铅笔更是丝毫未动。

每遇到我必须指导其他孩子的时候，我便不知道该拿她怎么办。我试着在每天上学期间确定每个小时至少抽几分钟陪伴她，和她说说话，必要的时候将她的脸转过来看着我，并努力让她做些什么事情。如果她拒绝我所有的努力，怎么都不愿配合参与，我仍不会放弃努力，不过大约只持续五分钟，然后便必须去指导其他孩子了。对此我无能为力，因为我还有许多支援学生会来来去去，同时还得严守行程表，让每个孩子能得到公平的辅导时间。另外，即便支援学生们不在，比利、杰西、薛恩、杰恩，他们也都需要费力耗时地被照顾和教导，所以我几乎分身乏术。

茱莉的想法是，留她一个人独处完全没有关系，薇纳斯需要独处，这会让她感觉比较自在、然后融入我们，最后当她感到够安全时，她便会开始有回应。但我可不那样认为，薇纳斯已经和我们在一起半年了,却还没有显示出任何"感觉比较自在"的征兆。我不认为留她一个人独处是一个"方法",那只是一时的权宜之计,要知道对她努力越多就越有可能会制造出奇迹。我认为正是因为在我们独处的那些时间里,我能够容忍于她的反应迟钝,至少在当下可以,以致薇纳斯正对某些随兴而发的事物开始有反应。

疑问重重的第二次家庭访问

他出现了，在走廊里推着走在他前面的薇纳斯向前走。

在我们每天二十分钟的独处时间里，薇纳斯与我正小心翼翼地探索一份关系。经过跳舞的插曲之后；或者该说多次跳舞的插曲后，我准备进行更大的计划。因为我们已经断断续续跳了三四天了。

下课铃声响起，其他孩子随着茱莉轰然冲到走廊上，准备好好去享受那个特殊的午后下课时光时，只有薇纳斯又晃了回来。我心中暗自打算，如果我那天下午给她机会，她必定又会把她的脚踩到我的鞋子上，示意她想要跳舞，可是我想要看看我们是否有可能更进一步地互动。于是我越过教室走到阅读区，留下薇纳斯独自站在教室门边。

"过来啊。"我说，先前我没有这样做过的。

薇纳斯望着我。

"我们要念故事吗？"

她犹豫不前。

"或者你想要跳舞呢？如果你想的话，我们就跳舞。过来这里。"

她会过来吗？或者希望她自己从那么远的距离走到我身边是种过分的期待？

我等待着，表现出一副无所谓的样子。"或许你今天会想要选择不一样的故事来读。这里有很多故事书，或许你想要读点不一样的。"

几分钟过去了，我依然友善地与她聊着。薇纳斯站在门边，她的眼睛中不再是往日的空洞，而是非常专注地看着我，非常专注地聆听着我。我从她身体前倾专注观察的模样看得出来，她正在衡量走到我身边的可能性，只是后来发现那很难做到。如此一件对七岁孩童来说易如反掌的事情——走过教室内十五英寸的地面，却让她如此面有难色。

诚如我所说的，我开始把书架上凌乱的书籍取下，并将它们摆在低层的书架上。我把书籍整理妥当，并一一将它们放回原位。

薇纳斯非常、非常缓慢地伸出了一只脚，那只脚犹豫了好久，然后才踩在她前面的地板上，然后是另一只脚。她的动作就像一个正在玩着老式游戏的刚会走路的孩童："我要走多少步呢，妈妈？""五步。""我可以吗，妈妈？""是的，你可以。"一步，一步，一步，一步，一步，停止。

我继续和她聊着，高举着我已整理好的书本，假装没有注意到她的接近。或者更贴切地说，假装好像那是再正常不过的事情。只剩五分钟其他孩子就要回来了，薇纳斯整整花了十五分钟走过教室。可是她做到了，她终于站在我的旁边了。

"我们没有多少时间可以念故事了，"我说，"可是还有一点点时间。该念什么呢？青蛙与蟾蜍吗？"我高举着"青蛙与蟾蜍"，我觉得那是她最喜欢的故事。

薇纳斯垂下眼睛并望向书架。片刻的沉默，然后，不似走过教室时那般的迟疑，她毫不犹豫地伸出手，并从其中一个架上的一叠书中抽出一本希瑞的漫画书。我曾一度把那本漫画书丢掉，不知道它何时又被摆回书架上。它一直未得到妥善的照顾，它的封面已被扯掉，第一页也已有被折过的痕迹。

"你想要读那一本吗？"

薇纳斯非常轻地点了点头。

我在她身旁蹲下来。"过来这里。"我双臂搂着她并翻开漫画书。"我们今天的时间已经快结束了，所以我们现在得读得很快才行，因为大家很快就会回来了。明天我会再读给你听。"

我翻开漫画，指着故事最精彩的部分。"看，这是阿多拉，她才是真正的希瑞。那是她的秘密身份，没有人知道这个秘密。看，这是精灵，她的马匹。这一页里发生什么事了呢？"我指着图画。"出事了，阿多拉必须利用她的魔力将自己变成希瑞。看到没？她举起她的魔剑，并说'赐予我力量吧！我是希瑞！'"

我看着薇纳斯。"那很棒，对不对？能够拥有像那样的魔力。你能做到那样吗？"

薇纳斯回望着我。

我抬起我的脚。"看，她像这样旋转着并高举她的剑。"我随手抓了一根码尺背对着她指向天空。"然后希瑞说，'赐予我力量吧！'我随后戏剧性地转身继续说:"我是希瑞!"

"你怎么说都行啦。"

我猛然扭头,码尺从手中掉落,看到茉莉站在门口。她大笑着,我也大笑,但薇纳斯又恢复了一脸茫然。

第二天下午,我重演那个戏码。一旦其他小朋友离开,我便走到阅读区,留下薇纳斯一个人站在门口。我拿起那本漫画书。

"我特别把这本留下来,"我说完高高举起那本漫画,"你今天想要读这一本吗?"

薇纳斯非常轻地点了点头。我盘腿坐在阅读区的地毯上,薇纳斯仍停留在门口。

我打开那本漫画书,俯下身子,假装看得津津有味。"哦,我的老天!我正努力酿造一种全新的魔剂。"我念着,手指滑过书页中的插图。"那是瑞兹夫人,她是一个好巫婆。她戴着长长的帽子看起来很好笑,对不对?因为她的那顶巫婆帽盖到了她的眼睛,看看她。"

我把漫画书举得高高的,好似站在门口的薇纳斯能够看到一样。然后我回头继续往下读。我的希望是,经由阅读的吸引,经由不强求的方式,她能够走过教室,坐到我的身边。我鼓励她自然而然地这样做,或者至少多多少少自然而然地。过来……过来……过来……我一边念故事心中一边想着,试着靠我的意志力让她心电感应地走过来。

我在阅读区对自己大声读了希瑞的故事已持续了六七分钟了,薇纳斯却丝毫没有动作。这下我该怎么办呢?放弃吗?放弃我坚持要她自己走过教室到阅读区前的方式吗?当她走过教室并选择了漫画时,一切看似那般充满希望。难道是我预想得太快了?

我继续读着,同时心中不停想着:为什么这一切对她会是如此的困难呢?难道是她过于迟钝以致无法进步,磨人的一次一小步已是她的极限?难不成我期待太多了?

薇纳斯站在门口,我则在教室角落对我自己大声念希瑞的故事,整个下课时间就这样过去了。

隔了一天后,薇纳斯没有来上学。

上星期,我对鲍伯抱怨:让汪达每天带薇纳斯来上学的方式根本就没有效果。他和泰芮联系,然后向我保证事情一定会得到解决。现在,这个星期同样的事情又发生。汪达忘了,我又抱怨,鲍伯又试着联络,又对我保证。可我一点都不怀疑,到了下个星期,同样的事情还会再度发生。

针对这件事情,我极力建议我们打电话给社服单位,因为实际问题是,这个孩子所受的学校教育太不够了。鲍伯告诉我,我的抱怨已让社服单位打来两三次电话。上次他与社服单位联络时,他们提醒他,那个家庭共有九个孩子,他们正分别处理每个孩子的问题,所以缺课问题一定会得到解决。

由于生病之故,薇纳斯似乎真的很不舒服。她患有无法根治的流鼻水毛病和皮肤溃烂,还长小脓疱疹。她的皮肤已抓得破皮,而且到处都是疥癣。我随时注意她是否有受虐的现象,可是那实在很难察觉,因为她穿着长袖上衣与长裤,而且有时穿好几条。溃烂是免疫系统不佳与卫生清洁习惯不良的明显征兆。数年来,我对其他孩子总是采取比较主动的态度，提供香皂、水与地方让他们清洗身体，帮助孩子们梳理头发，到捐赠箱中为他们寻找新衣服，但是碍于担心被诉讼与孩童侵害的问题，这些方面的行为已越来越受到限制。再者，对于薇纳斯，我的态度总是犹豫不决，因为那很容易会让我掉进那些侵害的角色中。对于一个在要求下仍然无法自在走过教室的孩子而言，此时就开始进行一些比较私密的事情似乎不太适当。

可是她缺课的问题又极困扰我，因为那会让我的工作变得难上加难。两三天好不容易磨出一点点进步，然而她却不见了，接着就是周末，等到我们再开始时，几乎又得从头再来。我试着质疑让汪达照顾薇纳斯的生活这件事，若这真能构成一个借口，那也是一个令人感到挫败的借口。所以，最后，我决定再去拜访泰芮。

同样地，事情又进行得一点都不顺利。

1月份的某个星期五下午，我在放学后前往他们的拖车屋。

上个星期下雪，这期间气温变得非常低、零度以下、大雪纷飞。泰芮在门口招呼我并邀我入内。我注意到的第一件事情是，拖车屋内异常冰冷，我怀疑可能还不到15℃。几个孩子坐在电视机前看电视，两个戴着手套，另外两个共同裹着一条破旧的蓝色毯子。

"暖气机的功能不太好，"泰芮说，"我很抱歉，里面真的很冷，希望你不要介意。"

她看起来一脸疲倦。在她人生的这个时候，原本应该是一个魅力十足的女人，她那令人无法逼视的美丽依然留在那高高的颧骨与玲珑的曲线上。可是沉重的疲惫掩盖了一切，使得她的样子看起来就像第三世界那些需被救助的女人。看着她，疑问立刻涌上我的心头：为什么我们总是救助外国的穷人与无家可归的人,而不救救我们身边那些需要救助的人?

我解释来访的原因。

泰芮疲累地摇摇头。"我告诉过汪达的。"

"我知道汪达应该带她去上学,可是这个方式似乎不太行得通。汪达好像经常忘记这件事。"

"呃,我在超级市场做夜班的工作,你是知道的,在市区。我是仓储人员,得堆货、盘点,无法待在家中监督薇纳斯是否出门上学。我得到早上八点才下班,所以,我无法及时赶回家带薇纳斯去上学。"

"还有谁在家呢?"我问。

"丹尼,大多时候。"

"那么他晚上会在这里吗?"

"有时候,有时候他也上夜班,他是一家医院的门卫。可是汪达也在家,还有其他几个孩子,雀莉儿、拉提莎,他们都大到可以照顾薇纳斯了。"

"除了他们必须带她上学之外,"我说,"每天到学校上课对薇纳斯而言确实是非常重要的。薇纳斯在许多方面都有迟缓的现象,为了帮助她,我必须每天都能够单独指导她。"

泰芮身体前倾,将她的双臂靠在桌上,双手托腮。"我的每个孩子都出现某些方面的迟缓现象,不只是薇纳斯有这样的问题。人们不断地上我家谈论薇纳斯的问题,可是其实我每个孩子都需要那样的关照。"

我点点头。"是的,我能够体会你的感受。只是薇纳斯正好是我的学生，而我也非常喜欢薇纳斯，她是个很可人的小女孩。可是为了帮助她，我需要保证她正常来学校上课。"

就在那个时候，拖车的门被打开，丹尼出现在门口。一见到我，他立刻满脸怀疑地看着我，走过来站在我的对面。"我不知道家里有客人。"他对泰芮说。

"这位是薇纳斯的老师。"

"我不管她是谁，你并没有告诉过我有人要来家里。"他看着我。"你来这里干什么？"

"我来讨论薇纳斯缺课的问题。"

"她有去上学啊。"丹尼若无其事地说。

"没有每天去。"我尽可能冷静且无所谓地说。

他脱掉外套。他的身材并不魁梧，个子很矮而且比我还瘦。他那栗色的头发往后梳成一条油亮的马尾，同时，虽然他一定有三十五岁而且也过了荷尔蒙旺盛的青春期，但他的皮肤状况非常差。"你并没有告诉我有人要来家里。"他猛然对泰芮说。

从这种气氛判断，我看得出来事情不妙。他气她开门让我进来，他不喜欢他的家中发生不经他准许的事情。的确，我对他有一种很不好的感觉，于是我赶紧解释是我主动来访，与泰芮无关。

他可没有那么容易被说服。"你故意这样做，因为你知道我今天下午不在家。你故意背着我这样做。"

泰芮摇着头。"我没有，她只是打电话来……我什么都没做。"

"听着，"我说，"这次见面是我一手安排的，是我坚持要来的，来讨论关于薇纳斯没有来学校上课的问题。她必须更正常地来上课才行。"

如果我们再不想办法解决这个问题,旷课执行官就要强行罚款了。我知道那绝对不是我们希望看到的结果。"

"很好,你这个去他妈的老师,竟然教唆旷课官来这里检查。"丹尼对我说。

"我只是来谈薇纳斯的事情。"我说。

"去他妈的薇纳斯,我不在乎,而我不在家的时候你也不可以做这种事,"丹尼嚷着,"听清楚了没?现在,滚出去。"

我坐着,但我一点都不觉得自己正坐着。坦白说,我真想出去,可是我不动。

"我可以看看薇纳斯吗?"我要求。

丹尼眯起眼睛。泰芮垂下头,并用一只手撑着头。

"她今天没有去上学,我可以看看她吗?"我继续坚持。

"她病了。"丹尼回答。

"生什么病?"我问。

"感冒。"

"我可以看看她吗?"

"她病了。"

"我知道,那无所谓。总之,我可以看看她吗?"

丹尼转了转眼珠。"天啊,不行,你不可以看她。你走,我不想再说第二遍。你没有权利来这里。"

我坐着,那一刻我非常希望我带了茱莉一起来做这次的家庭访问,因为我觉得我并不像别人印象中的那般勇敢。然而,一种特别的关心正在我内心升起。他越是不让我看薇纳斯,我对她的关心就越高涨。

"她病了。"他说了第三次。"走啊。"他说，绕过桌子来到我坐着的地方，推了一下我的肩膀。他并没有很用力，也没有侵犯的意思，但是用意已经够清楚。

终于，泰芮站了起来。"我去带她出来。"不耐烦地说。

"坐下！"丹尼命令道。

"我只是去带她出来而已。"泰芮怯怯地说。

"坐下。"然后他眼中充满怒火地看着我。"我他妈的自己去带她出来。"

他消失在拖车的走廊中。我听到他喃喃的咒骂声，然后他出现了，在走廊里推着走在他前面的薇纳斯向前走。

她光着脚，穿着一件红色格子的男孩浴袍。当她看到我时，她的眼睛瞪得很大，透露出掩藏不住的惊讶。

"这下，你满意了吗？"他把薇纳斯带过来，直到她站在距离我六尺远的地方。

我注意到的是，显然她的身上除了那件浴袍之外，什么都没穿。这引起我的警觉，因为那时候是下午四点，在那个时候沐浴是件很奇怪的事情，还有因为拖车内是如此的寒冷。或许她在浴袍下面还穿了一件短睡衣也说不定，只是我看不到罢了，可是我真的觉得她里面什么都没有穿，就只有那件浴袍。

"哈喽，薇纳斯。你今天没有去上学，我很担心耶。"

她盯着我，那种表情不似她平日在学校时那般茫然，可是也不是特别意识清楚。她注视我的样子好像我是某个她不认识的人，好似我是个惊异、不真实的东西，而她不知道是否要高兴看到我或害怕看到我。

"我希望你明天能够来学校上课,"我说,"我很想念你。"

"好了,满意了吗?"丹尼问。

我轻轻地点点头。

"现在快滚吧。"他对薇纳斯说,并将她推到一旁。

她没有动,只是站着,盯着我。

"滚!"

她没有动。

"滚!"他推着她的肩膀。

薇纳斯转身并消失在拖车屋的走廊中。

20

魔力公主

> 她闭上眼睛，不停地旋转。她那张小小的脸上充满高度的专注，她的黑发轻轻地在她的肩膀弹跳。

第二天，汪达奋力爬上通往教室的楼梯，薇纳斯则跟随在后。

"她来学校上课了。"汪达说，此时我正站在门口迎接她们进教室。"漂亮孩子今天来学校上课了。"

"是的，你说得没错。谢谢你带她来，汪达。"

她扭扭手又耸耸肩。"漂亮孩子去学校上课了。"

汪达穿着一件褴褛的长袖上衣，以及沉重的斜纹软呢男性外套，以一种近乎哀求的姿态注视着我。我注意到，虽然天气如此寒冷，她却没有戴手套，也没有戴帽子或围巾。她又扭着她的手。

那令我想到，或许汪达正以她的方式诉说着她也想要来学校上课。汪达平时都在做些什么呢？我不禁怀疑。难道她每天就那样漫无目的地闲晃度过吗？或许都是因为丹尼之故。想到这里，我暗中提醒自己要找鲍伯谈汪达的问题。与此同时，我也注意到汪达的手仍然扭着。

"你的手如果戴上手套会感觉温暖一些的，汪达，"我说，"你有手套吗？"

"漂亮孩子去学校上课了。"

"是的，可是你家里有没有一双手套呢，汪达？遇到这种气候的时候就要把它戴上。"

汪达盯着我。

"如果你想要的话，我可以到捐献箱里找一双给你。在你走路回家之前，我们要不要去找一双呢？"

这时候只有杰西已经到校，而他正忙着玩拼图。我把薇纳斯带到她的座位上，然后带汪达到楼下的办公室。

"现在有谁在家里呢，汪达？"我问，"丹尼吗？"

"汪达回家。"她回答。

"你要回家？在把薇纳斯带到学校以后？"我不确定她话中的意思。"丹尼在家吗？"

"不喜欢丹尼。"她咕哝着。

"为什么会那样呢？"

我们到了后面的办公室里，我把放在橱柜上面的衣物捐献箱拿下来，开始寻找一双适合汪达的手套。我找不到。

"不喜欢丹尼。丹尼说，'在浴室里睡觉'。"

"在浴室里睡觉？"我问，抬头看。"他对谁说那样的话？对你吗？你在浴室里睡觉吗？"

"漂亮孩子。"

"薇纳斯？"

"很冷，很冷的手。"她用双手捂住耳朵。"变得很冷。不喜欢丹尼，不想回家。"

"我懂了。"其实我不懂。我并不确定汪达到底在说些什么，只知道她说了件不好的事情。有人——她或是薇纳斯或是两人同时受到不当的对待。"我来想想办法，好吗？也许你可以在这里多待一些时候。"

汪达的眼睛睁得很大。"不，不去学校。"

"我知道你不来这个学校。可是如果你不想回家，想要在这里多待一下下，我相信那是没有关系的。"

"不！"她似乎对这个提议感到十分惊吓，并不停地往后退。"不去学校。"

"好，好。来。"我帮她把手套套在她的手上，一只黑色的，另一只褐色，那是我找了半天才找到合适的一双。我望着她的脸。"那会让你的手变暖和。"

"现在就走，不去学校。"

"好吧。"我开始陪着她往门口走去，可是接着停了下来。"等一下，汪达，你想不想吃甜甜圈？"我指着摆在柜台上咖啡机旁的甜甜圈盒子。"吃一个甜甜圈吧，汪达。"

她拿了两个，脸上露出灿烂的微笑。

我随时都想找鲍伯讨论这一切。汪达所说的话让我有一种非常不好的感觉，只是时针已指向九点，我必须回教室了。

整个早上我都观察着薇纳斯，她还是平日的模样，大多数时候完全呆滞。除非采取一对一的方式,否则根本无法让她做任何功课,即便是一对一,做功课、移动她的双手、打开活页夹、做连连看习题等的任务也都落在我身上。此时已是2月,这段时间以来,薇纳斯的学业丝毫未见进步。我不知道家庭教育老师都教了她些什么,可是我也不敢有太多的期待。薇纳斯在班上仍然什么都没做,她只是坐着。

突然,我感到很沮丧。对薇纳斯而言,"进步"就只是让她自己走过教室:只是走过教室,在无数的催促与哄诱后。这算哪门子的进步!而现在竟又出现这个可怕的怀疑,怀疑她的家中发生非常严重的事情。我是个不太容易沮丧的人,但那一刻却有着极端沉重的沮丧感。有关薇纳斯的一切事情突然间似乎变得毫无希望。

我利用早上的下课时间去找鲍伯。我在教师休息室找到他。

"我可以和你谈一下吗?"我要求道,"私底下?"

他从椅子上站起来,我们一起来到外面的走廊。

"我昨天晚上顺道拜访薇纳斯的母亲,和她谈了谈薇纳斯严重旷课的问题。那个叫作丹尼的男人也在场。我要求看薇纳斯,因为我已去过那个地方两三次,可是每次都没有看到那个孩子在家,于是我要求看她。她应该是生病了,所以没能来学校上课。总之,他的确去把她带了出来,可是她穿得很少,看起来除了一件浴袍外,什么都没穿。有可能什么都没穿,有可能正要换衣服,有可能她的浴袍底下穿了一件短睡衣,反正我不知道。可是今天早上汪达来学校后说了一些什么薇纳斯睡在浴室里之类的话,或者至少这似乎就是她想要表达的,你知道汪达的。可是……"

鲍伯慢慢地点点头。

"我知道这些都无法构成'虐待的证据',可是却让我有着非常不好的感觉。"

"我不确定我们能够帮上什么忙。"鲍伯说。

"我们可不可以把这件事情上报给社服单位?让他们知道我很关心这个问题。假设他们也很关心的话,那就只剩下证据的问题了。"

"我想他们早就在关心了,我知道这整个家庭被列为虐待的'危险群'。前男友有虐待孩子的记录,所以社服单位一直在注意他们。他们知道那个家庭里头一直存在着问题,你和我也都清楚那一点。我想没有人不知道那一点,一切都只是证据的问题。但这毕竟还是个自由国家,桃莉,我们无法只因为怀疑便去干涉别人的生活。虽然对这类的例子有着很不舒服的感觉,但我们还是得照自由国家的方式解决事情。"

"我认为这个丹尼是因吸毒而在牢狱中长大的。"我说。

"显然他是待过监牢。"鲍伯说。

我叹了口气。"我真希望我们能够找到某个借口将他赶离那个家庭,他令我感到毛骨悚然。"

鲍伯双肩颓垂。"他们也很关心,桃莉。社服单位已经对这个家庭开始紧密监视了,我相信他们会有所行动的。"

我注视着他的脸庞。

终于,他点点头。"可是,好吧,我会再打电话提醒他们的。"

下午的下课时间,我没有再次搬出催促薇纳斯走过教室的戏码。相反地,我留在门口陪伴她,直到其他孩子全都下了楼,然后我伸出一只手轻轻地推着她的背,引着她来到阅读区。

"我们应该读哪一本呢？"我问，将青蛙与蟾蜍系列、法兰西丝系列与希瑞漫画全摊在书架的平台上。

薇纳斯沉默，我等候着。

然后，她没有进一步的犹豫，举起她的右手并微微指向漫画。她抬头看着我。

"希瑞吗？好吧。我们就来看看希瑞发生了什么事。"

我拿着漫画并在地毯上坐下来。然后我伸过双手，将她抱过来坐在我的大腿上。她依然不习惯坐在我大腿上，僵硬的肢体让她有如模型般地抵着我的身体。

我开始念着。

就孩童的漫画而言，那本书的故事实属相当复杂，而且角色众多。我早已忘记霍曼与希瑞是幻想世界中的角色——巫婆、小精灵、巫师、狙击兵、机器人、神奇猫与顺风马，那一种非常远古又非常现代的组合，在那个地方，火箭船伴着神奇魔法大锅出现。当然，这绝非青蛙与蟾蜍的单纯世界，因为在那里他们唯一关心的是何时起床，或是如何找到遗失的扣子。

薇纳斯在听吗？她理解故事的内容吗？我根本不可能知道这些问题的答案。她一动也不动地坐着，从头僵硬到结束。

我指着各种不同的角色，评论着他们奇怪的衣服，他们不寻常的墨守成规，他们彼此之间的关系。它们有如乡愁般地一波波涌来，把我带回很久很久以前的时光，那时霍曼是班级生活中如此重要的一分子。我一边念着故事给薇纳斯听，脑海中一边想起当时与其他班级、其他小朋友共度的短暂课余时光。

然后，终于，故事的精彩部分来了。通常阿多拉每次遇到危险都会拔出她的魔剑，高高举起，并将她自己转化成超级女英雄——希瑞。

"看……看她是怎么做的？"我说，我的手指滑过图片。"那是不是很棒呢？你想不想也那样做呢？抽出一把魔剑并变成一个超级女英雄？拥有超级力量？能够用你的剑打走所有坏人？"

薇纳斯微微前倾以便更看清楚图片。她仔细地研究着。

"我们要不要来玩那个啊？"我问，"我们要不要看看我们是否做得到？"

我将她抱离我的大腿，走向放着码尺的黑板，并将码尺拿到阅读区。

"你觉得我是否要旋转身体，并高喊着'赐予我力量吧！我是希瑞！'"

薇纳斯瞪着眼睛。

"要我该试试看吗？"我问，大笑着并高举码尺。"我应该变成希瑞吗？"

她点头，虽然非常、非常轻微，但却是货真价实地点头。

我仍把码尺高举在空中，身体开始旋转。"赐予我力量吧！我是希瑞！"

我低头看着薇纳斯。"有没有效？我有没有变成希瑞？"

一个非常非常轻微地摇头，还有一个微笑。她觉得好笑。

"那么你呢？"我问，"如果你来试试会不会有效？"

薇纳斯的眼睛再次惊讶地瞪着。

"我敢说你来试一定会有效，我打赌你也许真会变成希瑞。你觉得怎么样？"

她非常、非常轻微地摇了摇头。

"你不要试？你不觉得你可以吗？"我以极其夸张的惊讶语气回答。"呃，我们来看看，证明给我看你不是希瑞。因为我觉得薇纳斯也许正是希瑞的秘密身份。"

薇纳斯动作相当明显地摇着头。

"不是？哇噢，你在开我玩笑。证明给我看，拿着这把剑旋转，证明给我看。"

她再次摇摇头。"不是。"她非常、非常轻地说。

"你不是？哇噢，我才不相信你呢，"我递过码尺，"拿去，证明给我看。"

我们之间就这样僵立了好久好久，我开始怀疑她是否会有响应。然后，她动作非常缓慢又小心地伸出她的手。

我给了她码尺，微笑着。

薇纳斯接过码尺并举起，举得并不高，只超出她的头一点点，可是她牢牢地抓住它并开始旋转起来。她闭上眼睛，不停地旋转。她的动作缓慢且刻板，但是她真的做到了，她那张小小的脸上充满高度的专注，她的黑发轻轻地在她的肩膀弹跳。

她停了下来，张开她的眼睛并看着我。

我惊奇地大张我的双臂。"嘿，希瑞公主，就是你！"

薇纳斯大笑。

21

鞋子颁奖大会

> 我小心翼翼地在每双鞋子上绑上缎带,并附上一小段蓝色缎带大奖章,上头写着"一等奖"。

2月——这一年不寻常的一个月份。

终于我得到我想要的:一个真正凝聚的、一体的团体。集中孩童的注意力于特殊行为上,并降低所有负面行为的影响,这个严厉的行为修正方案终于得到了它理想的结果。我大多时候仍然利用交通信号来矫正班上孩子们的行为,不过我也很自然地没有把别人作为这项方案的对象。我明白方案本身的熟悉度对男孩们已变成是一种保证。他们清楚地知道,如果他们选择违规,他们会在何时得到什么样的后果。就大部分他们所要调整的问题类型上我订定的这些高度结构性的不变程序,提供了他们所需要的安全感,让他们得以保持冷静的情绪做功课。改善例如注意力不集中、过动、冲动等。

是唱歌让这个原本不怎么严格的方案变得极端严格的。我迟迟不敢称呼那是音乐，显然杰西和比利还算拥有点唱歌能力，但我们其他人充其量也只能跟着调子，或哼记一些歌词，才能应付得了随性响起的某一首歌。或许正因为如此，我们才会经常编我们自己的歌词，而且偶尔也编我们自己的旋律。每隔一段时间，我们就会变成歌剧式对唱法，来来回回地对着彼此唱着诸如"我觉得你的功课会做不完"、"哦，会的，我会做完的"、"我不这么觉得，下课时间就快来了"、"哦，会的，我会做完的"这类的歌词。这种随性且有趣的唱法，让每个人的脸上一直挂着微笑。

男孩们仍不免会陷入混战中，但虽然还相当不明显，他们已开始会稍微为彼此设想了。其中尤以比利为甚，他像个兄长似的开始对薛恩与杰恩感兴趣。他视他们俩为"小家伙"，而且当他们下课下楼去操场玩时，他便经常对我说一些诸如"别担心，我会注意这几个小家伙的"之类的话。或者某日用完午餐进教室时，他告诉我，"他们把果冻吃完了，不过那没有关系，因为当我看到剩下不多时，我又去多拿了两个，所以小家伙们就可以多吃一些"。只是小家伙们对如此特别的体贴行为未必能够接受。尽管是薛恩或杰恩，在控制自我的冲动行为，尤其是侵略性行为上已有很明显的进步，而且每次的进步都是他们通过缓慢且辛苦的过程赢得的，可是比利，甚至是杰西，似乎一直抱持一种他们能够接受"小家伙"有问题的态度，而且有时候，一如比利所言，"你一定不可以意气用事"。

比利与杰西同时也培养出一种友谊，可是表面他们对彼此却变得更加水火不容。部分原因似乎单纯只是因为性格上的差异。比利的性格干脆、喧闹、不拘小节，对新鲜事物尤其感到着迷。杰西则正好相反,虽然他也并不是一个特别害羞或安静的男孩,也会经常冲动,甚至加入混战。可是他的眼中似乎总透露着淡淡的忧郁。结果,他发现他不只很难感受比利对一切事物的热情,同时也难以忍受比利对一切事情的体验。他永远都在告诉比利冷静、闭嘴或者不要再胡闹了。

此外,他们两人之间还不时地出现"敌对"现象。在教室里,薛恩和杰恩是"小家伙",所以自然而然地对照出比利与杰西是"大家伙"的身份。虽然杰西的学业非常不好,程度远不如比利,倒是与薛恩和杰恩不相上下,但他却视自己为比利的竞争对手,任何比利所做的事情他都想要掺一脚。他非常努力地想要追赶,并以超越比利来保持自己的自尊,但是这对他是很困难的工作。不过音乐却是他发光的地方。因为我们那种疯狂的唱歌方式,给了杰西表现的机会。他比其他孩子都能更快记住歌词及旋律。他能够在小小的木琴上轻而易举地敲出调子,而我们却非得使用真正教室乐器不可。每当唱歌或弹奏音乐时,杰西的抽搐症状似乎就不治而愈。因此每当杰西在教室里感受到比利的"威胁",进而提出要唱歌或弹奏音乐的要求时,我总是顺着他的意思。

2月最后一周的周五是关妮来我们教室接受辅导的最后一天,因为她们一家人要搬到华盛顿特区。我真的很不愿意看到关妮离开,她是个活泼的小角色,经常借由突然谈论世界各国的人口与土地,在混乱中注入一种及时的分心,让那些男孩得以不失控。不过,她的离开同时也让我松了一口气,因为她需要的是更合适的安置,而非我们这个班级。她的功课远远领先班上同学,但是却需要一对一的小心培养她非常不足的社交技巧,而我们根本没有那样的环境可以协助她。每个男孩都对她极不耐烦，而她也没有如我所愿地与薇纳斯结成好友。再者，她无法忍受杰西突如其来的吵闹或抽搐痉挛声音，因此总是让教室中的生活变得备受挑战。所以我在星期五与她道别，并希望她在新的学校里一切顺利。

薇纳斯依然几乎是这个班级的隐形人，男孩们完全不与她互动。绝大多数时候，每个人都表现得好像她根本不在教室里面。即便如此，她还是有进步，现在比较能够控制自己。打从她由家庭教育监管回到我们班级开始，她就不曾再有过在教室里发狂的记录。即使是在操场上，她似乎也变得好多了。虽然我们仍然进行着我们那套由助理监视她的"安全系统"，所幸的是数周过去，薇纳斯的行为越来越正常。

* * *

为了鼓励这个得之不易的稳定，我们在2月份举办了两次"庆祝活动"。一次是鞋子宴会，是在2月8日举行的，那天是星期五，是为了要庆祝有这么多同学在那一周中努力地把他们的交通信号保持在绿灯。这类活动永远不嫌多。我们举办真正的宴会似乎显得没什么意义，因为那实在太容易演变成一场混乱了。我们反倒是办起了烹饪宴会，它最后的结果就是要做一些可以吃的东西，然后把它们吃掉。而且我们还一边烹饪，一边听着本地流行音乐电台。不知为什么，男孩们将此视为一种特殊的"犯罪盛宴"。诚如比利所说的，"就像在学校里上课偷看漫画书一样"。所以在大多数人们的标准里，我们的"宴会"根本就称不上是宴会，可是那却真的很好玩。

不过，到了隔周星期一，我告诉他们我们要来做点特别的，不再是一个星期五宴会，而是一个典礼！在经过这么多个月之后，我说我终于感觉到我们已经到达每个人都能够穿着鞋子在教室里上课的程度。当然,这都得归功于每个人都努力地保持他们的交通信号在绿灯状态,还有一整个星期都没有打架闹事,所以我们可以举办一个宴会。

男孩们非常严肃地看待这个消息,严肃到杰西(他已经快要变成班上的警察了)对每个人不停断提醒他们的表现有多么好的现象感到不耐烦。

为了让这一天有庆祝的感觉,我在蛋糕店里订了一个蛋糕。我要求他们以花栗鼠的造型做了一个非常特别的蛋糕,并在蛋糕上写着"穿鞋日快乐",同时在花栗鼠下面写上每个孩子的名字。满是糖衣花的蛋糕在午餐时间送达,打从那一刻起,我们班上的话题便不曾离开过蛋糕。

我谨记着圣诞节宴会的混乱场面,整个下午都尽我所能地想办法维持秩序,一直到放学前半小宴会时间开始为止。茱莉与我不停地在桌子之间巡视,我们的手中握着黄色与红色的交通信号圈,以为提醒之用。我期望我们全班每一分子都参加宴会。

趁着茱莉在下课时间带大家到操场玩耍之际,我小心翼翼地在每双鞋子上绑上缎带,并附上一小段蓝色缎带大奖章,上头写着"一等奖"。虽不十分贴切,却是当天黄昏之前我在教师用品店所能找到的东西。它会奏效的,我知道,即便没有比赛,他们也全都喜欢得到一等奖。

为了开始这项典礼,我要大家坐在他们的椅子上,然后我从柜子上方拿下鞋箱。我从箱中拿出的第一双鞋子是杰恩的。我高举它们,展示着缎带与奖章。"杰恩,我是否有这个荣幸把你的鞋子献给你呢?"

我极其所能一本正经地说，"同时献给你这个代表优良表现的金牌吗？"

杰恩笑得合不拢嘴。

"上去领啊。"杰西细声地说。

比利可就没有那么文雅了。"嘿，杰恩，屁股起来吧。"

他起身向我走来，我把头奖缎带别在他的衬衫上，然后把他的鞋子给他。他一拿到鞋子，便将鞋高高抬起，一只接着另一只，好似以前没有看过鞋子似的。大家热烈鼓掌。

下一双是杰西的鞋子，我重复着同样的仪式。

第三双是薇纳斯的。我高举着它们，展示着鞋子与缎带，就像前面两个男孩一样。"薇纳斯，我是否有这个荣幸把你的鞋子献给你呢？"我问。

男孩们全都转身看着她。她看着我，我看得出来她并没有退缩。当我一开始举起她的鞋子时，我看到她的身体开始前倾，让我以为她正要从她的椅子上起身。可是接着男孩们看着她。

"直接把鞋子给她就好了，"比利说，"她不会上前领它们的。而且我还没有领到我的鞋子呢。"

我下了讲台来到薇纳斯位置旁的走道上。"要不要我帮你穿上呢？"我问。

她抬起她的脚。那虽然只是一个小小的动作，但她不疾不徐。她把脚抬高到让我能够将鞋子套上。

"还有你的优良表现金牌。"我已站了起来，并站在她的桌旁，拿出蓝色缎带。

出其不意地，她站了起来，就像其他男孩那样将椅子后推，迅速站了起来。

"哇噢！"比利喊着，好似她完成了一件惊人的举动。

我把缎带别在她的胸前。"我们要不要为她努力赢回她的鞋子的优良表现热烈鼓掌呢？"我要求。

每个人都热烈拍手。

薇纳斯站了好一会儿，然后坐下。我觉得她的唇间出现过一抹浅浅的微笑。

我们2月的另一项活动是打造林肯的小木屋。

由于这个团体是如此爱打架，这一整年来我们并未真正做到些什么，除了行为修正方案的严厉结构，以及每个孩子个别教育计划或IEP，也就是规定要求我为每个孩子写下"学业处方笺"，详细陈述他或她的学业进度。以前多年来，我每年都举办远足、活动日与特别的教室企划案，今年却什么活动都没有。可是为了表彰我们得之不易的稳定，我决定该是做一些好玩有趣的事情的时候了。

因为是2月，我构想着以林肯之名举办活动，以纪念他2月22日的生日。我将林肯的故事读给孩子们听：他在伊利诺伊州史宾菲德附近的一个小木屋里出生，以及他如何艰辛求学，包括他在火光旁边写功课的故事。我继续解释他后来如何成为美国总统，以及他为了解放黑奴而不惜进行内战的过程。

我们举办了许多相关的活动。比利写了一篇关于狙杀林肯的杀手的报告。杰西找到一张位于华盛顿特区的林肯纪念馆照片。杰恩与薛恩数着有林肯头像的便士。不过我们"好玩的"方案是林肯的小木屋。

一开始,我打算套用潘(隔壁教室的老师)使用了一整年的方案。她要她的学生用饼干制作出小小的林肯小木屋,并在饼干做成的屋顶上加上糖衣。她将那些作品拍了照片,并把照片给我看,于是我心想,那正是我想要做的。可是更进一步思考后,我才领悟到薛恩与杰恩可能没有如此的耐心,要他们做如此烦琐的组合工作可能会让他们感到挫败,然后我们会发生数不清的打架争吵,饼干到处纷飞。

接着,我在一本教学杂志上看到另一个版本,这个游戏只需准备细长面包棒和可食用糨糊即可。它们所做成的小木屋看起来比潘的版本更真实,只是我知道我的团体得更加倍集中心智才能够完成这样的小木屋。再者,他们整个过程都将埋首在黏手的面包棒中。于是我考虑另外的选择——用制图纸条粘到纸上,画线,上色。只是这个构想似乎又不太合适。

然后,就在我爬上阁楼寻找老旧的教材时,我发现了完美的而且显而易见的解决方法:"林肯木头"。它与孩童们的建筑积木极像,那些有凹痕的木条是设计来建造乡村风格小木屋的,而且,就以林肯小木屋之名命名。它们在20世纪四五十年代非常受欢迎,但随着乐高玩具与其他更费脑力的建筑游戏上市,如今这套玩具已经退出流行数十年了。多年前,我的一位朋友因为要随着她的家人他迁,而它的体积过大,她不想带走,想到我也许在教学上会用到它,于是送给了我。我倒是从未曾将它带进教室,因为太多有凹痕的木条都很小,那么小的尺寸很容易遗失或放进口袋里或滑落或被丢弃。

我将容器的盖子打开。我教过那么多班级,这个班级是最不适合玩这种一大桶装满褐色小木条,以及尺寸接近薄码尺的绿色屋顶木板积木。要是我把这些东西带进教室,不难想象会有什么后果。然而……

我抱着那一大箱装着林肯木头的箱子吃力地走下阁楼。我必须将这箱东西分别倒进两个苹果箱子里,如此才能放进我的车里。

隔日早上下课时间一过,我便说:"我们今天要做一件特别的事情,可是我们必须重新安排教室才行。我要教室中间空出一个大空间,因为,猜猜看我们要做什么?我们要盖一间小木屋,就像亚伯拉罕·林肯所居住的那种小木屋。每个人都要自己盖一间。这有一个非常重要的'可是'哦,那就是要每个人……"

我故意停了下来,等着急躁的比利插嘴提出他的意见,可是他没有。他斜靠着暖气机,聆听着。

"可是,"我说,"有非常多的小东西,非常多可能被踩到或滑落的小东西,所以我要每一个人都当一个非常小心谨慎的花栗鼠。如果我们要盖这个小木屋,我们就得非常的小心才行。"

我们合力把桌子向后移,将三张桌子靠在一边的墙,两张桌子靠着另一边。我要杰西与比利把两个苹果箱合力抬到教室中央,并小心地在空地两边将它们分别倒出,然后我教他们如何接合林肯木头。

"嘿,太酷了!"比利兴奋地高嚷着,"你是说我们要用这些东西盖房子?"

"每个人都可以盖一间林肯小木屋。"我说。

"哇噢,那我们就可以盖出一座城市了。"杰西说。

"没错,伊利诺伊州!史宾菲德,"比利插嘴,"那是巴特·辛普森居住的地方!"

"我可不这么认为哦,比利,"我回答,"有很多的城市都叫史宾菲德。"

"呃,说不定啊。你又怎么知道呢?"

"我敢说巴特·辛普森比亚伯拉罕·林肯更有名。"杰西说。

"我要盖巴特·辛普森的房子,"比利说,"然后它将会是那个史宾菲德。"他笑着,清楚他在试探他的运气。

"我要盖一家杂货店。"杰恩插嘴。

"对,我也是。"薛恩说。

我盘腿坐在地板上,将薇纳斯抱到我的腿上。"来,我来帮你。"

某种愚蠢的气氛漫延着。比利必须立刻看到他能够把房子盖得多高。"这将会是一个瞭望台。或许他们有一个瞭望台,对不对?因为那个时期他们正和印第安人打仗,所以,这将会是一个瞭望台。"

"是啊,好像有一万英尺高,"杰西回答,"好像他们就只有一个那么大的瞭望台,别的都没有。"

"这样啊!"比利回答,好似这就是个答案。

然后杰恩发现可以把具弹性的绿色屋顶板末端往后拉,当它弹到某种东西时,会发出一种令人满足的碰撞声。他在薛恩的背后偷试。薛恩大叫一声并跳了起来,拳头随之飞舞。

"嘿,嘿,嘿!"我警告地说。

杰西的动作更快。"各位,不要这样,好吗?我们玩得很高兴。如果你们开始打架,我们就无法继续玩下去了。"

让我惊讶的是,薛恩真的停下来了。他对他的兄弟露出牙齿,然后在他的小木屋前蹲了下来,将它转离杰恩的方向,并更靠近杰西。

我原打算让这个活动持续半个小时,那已是这个团体的注意力极限。但是半个小时之后,四个男孩依然在地上专注地创造他们的小木屋城市。他们一起计划,讨论设施,希望彼此找到正确尺寸的木头盖出漂亮的房子。在他们的交谈中甚至出现对亚伯拉罕·林肯的奇怪评语。于是,我没有打岔,让他们继续做下去。

我专心协助薇纳斯将木头垒上我所建造的小小建筑物上。大约二十分钟后她才终于加入,一旦我把木头递给她,她就会往上垒。

"等我们完成了以后,我们可以把它保留下来展示吗?"杰西问。

"对啊,我们可以就这样把它们保留在教室里展示吗?"比利接着说。

我点点头。"如果你们想要的话,只要每个人都注意到不去踢到或踩到它们。"

"我们可以再做更多。"薛恩说。

"太好了!"比利呼喊着。"我们可以建造一个小木屋城市,整个教室,可以吗?拜托,拜托啦!"

"我想我们没有那么多木头可以建造那么多小木屋。"我说。

"可是我们可以展示的,对不对?"杰恩问,"我们可以再增加的,对不对?"

我点点头。

"并且将教室保持这个样子?"杰西接着说,"就把我们的桌子像那样留在一旁,对不对?"

"好吧。"我原本要加上一个条件,诸如"好的,如果你们可以不打架的话"。可是我觉得那听起来好似我对他们不信任,于是我闭上嘴巴。

男孩们回头继续盖房子。

"你知道吗?"比利突然说,"如果这是亚伯拉罕·林肯的时代,杰西和薇纳斯会是奴隶,他们甚至还无法到学校受教育呢。"

杰西有点发怒。"搞不好,你甚至还不在这个国家里呢。你仍然在墨西哥,或许他们正朝你开枪呢。"

"不会,他们才不会呢,"比利不悦地说。

"男孩们,"我轻轻地说。"我们来看看我们是否能够不吵架。"

"可以啊,可是他说……"杰西回答。

"我说如果这是亚伯拉罕·林肯的时代,你和薇纳斯会是奴隶,我又没有说我要你们两个人当奴隶,"比利反驳道,"所以没有必要这么认真嘛。"

"好吧,那么,我也没有说我要你被枪杀。"

长长的沉默。杰西伸手过来整理出一堆他想要的尺寸的木头。比利看着他,然后他回头继续盖房子。

比利又停了下来,他看着杰西,然后转头看着其他人。

"知道吗?"他并没有对特定的人说,"我一直不喜欢黑小孩,在我来这个学校之前。那是因为在我哥哥的学校里有些黑小孩老是喜欢打人。有一次他们也打我,而我哥哥说那是因为他们是黑小孩。"

"呃,那是很蠢的想法,"杰西回答,"你的肤色并不代表你就会打人。"

比利点点头。"没错,我知道。我现在明白了,我只是在说我以前的想法。"

又是一阵沉默。

比利看着杰西盖房子。"你和我是朋友,对不对?"

杰西耸耸肩。

"我就是那样告诉我哥哥的,前几天晚上我那样对他说。我说我在学校里认识一个黑小孩,他是我的朋友,所以不要再说黑小孩的坏话了,否则我会打你,"比利说,"因为如果有人侮辱我的朋友,我就会那样做。"

杰西轻轻点点头。"对,你也是我的朋友,我也那样对我祖母说。"他停顿一下。"可是她说,'你没有朋友',"杰西继续说,"她说,'那是因为你得了图雷特氏综合征,是那个病让你变成那个样子的,是它让你交不到朋友的'。"

"才不是那样呢,"比利说,"它们都一样是一种偏见,对不对,老师?说因为你是个黑小孩,所以才会交不到朋友。我以前就是那样想的。以前,在我认识杰西以前,我不觉得我可以和他做朋友,因为他是个黑小孩。可是现在当我看着杰西时,我并不觉得他是个黑小孩。而那和图雷特氏综合征的借口是一样的。因为在我还没有真正认识你的时候,我觉得你那些抽搐、痉挛的行为实在很怪异,可是现在我并不这样觉得。如果你真正认识他们,你就不会觉得他们有什么不一样,你只会看到你们有多么相似。对不对,老师?"

"我就是那样对我祖母讲的,"杰西回答,"我说,我在我的班上交到了许多朋友。"

沉默中,孩子们埋首盖他们的房子。

"你知道吗?"比利说,"我觉得我们很幸运能够在这个班级,我那样告诉我哥哥。我说这是我读过最棒的一个班级,我很高兴我没有去读其他学校。"

"我也是。"薛恩说。

"对,我也是(me too,too 与 two 同音)。"杰恩说。

杰西点点头。"是的,我也是,三个'是'。"

"那我应该是'我四个'是',"比利插嘴,"我。"他指着他自己。"我也是,"他说,并指着薛恩,"我三。"他指着杰恩,"我四。"他指着杰西。

杰西开怀大笑。"对,那么我也四。"

22

她不是无可救药的孩子

> 我伸出手将她抓向我,搂着她紧贴着我的身体。薇纳斯开怀咯咯地笑。

随之而来的周末,一大早我便与一位女性朋友贝琦外出参加车库清仓大甩卖。这是我们彰显友谊的一项活动,因为多年来我已经变成一个废物利用者。我看到了清仓大甩卖的意义,那就是:把你的老旧垃圾交到别人的手中是件多么美妙的事,至于从别人手中得到他们想要丢弃东西的意义,我已无所谓。我总是一个人去,主要是因为这样的出外踏青,最后总是以在我最喜欢的一家餐厅中享受悠闲的星期六早餐收场。

贝琦与我臭味相投,对那些车库清仓大甩卖的东西可以一看就是好几个小时,尤其特别喜欢看衣服。她的衣柜中有一半的衣服都是从车库清仓大甩卖买回来的,而且总是我买什么她就跟着买什么,还把多年来的伟大战利品全搬出来给我看,大部分的物品都只花几块钱就买到了。衣服新或旧,对我就没有像对她那样有吸引力,所以我通常会去逛古玩区。这个特殊的星期六,我们在某一个车库清仓大甩卖中买了一袋又一袋的衣服,大部分是贝琦的。我晃到别的区域,看厨具,然后是一箱箱的书籍,然后是二手玩具,然后是工具,然后是瓶瓶罐罐的东西。当我看完所有看得到的东西,并回头去找贝琦时,发现她仍在衣服区,于是我再度晃到别的地方。

晃着晃着,我巧遇一个小女孩并和她聊了起来,显然她是那些正在出售的玩具的主人。她看起来大约十岁。我们讨论:因长大而不再令人感兴趣的芭比娃娃,以及你也许仍然喜欢那些娃娃,却再也不需要芭比那个粉红色塑料露营棚时,那么,你该怎么处理。她告诉我她打算将她的东西卖十块钱,好让她可以买一个珠宝盒。我告诉她我很遗憾没能买下她的任何东西,因为我想要寻找的是男孩的玩具。

她是个天生的小企业家,当她发现我没有看到任何我喜欢的东西时,她想要知道我是否想要看看她留着隔天要出售的东西,东西就放在后面。

那些等着要出售的东西是装满一个硬纸箱的儿童录像带。我俯身翻看,就在那个时候,我看到了它:希瑞,魔力公主。我拿起那卷录像带。

"这个多少钱?"我问她。

"五毛钱。"

成交。

星期一,吃完午餐后,距离下午上课还有半个小时,于是我收拾我的东西,到楼下操场去找薇纳斯。

她就站在她的墙边,没有在她的墙上。虽然上学期间校方不允许她爬上那道围墙,但她会靠着它。她的大部分户外时间几乎都是那样过的。

我非常清楚无须费心喊她过来。我越过操场朝她走过去,在她前面蹲下。"你要不要到里面来呢?我有很特别的东西要送给你。"

她注视着我,我微笑着。她没有回应。

"猜猜看是什么?希瑞漫画耶,在录像带上哦。我想,如果你想要的话,我们可以现在上楼到教室里去看那卷录像带。"

没有回应。

希望她在喧闹的操场上回答问题是很不实际的期待,我索性站起来并伸出我的手。"来吧,我们去看。"

她一动也不动。我弯身拉起她的手。"跟我进去。"

我们走进昏暗的走廊,爬上长长的楼梯。我打开教室门,但因为我们要看录像带,所以我并没有打开灯。我越过教室来到我的桌前,拿出那卷录像带。从带夹中抽出录像带,把它递给薇纳斯。

"看到没?就是这个。你以前有没有看过任何希瑞的动画?"

没有回应。

我拉出放置电视机与录放机的柜子。"我们把它拉过来这边,这样我们就可以坐在阅读区的沙发上。"我将柜子推在我的前面。

薇纳斯依然站在门旁,手中仍拿着录像带带夹,看着前方的图片。

"过来。"我说,回到她站的地方,并把她带到阅读区。我打开录放机与电视机,然后坐下来,将薇纳斯抱到我的大腿上,伸出双臂搂着她。

台词其实十分平常,说的是某个海盗在遇到在艾斯瑟拉星球上为反暴力而战的阿多拉之前,只要能够赚到钱,他愿意为任何人做事。就在那个时候,他体会到他真的想要做一个好海盗,也想离开恶魔,去为自由的艾斯瑟拉星球效命。当阿多拉借由一曲非常易记的旋律在缤纷的灯光中将自己转变成希瑞时,加冕时刻来临了。当看着转变过程时,我可以感觉到薇纳斯的小小身体紧绷着。她的手指抓着我的牛仔服布料,向前坐,深深入迷。

带子上还有第二部动画,可是我们没有时间看。只剩七分钟上课时间就要开始了,于是我起身关掉录放机。

"很好看,对不对?你喜欢吗?"我问。

薇纳斯非常小心地点点头。

"来,"我说,把码尺递给她,"我们要不要来练习变成希瑞呢?就是旋转并把剑举起来的动作。我来唱那个旋律,好吗?"

薇纳斯毫不犹豫地高举着码尺并开始旋转起来,我随之哼着旋律。

"对,很棒,可是你忘了一件事。你忘了说'赐予我力量吧!我是希瑞!'我想,没有说那句话是不会有效果的。来,再试一次。我来唱'希瑞!希瑞!'"

薇纳斯再次高举码尺,并慢慢地旋转身体。我看到她张开嘴巴,可是听不到任何声音。

"来,再试一次,我想你要大声一点才行。就像这样:'赐予我力量吧!我是希瑞!'"我喊叫着。

薇纳斯瞪大眼睛。

"你可以很大声地说吗?"我问,"现在换你来喊。"

"赐予我力量吧,我是希瑞。"她说。

"嘿,对了!就快要可以了。你可不可以再大声一点点呢?"

"赐予我力量吧,我是希瑞。"她说,还是很小声。

"大声一些。"

"赐予我力量吧,我是希瑞!"她说,这次的声音已快接近正常。

"还差一点点而已,再大声一点点。"

"赐予我力量吧!我是希瑞!"她说,已到正常音量的程度。

"太棒了!你真的很棒!你可以做到的,对不对?现在,我们再从头来一次。来,把剑举起来,旋转。别忘了剑要举高,让我们看你变成希瑞公主!"

薇纳斯高举码尺并旋转,而我唱着:"希瑞!希瑞!"

薇纳斯把码尺往空中更高举一些。有一股踌躇的味道开始弥漫,随后紧绷成一种沉默。然后,突然,"赐予我力量吧!"她口齿清楚地说。

"哇噢!"我的双手拍着我的脸颊。"你成功了!希瑞公主!就在我的眼前!"我伸出手将她抓向我,搂着她紧贴着我的身体。

薇纳斯咯咯地笑。

接下来几天,我们两人便利用午餐时间看录像带。一旦薇纳斯知道我们要做什么,她便会自然而然地跟来。她依然不愿贸然以越过操场走向我的方式宣示她的忠心,但相反的,她开始在门边流连,等候我。到了第三天,当她从门的玻璃窗瞄我时,我看到她的唇间有着淡淡的微笑。

我想，我和她一样对我们的午餐约会充满期待。我感觉到我们正在冲破瓶颈，于是将大多数的空闲时间用来思考下一步该怎么做。我能对她要求多少呢？她又能做到多少呢？

我同时也花很多时间思考导致她极端不回应的原因，因为即便是现在，我仍觉得事情很不寻常。她明明能够讲话，但她却是如此坚定地不回应。

我依然没有听到她自然地开口说话。现在，当我们两人独处的时候，薇纳斯偶尔会开口说话，或者，她若不是含糊其辞地说"是"或"不"，便是不停重复某句我要她说的话。在我的心里，这样还不到正常说话的程度，迟缓的恶魔依然纠缠着我们的活动。因为薇纳斯过度的没有响应，以致我们根本不可能进行任何类型的评估测试，诸如魏氏儿童智力量表测试。自然地，我们不知道，她不讲话有可能就是因为她没有足够的智商，或者因为她的大脑受损，或失语症，或者其他数不清让我走进死胡同的事情。

某天中午，正当我吃完三明治，准备下楼去陪薇纳斯看录像带时，鲍伯相当讥讽地对我指出这个问题。

"你真的是一个最令人惊奇的人物，你知道的，对不对？"他说。

我正在收拾我的东西，听到这话，我一脸困惑地抬头看他。

"你的付出得到如此稀少的回报，"他轻弹他的头，示意着教室里的某个人，"我指的是薇纳斯。"

"她有回报的。"我回答，有那么一点点的自我防卫。

他扬起他的眉毛。"少来了，桃莉。"他不相信地说。

我望着他。

"你大可不必对我说谎，我也是怀着理想主义一路走过来的，我们两人的血液中都有着60年代的热情。拯救世界，全是胡扯！我一生都在膜拜这个，可是现在我们两人都清楚我们的情势，他们肯定不会与我们站在同一阵线。"

这番话激怒了我。"所以你到底想要说什么？说我不应该做这件事吗？"

"不，我只是说你投入那么多时间与精力在一件可能没有什么回报的事情上。"

"我不认为那是一个我应该做的价值判断，鲍伯。"

"或许我们可以用另一个角度来看这件事。每个人都选择了他们自己的战场，桃莉，"他说，"当我说到关于60年代的热情时，我指的是我们两人当时所抱持的满腹理想。当你和我开始一起工作时，我们觉得我们可以解救这个世界。可是事实是，我们不能。这点你应该很清楚，我知道你清楚。我知道这一路走来，你的理想已剩下不到一半。"

"我是很理想化，"我说，"比理想化还要理想化。"

"那正是我所说的。就理想上而言，你在这个案例中永远无法得到太多的成就，而我看到你正在剥削你自己，我知道你利用你私人的时间来辅导她。"

"那么就再帮我多请一个助理，让我的教室里有足够的助手，这样我就可以适度地照顾到每一个孩子，因为我现在根本就做不到。我无法在上课时间内教导这个小女孩，所以如果不私下教她，我要怎么照顾其他几个孩子呢？"

"不，我的意思是，"鲍伯带着激动的语气说，"是指……"

"这一个不值得救。"我说。

"不对，让我把话说完。我的意思是我不愿看到你过度剥削你自己。我无法再帮你找另一个助理，你和我都很清楚你应该有另一个助理，可是那根本就是痴人说梦，因为我们没有经费。我们所能做的也就只有这样了，所以令人悲伤地，那意味着我们得挑选我们的战场。"

"我可不那样认为。"我说并拿起我的东西转身离开。

与鲍伯的这番对话令我感到很不悦。我经历够多，也很实际。可悲的是，人必须做出不同的选择。我没有痴心妄想到要"解救"我所教过的每个孩子，因为根本没有资源可用，也没有时间。而且在某些案例上，我根本就不是适当的人选。可是我极度憎恨鲍伯口中的那种暗示，猜测薇纳斯应是被列为一个智商很低的人，或者让她"回归"正常必定旷日废时，这样的观点在我看来是一种歧视，无异于是社会经济阶级或种族上的歧视。我根本就不认为这是我应该有的一种判断。只要薇纳斯有响应，我就有充足的理由继续对她下功夫。

而且她真的响应了。在没有开灯的教室的这种私密中，在一个漫画公主的身影中，我们慢慢地开始建立起一层联系。

"来，你要自己去把录像带放进去吗？"某天下午我问她。

薇纳斯站着，她的眼睛瞪得越来越大。

"你不知道要怎么放吗？过来这里，我来教你。"

她犹豫地走向录放机。

"来，拿着带子，然后把它推到这里面。看，就这样。"我示范着。然后我把带子退出来。"现在，你来试试看。"我把带子放到她的手里。

薇纳斯带着惊讶的表情低头看着录像带，好似它是一个极端不寻常的东西。

"把它举高到这里。"

她抬头看。

"举高，这里。"我伸手到她的手肘下方将她的手臂推高。"现在，把它放进那个缝里。"

她没有动，我伸手握住她的手并移向机器。"来，把它推进去。"我引导着她拿着带子的手一直到带子被推进缝里。"很好！那样就对了。现在，你试试看。"我再把录像带退出来，并递给她。

薇纳斯犹豫了非常非常久，然后，她缓缓地举起她的手，并轻轻把带子靠在录放机缝口。

"很好。现在，把它推进去。"

她并没有使力，所以并没有把夹缝推开。

"再用力一点推，你没有把那个夹缝推开。"

薇纳斯更用力地将它压抵在夹缝口，可是还是没有推开。

"再用力，你已经快成功了。"

薇纳斯继续使力将它压抵在夹缝口。又是一阵漫长的奋斗，事实上，长到连我都觉得我们可能做不到。可是我只是等待着，并且面带微笑。

她犹豫着。然后，终于，她小小使力一推，把它推进去了。机器开始有了生命,随着录像带开始旋转,电视屏幕上闪烁着动画画面。

"哇噢!你做到了耶!你独力完成了这一切,对不对!"我喊着,并且给她一个大大的拥抱。"哇噢!希瑞公主耶!"

薇纳斯露出微笑。她不只是微笑而已,她的脸绽放出一个灿烂的笑容,露出掉了两颗门牙的上排牙齿。

我们两人都开怀地笑着。

23

让宝剑诞生的美劳课

"我来帮你画一把剑,我们再把它剪下来,然后你在剑的手把上粘上珠宝……"

虽然我去薇纳斯家做了家庭访问,也和她的母亲及丹尼谈过,但薇纳斯仍然没有规律地来上学。这令我感受到极端的挫败。我们总是共度两或三天美好时光,然后薇纳斯又不见了。在她消失的时候,不论我们已经有多么大的进展,总是不可避免地会倒退一些,即便她只是消失一天而已。例如我好不容易终于让她越过教室,隔日她又不见踪影,然后她回来上学的第一天,又得陷在让她越过教室的过程中。如果她已把录像带推进录放机里面,可是隔天她没来上学,那么她回来上学的第一天便又陷入教她把带子放进机器中的过程中。这样的情形不断重演。

"这个问题一定得解决。"我对鲍伯说。

"我知道。"鲍伯回答,一只手抹过他的脸,暗示着挫败感。

鲍伯心里的确有数，他真的试过。他派教区的旷课官员到薇纳斯家里找她的父母，告诉他们让薇纳斯去上学是他们的责任。他不知已通知社服单位多少次，甚至还报了警，警方还派了位女性警官到她家去调查。只是，在经过这一切的努力后，沟通似乎依然无法见效。后来我们才知道：警官已经去了她家，那是我们得到的回复，但是他们并没有告诉我们那位女警官是否见到薇纳斯；旷课官员已经去了她家，但是他们并没有告诉我们，当旷课官员到她家时，她家中空无一人；社服单位已经去了她家，但他们并没有告诉我们，事实上那天正好是那位社工人员最后一天工作，而她并没有在离开她的工作并迁居他州之前把表格填妥。这样的情形层出不穷。所以，虽然正确的步骤已经实行，却一直未得到彻底的执行，当局也束手无策。所以当时，我一点也想不透为什么我们无法让薇纳斯继续来学校上学。

希瑞动画已经很久没有在电视频道上播出了，但是我决意找到更多录像带。于是我和贝琦利用好几个星期六早上的时间，进行她所谓的"车库清仓大采购"。我利用这个机会又找到了半打希瑞动画录像带、两三本希瑞图画书以及其他约十本的漫画书。

薇纳斯与我固定利用午餐时间一起看动画。现在薇纳斯会在通向操场的那道门旁等我吃完午餐后去接她，然后，无须指示，她会主动随着我上楼，协助我把电视机推过教室，独立把带子放进机器中，然后走到阅读区与我一起靠在抱枕上。她喜欢坐在我的大腿上，并且，若是我的动作不够迅速的话，她还常常会拉我的双臂去紧紧地抱着她。

下午的下课时间里，我们开始角色扮演的活动。薇纳斯扮演的当然是希瑞。在下课的二十分钟里，利用码尺，她六次将自己转变成魔力公主。接着我们演出我们在午餐时间所看到的任何一个动画剧情，或者漫画中的某一幕。这些通常都是一些非常非常简单的剧情。她最喜欢的剧情是，由我假扮恶魔猫的角色，悄悄地从低矮书架的另一端偷袭她。

"我来了！我将要摧毁希瑞，喵喵，然后艾斯瑟拉星球将会属于我的。"我说，假装非常邪恶地匍匐前进。

薇纳斯觉得这个很好玩。她会挥舞着码尺，又笑又尖叫的。在玩了几次之后，她开始鼓起勇气来追我。她还无法撤除防卫到能够实际奔跑追逐，可是她绕着教室走路的速度越来越快，想要用码尺点到我。

那是种低层次的游戏，那种你也许会和三岁或四岁小孩子玩的游戏，却能引发她开怀的笑声。我没有试着更进一步，没有试着催促她说话，没有刻意让这个玩法变得更适合她的年龄层，没有把它变得具教育性。我唯一想要的是让薇纳斯投入其中，帮助她明白这是一个好的、有趣的、安全的地方。

不幸的是，这些更自在的行为，她一样都没有带进教室里。在茱莉与其他几个孩子的面前，薇纳斯依然是那个一动也不动的发呆孩子。若团体的活动靠近她身边时，我偶尔也会要她自动自发地移动。她会站到我的旁边，或坐到我的腿上，如此一来我就不用去带她并移动她。同时，非常非常偶尔地，她会轻轻地点头或淡淡地微笑。可是这些仍然距离正常十分遥远，大多数时候她只是坐着，一如往常地发呆。

因为如此，我想也许可以做个改变，把希瑞引进教室内。

以往的教学过程中，我一直利用午餐后的时间读自己最喜欢的童话故事——《金银岛》给孩子们听。我每年都这样做，因为我爱书，也因为我发现，任何年龄层的孩子，内心深处都对海盗深为着迷，并可以延伸出许多其他活动。这次，我们决定我们的美劳课程是制作海盗箱。我从附近一家工厂中带来了一大箱五颜六色的塑料屑当作珠宝，还有一些色彩鲜亮的铝箔纸与玻璃纸以及其他一些闪闪发亮的东西，将它们制作成俗丽的宝藏箱。接着我们利用燕麦盒子来做箱子。男孩们当然都兴致勃勃地制作着，而薇纳斯，当然，只是坐着。

在确定男孩们都专心做手工之后，我拿出我从一个苹果纸箱上裁下来的一个大块硬纸板，并将它带往薇纳斯的座位。

"你知道我在想什么吗？"我说，同时拉出一张椅子坐下来。"我在想我们不要做宝藏箱，你真正需要的是一把魔力宝剑。我是说我们一直用码尺假装宝剑也可以，可是我觉得我们应该有一把真正的宝剑，一把只属于你的剑，对不对？"

薇纳斯的眼睛睁得又圆又大。

"我在想我们可以利用这块厚纸板。我来帮你画一把剑，我们再把它剪下来，然后你在剑的手把上黏上珠宝。你觉得怎么样？"

薇纳斯的脸亮了起来，非常非常轻地点点头。

我在厚纸板上画了一把剑，并将它剪下来。我拿来银色的铝箔纸，教薇纳斯如何将它粘贴在剑柄上，将它黏成一把闪闪发亮的宝剑。一开始她不愿试着去做，我陪她坐着，牵起她的手，拉着她将铝箔纸放在硬纸板上并压平。此时茱莉在教室里绕着，帮助男孩们做手工。

随着下午时间的消逝，薇纳斯慢慢地融入。她为刀柄选择一些色彩鲜丽的包装纸，我帮她粘上，然后她独立制作，小心翼翼地从我倒在她桌上的一堆塑料屑中选择"珠宝"材料，并将它们粘到剑上。

我起身巡视时，薇纳斯继续她的工作。她非常沉醉其中，动作紧绷且压抑，给人一种高度专心的印象，好似她正在雕塑一个绝美的经典作品。当她把塑料屑、金属片粘上刀面时，真的做出一把金碧辉煌的剑。在制作过程中，她从不曾抬头或转头看一眼其他人在做些什么。她只是低着头，肩膀前倾，不停地装饰着她的魔力宝剑。

茱莉是我这堂课上美中不足的地方。

那天放学后，我们擦拭桌上的糨糊，并捡拾地上的小纸屑时，她说："我不确定我对这个是否能够感到自在。"

"对什么东西感到不自在？"我问，不知道她到底在说些什么。

"你对薇纳斯使用动画的事情。鲍伯知道这件事吗？你曾和他讨论这件事吗？"

我没有和鲍伯讨论这件事。我通常不会和我的校长讨论我的课程计划，所以我想都没有想到要和鲍伯讨论这件事。我很生气，不只气她随意暗示我不知道我在做些什么，同时也因为我是这间教室的导师而她是助理而生气，因为不断质疑我的教学计划并非她的责任。

"那困扰到你了吗？"我问。

"你不觉得那并不是一个非常标准的教材吗？我是说，那整个系列是设计来销售玩具的，根本就是疯狂的消费主义。那些角色都不具有深刻的价值，难道就不能选择其他比较……嗯，比较有'教育性'、某些更不具暴力性的教材来刺激孩子们吗？而且……"

"而且什么？"

"呃，以薇纳斯的例子而言，某些文化性的东西会更适合。薇纳斯是个非裔美籍小孩，我们有权利塞一个金发、胸大无脑的白种女人给她吗？"

坦白说，我没有想过这个问题，我唯一的目的就是让薇纳斯融入其中。当她的第一个动作是和我一起从书架上挑选一本漫画书时，我其实已兴奋得顾不了那么多了。

"茱莉，我其实是个挺"色盲"的人，我已不记得最后一次注意到薇纳斯的肤色是什么时候的事了。"

"可是那并不是"色盲"的问题而已，桃莉，那根本就是"眼盲"。我们是如此习惯于从白种人、盎格鲁—撒克逊人①的角度来思考事情。你从不怀疑给予这个女孩这些角色模范是否适当，因为你理所当然地认为我们的文化是正确的。可是如果你真的是色盲，你就会公平地拥抱所有肤色的女英雄与角色模范。"

"你这种我为了不要在意某人的肤色而去注意她的肤色的论调，在我听起来十分不合理，"我说，"薇纳斯的肤色并不重要，就像她头发的长度或是她衬衫的质料一样的不重要。我之所以选择那个教材，因为那是她显出最感兴趣的东西，而我的目的只是单纯想再度唤醒这个孩子，因为当她走进这个教室的时候，她就像个行尸走肉。所以，如果她对猪肉罐头感兴趣，也许我也会选择猪肉罐头。我就是要随着她

---

① 盎格鲁—撒克逊(Anglo-Saxon)是一个集合用语，通常用来形容5世纪初到1066年诺曼征服之间，生活于大不列颠东部和南部地区，在语言、种族上相近的民族。他们使用非常相近的日耳曼方言，被历史学家比德认为是三个强大的日耳曼部族后裔。——编者注

的兴趣方向走，'文化上的适当性'从不曾在我的脑海中出现过。"

"是的，我知道，所以我才会这么说。"

又一阵的沉默。

"我这样说并不是要泼你冷水，桃莉，"她说，"我知道我们老是意见相左，但我并非故意如此。我真的很羡慕你工作的方式，你是我见过最最随兴的老师，可以就地取材地教学，没有任何准备地教学。我永远都做不到那样，必须在计划簿上详详细细地做好每一个细节的规划。可是有时候因为事情实在太随兴而变味了，我觉得也许你没有注意到所有的层面与角度。我的意思是说，难道你就不能帮这个女孩选择一个非裔美籍的女英雄吗？某个让她在身份上可以引以为傲的人物？譬如说，罗莎·帕克斯[①]？"

"罗莎·帕克斯取代希瑞？"我问，希望我如果提高声调，会让她感觉到自己的荒唐。

她不但没有那样的感觉，反而坚定地点点头。

"她们是完全不同属性的，茱莉。我认为罗莎·帕克斯是梦幻的人物，也是一个很棒的角色模范，可是她就是不能与希瑞所做的事情类型画上等号。她甚至不是希瑞，希瑞是个强而有力的人物。"

"你认为罗莎·帕克斯不够强而有力？"茱莉回答。

我愤怒地叹了口气。"是的，她当然是，可是是不同的方式。她并不是漫画书中的超级英雄，而此刻我们需要的就是一个漫画书中的超级英雄。"

[①] Rosa Parks，黑人妇女，因拒绝配合在公交车上让座给白人的歧视规定而被尊为"人权运动第一夫人"。——编者注

"为什么？为什么是一个不切实际、一个薇纳斯一百万年都不可能变成的漫画书角色？为什么不是一个她真正能够投射的模范角色呢？"

"因为我觉得她可以像希瑞。这些都是特质，茱莉，它们与文化或种族或性别或任何那些无聊的借口无关。这些是每个人都能够做到的特质，都是人类特质，而这些特质很容易在漫画角色上、一个超级英雄上看到，只是它们被夸大了，如此才更容易知道他们真正的人格，知道该如何学得那些特质。那就是我目前想要的。"

"我无法认同你的看法。"

我拾起我已收拾好的纸屑，走过教室将它们扔到垃圾桶里。"我可以理解。"我说。因为我真的可以理解，我们分属不同的星球，这是一场南辕北辙的对话，我不知道该如何改变那样的差异。

那场对话令我困扰不已。学校早已放学，茱莉和我也各自分道扬镳，但那些对话仍不断在我脑中回荡。难道只因为我让薇纳斯接触的是白人超级英雄，我就是个不自觉的种族歧视者？在那个人们会变成粉红色猫的艾斯瑟拉星球上，希瑞的世界是否在意肤色呢？事实上是，我认为茱莉才是个种族歧视者，因为她局限了薇纳斯可以喜欢的东西，因为她说："对你而言，唯一适当的角色模范是那些看起来像你的人们，即使在你的想象中也是如此。"可是事实是，我真的不知道这个问题的答案是什么。

茱莉所说的话对我造成一些负面的影响。第二天，我不再那么自然地进行我们的午餐动画录像带观赏。我现在不停地注意谁的皮肤是什么颜色，问题是，在艾斯瑟拉星球上，许多的角色根本就不是人类。

除了人类之外，还有机器人与紫脸巫婆，还有彩虹颜色长得像猫头鹰的东西，它们借由振动耳朵的方式飞翔。但是好人——阿多拉，希瑞，她的男朋友保，她的朋友葛林姆，亮月，还有佛拉持莉娜……全都是白人。不过，正如它的不完美，希瑞的世界让我坚定对薇纳斯的立场。她专心地看着动画，那小小的身体随着动画人物的动作而紧绷。当我紧搂着她时，她会把我的手臂拉抱得更紧并对我微笑。看完动画后，我们便去找她的魔力宝剑。前一日美劳课程结束后，我们把她的魔力宝剑放在后面的柜子上晾干。

薇纳斯走在我前面去拿宝剑，她的动作丝毫不见犹豫，那一刻的她就和任何小女孩没有两样，跑去拿一个自己最喜欢的东西。拿到宝剑，她高高地举起。

"哇噢！看看那把剑！是魔术还是什么？"我说，"我们来看你变成希瑞。"

薇纳斯握着剑指着上方，闭上眼睛并开始旋转。"赐予我力量吧！"她高喊。

"哇噢！变得太成功了！"我说。

薇纳斯试着挥了挥剑。

"过来这里，"我说，将她拉到穿衣区的全尺寸穿衣镜前面，"看，你有没有看到那把神奇宝剑有多么棒？"

我让她站在我的前面，一个有着散乱头发和黑色皮肤的小女孩，她的衣服又破又不合身，鼻子的皮肤粗糙，嘴巴两旁还有溃烂的伤口。

"你是不是很漂亮呢？"我说并对着她镜中的身影微笑。"看，那把剑让你变得和希瑞完全一模一样，对不对？你不这样觉得吗？"

她的眼睛闪烁着，微笑慢慢在她的唇际泛开，她点点头。

"在镜子里面，我看到了那个真正的魔力公主，那个真正知道如何使用魔力宝剑的人。"我蹲下来，伸出双臂搂着她。

"你知道我在想什么吗？"我语气亲密地问。

薇纳斯疑问地扬起眉毛。

"我在想，若是你今天整个下午都保持希瑞的身份，不知道会怎么样？"我问，"当其他孩子来时？"我希望这就是她所需要的那股魔力，借此以鼓起勇气与班上其他小朋友讲话和互动。或许有魔力宝剑在身边，她会冒险一试。

她眼中的表情些微改变，焦虑覆盖了喜悦。

"如果你想要的话，你可以把魔力宝剑带在身边，就放在你的桌上。你觉得怎么样？从现在到下课之前，好不好？那段时间你可以扮演魔力公主。"

冗长的沉默随之而来。薇纳斯一直盯着镜中自己的身影。我看着她，她变了。没有一个动作，没有一句话，那股喜悦已完全离开她。

"你不想那样做？"我说，与其说这是个问句，还不如说是个宣言，可是我要她知道她是可以做选择的。"没有关系。"

她摇摇头。"不。"她说，这倒令我颇感吃惊，因为我没有料想到她会开口说话。

"我不想。"薇纳斯非常轻地说。

"没有关系，那只是个提议而已。如果你不想，就不要，由你自己决定。"

她看着我镜中的身影，眼中的乐趣已经消失无踪。

"那是不是让你感到很害怕?"我问。

她点点头。

"害怕什么呢?那几个男孩吗?"

她没有回应。

"男孩们吓到你了吗?我知道男孩们很吵,也很粗鲁,可是他们并没有想要伤害你的意思。你在这里很安全的,我不会让任何事情发生的。"

她摇头,我不是很确定这动作所代表的意思。

短暂的沉默之后,她说:"我又不是真的希瑞,那只是个游戏。"

"我懂了,"然后我点点头,"是的,你说得没错。"

"那让我觉得很害怕。"

"我听不太懂,"我说,"你可不可以解释得仔细一点?"

一阵长长的沉默。

"我不是真的希瑞,不是真正的。"

"的确不是,因为她只是假装的,不是吗?她只是一个漫画人物。可是关于她的特质——坚强又懂得做好事,那些特质都是真的。你身上也有那些特质,真的。你有,就在这里。"我拍了拍她的胸部。"当我们拿着这把剑假装是她时,我们就会让那些特质发挥出来,因为它们原本就是真的。在你的内心里,就像希瑞一样。"

薇纳斯摇摇头。

"是的,你是的,"我说,"你有很多内在的美德,薇纳斯。"

薇纳斯更用力地摇着头。"不是。"她说。

"嗯,我可不这么认为,因为我在你身上看到那些美德。我并不是唯一看到的人,汪达也看到了,不是吗?所以她才会喊你'漂亮孩子'啊。"

"不,她只是随便说说而已,因为只有智障才会那样说。"

我吃惊地看着她。"是谁那样告诉你的?那不是真的。"

她手上的宝剑掉到地上,并任它躺在那里。她的眼睛罩上薄雾,那个空洞的表情又回来了。

我低头看着厚纸板宝剑,有事情发生了。我粗心地毁了某件事情,可是我不确定那是什么事。

24

比利的嘉年华会

"你们会来吗?"比利问,"时间是下星期五晚上。"

那是我第一次与薇纳斯真正地对话,在那一刻之前,我从未曾和薇纳斯有这么多的对话。直到那一刻,我才全然理解到底是怎么一回事。

一方面,我感到很震惊。它解开了如此多的疑问,例如,显然她能够正常地讲话,她的语法与词汇都是能够接受的,她所表达出来的观念也是合理的世故。虽然无法完全排除她可能发展迟缓的疑虑,但我们之间的对话内容绝对是一个七岁小女孩的正常范围。所以,即便她是迟缓,也不致严重到汪达的那种困难程度。这是正面、可贵的消息。

另一方面,我感到很悲伤。这个对话证明了她是一个压抑、不快乐的小女孩。

然后，当然，隔天她又没来上课了。

* * *

在所有学生中，进步最明显的就是比利。学年开始之际，他是"无所不在"的——浮躁、狂野热情、吵闹、易爆发脾气、无法长时间将他自己的注意力集中在任何事情上。他的功课糟糕得令人惊讶，因为他老是坐不住，以致永远无法乖乖把功课写完。他那无法控制的热情给人的感觉绝对不是迷人，反倒是厌烦，因为他对所有事情都充满热情、爱出风头，而且不理会别人的感受。他讲话很大声且常常很激动。他缺乏幽默感，但通常喜欢以夸张的言辞来表达自己的观点，并且将不精彩的发言者截杀出局，以致往往不等比利把笑话讲完，大家便已没了兴趣。

在教区对学生进行的评估中，比利是少数几个测试结果优异的孩子。虽然先前他只被认定为麻烦制造者，但后来却都发现他是个极具天分的孩子，这让我有了具体教导他的构想。推翻他是一个反应不佳、能力不足的孩子假设之后，我着手为他寻找一些可以让他发挥的东西。这份任务一开始确实困难重重，因为比利的学业实在跟不上他同年龄的孩子，于是，在必要的时候，我会想到一个跳过这些技术的方法。例如，允许他参与那些会令他更投入的方案。茱莉和我则将大部头的资源教材，诸如百科全书，录到卡带中。或者我会带着他以录音的方式而非书面记录的方式去做人物专访。我寻找有趣的领域，知道他若有天分，它们必然就藏在某个地方。可是这实在太难寻找了。他对所有事物疯狂又反复的态度意味着，他虽然以同样的热情追求一切事物，但却无法对任何一样坚持到底。

然而，真正转折点是我们的交通信号制度。他是一个如此冲动、慌张而不镇定的人，行为修正方案的缜密结构似乎第一次给了比利内在自律的必要架构。他热衷于这个新的而非严厉的规定，即便如此，要他自律仍然很难。虽然他非常热情地参与，也非常积极地赢到糖果与星星，但他一直是所有孩子中最难管理的一个，就连双胞胎都比比利更早学会如何常保绿灯。不过最后比利还是做到了，而且还深以此为傲！

我在比利身上发现我先前所没有发现的是，他是那种一旦学会某种东西，就会钻研到底的人。一旦他熟悉在下课之前将时间切割成段，包含坐着与做功课，配置时间段意味着站起来并到处走动，他很快地便能够将它归纳到下课后的时段，然后归纳到一整个下午的时段，最后归纳到他一整周的剩余时段。一旦他弄清楚制度内容，他的行为也就变得越来越可信赖。

我发现他这种处理事情的方式极有趣。对比利而言，永远都有清楚的"咔嗒"（理解之意）一响。可是他不只理解而已，还逻辑性地去体验它。不只是意识上，也是逻辑上——这一部分连接到那一部分，而那一部分又连接到下面的部分，而全部连接在一起便得到这个结果。我叫他坐下做功课，告诉他一旦他做了二十分钟的功课，就可以站起来，拥有自由活动的时间；这个方法无法贯彻。看到以交通信号在黑板上所标示出来的正常作息内容，并体验到规律的二十分钟做功课，十分钟自由活动，就意味着交通信号依然停留在绿灯；这个方法一样无法贯彻。他不停地说，"为什么？""结果如何？"可是最后，当他体验到它，讨论了它，将它写下来，以全方面的角度思考它，并反过来对我解释了六次之多时，他的脑筋突然"咔嗒"一响，霎时，他明白了他应该有的正确行为，以及每个个体的行为如何诠释它的意义，从那个时候起，他算是真的成功了。

有了这个新发现能够让他具有乖乖在他的座位坐上二十分钟的能力之后，比利的功课开始有了惊人的进步，尤其在阅读方面，进步的程度更是远远超越他的数学。这样的进步自有其回馈：他终于有了他感兴趣的东西。只是比利毕竟还是比利，对一般同龄孩子的嗜好不感兴趣：他第一个感兴趣的东西是花朵。

有一天，他带来了一本关于郁金香的漂亮绘图书。我不知道他从哪里取得那本书的，因为我知道比利的家境并不富裕，不可能买得起如此昂贵的书籍。比利很爱这本书，里面有极多精美的手绘郁金香图画，包括花苞与花朵的解剖图，这些图片让他深深着迷。我注意到这一点，因而带来其他书籍。我大学时曾主修过生物学，所以我把我一本植物学教科书带来，对比利解释着我们如何解剖花朵，并分解各个部位。完成之后，我们就做笔记，并将我们所看到的绘制成图。这令他更为着迷，他也想要试试看。由于这时，户外并没有多少花朵可供解剖，于是茱莉将展示在她教堂里的隔夜鲜花带来教室。比利小心翼翼且极端专注地花了半个早上来"解剖"花朵，并将他所看到的一切详细地绘制下来，极度谨慎地分出雄蕊与雌蕊等东西。

我发现，这一进步的结果，使得在这一学年结束后，只要我们能够相对保证将他安置在结构性的方案中，比利就可以回到正规班级上课了。为了帮他准备好这件事，鲍伯和我决定试着让他接受主流教育，让他每天抽出一部分时间到学校的某一正规班级去上课。不过，问题随之出现。该把比利放到哪里呢？他就快十岁了，所以他应该进入四年级的班级，然而他整体的学业表现又比较适合进入三年级。所以，虽然他的年纪大了一些，智商极佳，但应该还是让他进入三年级就读吗？这好似我在给自己找麻烦。在学业上他的确只到那个程度，可是他正在稳定地进步。不可避免地，如果把他安置在比较年幼的班级，他在学业上似乎很快就会超越他们的程度，而我真的相信，这种缺乏挑战环境必定会让他的行为再退回到过去的模样。于是我放手一搏。邻近的某一所学校有专为有天分的孩子设立的资优班，他们让孩子们跳级求学，所以我建议比利去那里就读。并不是一整天，甚至不必每天。我和那个班级的老师有点认识，我知道一周有两个下午她允许她的学生做自己感兴趣的特殊方案。比利是否可以在那两天下午过去加入他们的课程？

这项提议令鲍伯严肃地扬起眉毛。把一个学业程度极差的行为异常孩子送到资优班？把一个连读和写几乎都不会的九岁孩子，送到一个程度可能高达10年级的班级里？他惊异地对这个鲁莽想法摇头。然而，这个想法却很吸引他。他和那名老师联络，我们开了一次会，她又来见了比利一次，而比利，一如对任何事物一样，充满了喜悦与热情。最终，她很乐意比利每个星期过去上两个下午的课程。

事情就这样顺利解决了。虽然事情听起来很不寻常，但总能解决，而这次真的圆满解决了。带着他的郁金香书籍和笔记本，在那第一天的下午，比利勇敢地离开了，毫不犹豫，毫不担心该到何处去找洗手间，或者担心校车司机是否会忘记去这个不同的学校接他回家。"我要去我的特殊班级了。"他在午餐的时候告诉杰西。

"你已经在特殊班级里了。"杰西提醒道。

"这一个不一样。"比利回答。

"为什么不一样？你是不是做错了什么事情？"

比利耸耸肩。"没有，那也许是我接下来年级要读的班级。反正谁知道呢？"

"可是，为什么你要去读一个不一样的特殊班级呢？为什么你不干脆留在这个班级就好了？"

"这另一个班级是给那些想要做特别事情的孩子读的，那个老师是那样说的，史普兰太太，那是她的名字。她说如果我想的话，我可以一整个下午都研究郁金香，而其他孩子整个下午就做他们自己想要做的事。"

"那是什么样的班级？"杰西问，"那是学校吗？我觉得它听起来一点都不像学校。那是几年级的班级？"

"它没有年级，"比利回答，"就像这里一样。"

"他们也有像我一样的八岁孩子吗？"杰西问，转头看着我，"这是真的吗？他说的是真的吗？"

我点点头。

"你是说他可以想做什么就做什么？有这样的特殊班级？"

"呃，不完全如此，"我说，"他们也要做功课，就像所有其他班级一样。只是比利不用和他们一起做功课，他只有在某些时段才过去。"

"哇噢，运气真好。"杰西咕哝着。

"没错，那就是我。"比利微笑地回答。

就那样,事情进行得很顺利。比利每个星期有两天下午到资优班上课,而且表现十分优秀。他是有那么一点点疯狂,属于比利特有的过动,可是他没有殴打任何人。他没有无法自制地咒骂,没有任何突如其来的激烈举动,没有任何事情凸显出他在那个班级出现行为异常的状况。凯洛·史普兰,那个班级的老师,深具信心能够培育他。虽然孩子们可以很自由地选择他们想要研究的方案,但她是一个天生就极具结构性的老师,并十分强调秩序与承诺,而这样的条件正好非常符合比利的需要。每回去上完课回来,他就变得更快乐也更有自信,我感觉在亲眼看着他成长。

然后,比利很快便开始觉得资优班也是"他的"班级。他的态度没有偏袒,他喜欢与我们相处的时间,对于我们的制度、我们星期五宴会以及其他几个男孩的相伴,也都乐在其中,可是他同时也喜欢他的"另一个"班级,以及他在那里所结交的朋友。因此,当3月来临,他的另一所学校宣布举办一项校园嘉年华这件事情,成了比利唯一的话题。

"知道吗?我的班级在嘉年华会上有一个摊位,"他对我们说,"我们将举办蛋壳游戏,只要付二毛五,就可以猜哪一个蛋是完整的。其实,大部分的蛋壳都是破的,我们会在一个大盘子上装上沙子,再将蛋半插进去,这样它们每个看起来都像是好的,可是真正好的蛋只有一个。你付了钱,你就可以做选择。就算你没有猜对,你仍然有奖品,可以得到一小条糖果棒。但是如果你猜中了,就可以得到一个大奖。"

"譬如什么?"杰西问。

比利耸耸肩。"不知道,他们还没有告诉我们。不过,也许是某个很棒的东西。还有,你们猜怎么了?我必须参加,史普兰太太说的。"

"为什么我们这所学校没有嘉年华会?"杰西问,有一点不高兴。

就在这个时候薛恩站了起来,这个下午,他有点荒唐可笑。他从衣物箱中拿出一顶针织毛线帽戴在他的头上,还将它拉低到他的眉毛处。

"对啊,我知道我们的班级也可以设这样的摊位。"比利兴高采烈地说。"猜双胞胎!猜猜看谁是杰恩或薛恩。"他大笑。

杰西也跟着大笑,并伸手将薛恩的帽子往下拉,盖住他的眼睛。"如果你还一直戴着帽子,那可就一点都不难猜出来了,薛恩。"

薛恩用力打了他一下,但杰西以为那是他在闹着玩,与他扭扯了一会儿,然后放开他。

"你们会来吗?"比利问,"时间是下星期五晚上。我会让你们免费玩一次。"

这番话让杰西很高兴。"嘿,老兄,那还用说吗?我会要我祖母带我去。你只要告诉我这个学校在哪里,我一定会到。或许我会拿下你们的大奖,也许还可能赢两次,我是猜游戏的高手。"

放学后,我问茱莉是否愿意在下星期五晚上和我一起去参加比利学校的嘉年华会。她犹豫着,然后慢慢地点点头,面庞泛起淡淡的微笑。"好吧。"她说,很惊讶我竟然会邀请她。

星期五晚上,当我到茱莉家门前接她时,她一手抱着一个小孩子,另一手提着一个婴儿安全座椅,从屋里走出来。她打开我的后车门,把婴儿安全座椅放到里面。

"这是我儿子,强保罗。"她说,并将小男孩系在安全座椅中。

这一幕令我震惊。相处六个月,我竟然完全不知道茱莉已为人母。我一直以为她还没有结婚,因为她的手上没有戴结婚戒指。可是撇开那个问题不谈,我也不知道她是否有男朋友。她从来不曾提过丈夫或男朋友之类的事情,所以我一直以为她没有对象。同样的,她也从不曾提起过儿子。我惊讶自己对此事完全不知情。为什么我们对彼此的了解竟如此少?我们是从何时开始不再交谈的?显然我们有一段时日不交谈了。

我们抵达时,嘉年华会已人满为患。我一直很喜欢这类的活动,也很遗憾过去所任教的学校都不曾举办过这类活动,因为我喜欢参与策划嘉年华会活动,也喜欢这类活动所散发出来的那种快乐、放松的气氛。

所有摊位都设在学校的走廊中。那是一所十分现代的学校,U字形的建造设计,如此一来,我们得从U字形的一边走下去,然后绕回来再往下走到另一边。

强保罗很喜欢所有刺激的事物。他才三岁,是一个可爱又爱讲话的小家伙,有着一张线条分明的脸庞,深邃黝黑的眼睛。他喜欢拉着我们两人的手荡秋千。他的年纪太小,除了五年级摆设的钓鱼摊位外,大部分的摊位都不适合。那种游戏的玩法是只要把钓鱼线抛到薄板上,对面的某位五年级学生便会在鱼线上绑上一个小礼物让钓者拖回去。强保罗对这个游戏百玩不厌。

我们花了好一会儿才找到资优班的摊位。等我们找到时,杰西已在那里。比利让他帮忙把蛋竖回沙堆中。杰西的抽搐情形十分严重,他又是做鬼脸又是痉挛,但他显然非常乐意能够帮忙。还有另外四个资优班的孩子也在帮忙，以及凯洛·史普兰。

她愉快地向我们打招呼。

"我看到你已经认识我的另一名学生了。"我说并将我的头斜指着杰西的方向。

凯洛点点头。"比利说，'你不可以丢下我的朋友'，所以，嗯，当比利开口时，我们就得多用点心喽。对不对，比利？"她拨弄着比利的头发。

"没错。"比利语气愉快且坚定地说。他伸过手来抓住我的手臂。"来，试试看。这是我和杰西放罩的，试试看。你可以免费玩的，我给了史普兰小姐一块钱，这样我所有的朋友就都可以玩。"

"你真是太慷慨了，比利，"我说，"可是我很乐意付钱。"我拿出一个二毛五的硬币。

"不，我要你玩免费的，"他仰头对我微笑，"因为这也是我的班级，我要你来这里玩得很愉快，我请客。"

"那么就谢谢你喽。"我伸出手，在沙堆中选了一颗蛋。

比利将它拉出来显示它只是一个蛋壳。"哎呀，你输了。可是你并没有真的输，因为奖品是一条糖果棒。你最喜欢什么口味的？我让你选择。"

我选了一条巧克力棒。

我们又待了一会儿，付钱让强保罗玩两次，最后他高兴地两手各握着一条糖果棒。

离开嘉年华会场时，我对茱莉说："你想不想找个地方喝点东西？"

"我其实也很难带他到任何地方。"她说，并对着强保罗点点头。

"不，我不是想去喝酒，只是喝个咖啡或什么的。"

最后我们到附近一家麦当劳，那儿有儿童游戏区可以让强保罗玩。他真的是一个非常可爱的小家伙，虽然那时已经近晚上九点，但他仍精力旺盛，跑来跑去地玩着每一项游戏设施。

"我姐姐认为他是个过动儿。"茱莉说，一边看守着他。"她说我应该把他送到利塔林。她就把她的儿子送到那儿去，他儿子现在六岁，她说那效果很好。"

"那么你觉得呢？"我问。

茱莉沉默了好久，最后她轻轻地耸耸肩。"我不知道。我痛恨药物治疗的观念，可是他真的一刻也静不下来。有时候我晚上回到家时已经精疲力竭，他却有无穷的精力。可是用药物来治疗他绝对是错误的做法。"

强保罗跑回来桌旁。他爬过我，并坐在我另一边的座位中。

"强保罗，当我们那样做的时候，我们应该说什么？"茱莉问，"抱歉。当我们想要越过某人时，我们要说'抱歉'。"

"抱歉。"强保罗没有特别对谁说。他伸手拿他的饮料，抓到了边缘，用力一扯，杯子倒了，可乐洒得到处都是。

"糟糕，"茱莉以她平时冷静的声音说，"打翻了，我们来把它擦干净。"

"我想要那个，"强保罗哭喊着，"给我那个。"他的手伸向茱莉。她给了他另一个饮料，然后起身拿纸巾擦拭他打翻的饮料。

就在茱莉起身的时候，强保罗打算爬过我到座位外面去。

"你何不把饮料留在这里呢？"我提议并在他抓到之前将饮料高举

起来。

"不,"他嘶喊着,"给我!"

"看那边那个牌子,上面写着'不准吃东西,不准喝饮料'。如果你想要玩,就得把你的饮料留在这里。"我说。

"不要!"他可怜地说,并发出生气的声音。

茱莉回来了,她擦干可乐并将湿的纸巾递给他。"来,把这些拿去丢掉。拜托!"

这个请求让他分了心,他拿着纸巾跑开。

茱莉颓然坐进她的位子,并拿起她喝剩的可乐。"他一天到晚干这种事。或许我的姐姐是对的,或许我该带他去检查。"

我心里想的却是更清楚的界线,少一点可乐与糖果,加上固定的上床睡觉时间,也许有助于改变这种情形,可是我并没有说出来。相反的,我问:"他的父亲怎么想呢?他是否给你充足的意见?"

茱莉摇摇头。"他的父亲没有来看过他。"

一阵沉默随之而至,这通常暗示着"说来话长"。茱莉看着强保罗冲向游戏区。

"实情是,"她声音轻淡地说,"我甚至不知道他的父亲是谁。"

我望着她。

"大学毕业后,我花了一年的时间在欧洲自助旅行。那一直是我想要做的一件事,所以我每年暑假都努力打工存钱。我只到过法国,我很喜欢那个地方。我在巴黎待了很长一段时间,然后和几个朋友到里昂待了一阵子,之后是诺曼底,接着又回到巴黎,然后我就怀孕了,"她轻轻地耸了耸肩,"每个人都带着一堆照片回家,我却带着强保罗。"

"哇噢。"我说,那的确令人惊讶。茱莉留着长长的头发,一副童稚模样,她那年轻的容貌,她那安静的举止,就像个清纯的小镇女孩。

"那就是我最后会在学校工作的原因。我需要工作,可是必须是兼差性质,因为我母亲只能在早上帮我照顾强保罗,下午她就没有办法,而那是我唯一能够找到的工作。今年的情况比较好,他可以待在托儿中心,所以现在我才可以做全职工作。"

"我懂了。在这份工作之前,你原本就计划要从事教师职业吗?"我问。

"不,这当然不是我的计划。我主修的科目是历史,可是历史学位能够派上什么用场呢?"茱莉回答并露出凄凉的微笑。她停顿一下。"我对我的人生有着很大的计划。我计划当一名律师,也许是一名政客,州议员。我母亲多年前是一位州代表。你听过她吗?玛格莉特·尼克松!我想,'也许我可以走那条路'。也许当州议员也不错,那似乎更高级。当一名律师,然后走上政途。我非常喜欢政治。可是接着我就去了法国,浪迹天涯看世界,然后带着我的未来回来。"她对着强保罗点点头,他正把游戏区搅得天翻地覆。"而那就是我一切计划的终结。"

我轻轻耸了耸肩。"我也从来没有计划要教书。我主修的是生物,原本打算要当一个野生生物学家,研究黄石公园的熊。我很喜欢黄石公园,我甚至每年都会去那里待上好一段时日,而且我还想一直那样持续下去。"

她的眼睛瞪得很大。"那你后来为什么会从事这个行业呢?"

"我很穷,当我自力更生地读完大学后,刚好有一个教殊教育孩童方案需要人手，于是我走进了那道门，之后就未曾离开。"

"为什么？"茱莉问。

"我报到的第一天，校长说，'有一个孩子你可以教导'，然后他指着一个躲在钢琴下面的四岁小女孩。我说，'我应该怎么做呢？'他说，'你会想到办法的'。我简直吓呆了。我的意思是，我——一个才十八岁又是主修生物的女孩，怎么会知道该怎么做？我就那样说。他说，'至少试试看。就算你犯了错，也仍然比她现在躲在钢琴底下这个样子强吧。不试试看，就永远没有改变的机会'。所以我试了。到了最后，我觉得，再也没有任何事情比这份工作更能令我乐在其中了。"

"你很幸运，"茱莉说，"我们绝大多数的人不会有如此迷人的人生。"

25

漫画带来了麻烦

> 只要能够帮助她开口讲话,它就合适。只要能够将她带出她的壳,它就合适。

接下来那个星期一,薇纳斯又没有来学校上课。这种情形令我很生气,当我交出出勤表时,我在薇纳斯的名字下方画线,并写上巨大且火红的"再次",希望借此引起办公室人员的注意,进而一查究竟。然而,由于还有其他孩子需要照顾,当下我无法进一步查探。

早上下课结束后,我要男孩们打开活页夹做数学功课。大约早上十点四十分,我正在指导杰恩做算术时,传来了重重的敲门声。我起身并朝门口走去。

汪达站在走廊上。她的穿着极不得体,虽然已是3月中旬,气候仍然低于0℃,地上也还积着雪,但是汪达的穿着看起来就像老式的家居服,前面缀着印花棉布,还有一件长袖竖领羊毛外衣,没有外套,没有帽子,没有手套,脚上穿一双粉红色的拖鞋。然而,这不足以和薇纳斯的穿着相比较。她是穿了外套,不过在外套底下,她穿着一件大她身材约三倍的足球衫,以及看起来像是男孩睡裤的法兰绒长裤,她的脚上穿着鞋套,就那样。

"她来学校,"汪达说,"漂亮孩子今天来学校。"

"是的,你把她带来了。谢谢你,汪达,可是今天早上迟到了。"

汪达眼神空洞地看着我。

"你们是不是睡过头了?"

"漂亮孩子来学校了。"汪达回答。

"你的冬天衣物在哪里呢,汪达?"

她露出困惑的表情,低头看着她自己。

"你的手套呢?"

汪达看了看她的双手。"没有手套。"

"记得上次你在这里的时候我给过你手套吗?它们在哪里?"

"没有手套。"

我叹了口气,放弃追问。"好吧,谢谢你把薇纳斯带来。那么,再见喽。"我在汪达的面前轻轻地关上教室的门,她依然站在走廊上。我一手搭在薇纳斯的背上,将她带到我桌子后面的那个悬挂外出衣服的小小地方。

"来,我们来把你的外套脱掉。"

薇纳斯站着,没有回应。

"你能够帮我个忙吗?把你的手伸直,拜托。"

她什么都没做。

我一边抬起她的手臂脱掉她的外套,一边暗自咒骂我自己。这种事情一再地发生，我好不容易才让她有一点点的进步，然后她一缺勤，一切又回到原点。这种情况真的是毫无希望可言。

我蹲了下来。"来，我们把你的鞋子脱下来。"

由于薇纳斯处于完全没有响应的状态，这意味着我得自己抬起她的脚并脱掉鞋子，可是当我抬起她的脚时才发现鞋套轻而易举就脱了下来，因为鞋套里面根本没有鞋子，就连袜子都没有。也就是说，她赤裸着脚。

"哦，我的天啊，"我说，"你没有穿鞋就离开家。"

我抬头望着她，她凌乱地穿着过大的衬衫与薄薄的法兰绒长裤，现在，甚至连鞋子都没有。

"这是怎么回事？难道是汪达不让你穿衣服？"

这令我第一次想到她早上准备来学校上学的情景。我不知道她在家的时候是否也像在学校里一样毫无响应，似乎没有理由不这么认为。果真如此，那么就一定有人帮她穿衣服，因为她不可能自己穿。平日她来学校时，穿着上都还过得去，可见若不是她自己穿，便是有人把衣服交给汪达帮她穿上，再不然就是泰芮帮她穿。不管如何，这样的推理都无法解释今天早上的情况。

"我想你一定得把鞋套穿上，"我说，"天气实在太冷了，不应该在教室里打赤脚。"

我说话的时候，薇纳斯就那样看着我，她的眼神并非空洞茫然。其实她已经很久没有用那种全然空洞的眼神看着我。

在我告诉鲍伯关于薇纳斯迟到一个半小时，而且穿着非常不合适后,午餐时间自然是我们碰面讨论的理想时刻。社服单位现在是什么状况?薇纳斯的哥哥和姐姐们到底又是什么情况?他们也和薇纳斯一样经常缺勤吗?对于汪达又该怎么处理呢?她似乎终日无所事事地闲逛。

我满腔愤怒还有挫折感。我告诉鲍伯现在已快4月了,我们不只迟迟无法让薇纳斯有明显的进步,也无法确定她的问题到底出在哪里。虽然我们做了家庭访问,也和泰芮深谈过,我仍然不知道薇纳斯在家里是否和在学校一样都没有反应。在经过这么长一段时间后,我还没有得到任何可信赖的测试资料。泰芮的答案一直都是模糊且毫无组织性,从未提供有用的数据。我对薇纳斯的学业能力不清楚,对她的问题来源不了解,一片空白,真的。我怎么能够忍受看到这个孩子每日进出学校,却对她无所了解呢?我们让这个孩子到这所学校注册读书,并让她成为社服单位与其他许多政府单位的善心人士的注意目标,而我们却仍然什么都做不到,对此,你的心里有什么感觉呢?我们一定得为这个女孩再尽点力。

鲍伯和我一样倍感挫败,这个案例让介入其中的人也陷入困境。他告诉我,他如何再三催促社服单位处理薇纳斯的事情。社工人员告诉他她曾经到薇纳斯的家处理别的事情,她没有见到薇纳斯,不过倒是和泰芮谈过,对泰芮提到薇纳斯以及她不正常的上学情形。那与我们去找社服单位的目的不谋而合,鲍伯咕哝着。

那天放学时鲍伯对我说,这是"贫穷问题",他说,这是个我们无力解决的问题。可是在这样的环境下,解决与不能解决都同样令人感到凄凉。如此说法或许真实。除了恼人的旷课问题外,根本没有法律可以介入的机会，他们只是疏于照顾和教养。还有很多"不应该"之类的事情发生，在真实世界中它就是真的会发生，因为社会在处理太多孩子而钱又太少以致左支右绌的问题上，在处理如此多生活在次文化环境中且为中产阶级所深深误解的人们的问题上，在处理现代家庭的复杂性（此复杂性往往包含血缘与无血缘的组合，包含那些有时候无意提供非亲生子女稳定家庭生活的成人）的问题上，欠缺有效且文明的方法。当鲍伯这样说时，我知道他所谓的"贫穷问题"其实是不可付之一笑的，不论是对薇纳斯或对本地的社服单位都一样，那只是一种事实的陈述。我们的城镇，大多追随着19世纪的钢铁工业而建造起来的，数十年来，城镇随着钢铁价格的滑落而没落，工作机会也转移他处。这里的失业率几乎是全美平均失业率的三倍，市中心到处可见空荡的建筑物，越过铁轨是空无一人的废弃工厂。薇纳斯和她的家人在小区里并没有得到特殊待遇，在学校里当然也不例外，主要是因为处在更贫穷的城镇区域。这些都是不能够过于仔细思考的事情，否则还没有开始解决你就会想要放弃。

午餐后，当我来到楼下时，我看到了薇纳斯站在门边等候我。我打开门，她自动地跟来，踩着她那双没有鞋的塑料鞋套。我抱着黑色幽默心态暗想着这种情况下会发生什么事，我想，至少今天不必担心她会攻击任何人。就算她要攻击任何人，那双塑料鞋套也会让她难以动弹，害她跌个大跤。

到了楼上，我从档案抽屉中拿出一卷希瑞动画录像带，并递给了她。

薇纳斯站在门内不动,看着我以及我手中的录像带。

"你想不要把它放进录像机里呢?"我问。

她没有动。

我朝她走过去,蹲下来,将我的手搭在她的手臂上。"怎么了?"

她看着我。

我伸手去摸了摸她的脸,她非常轻地动了一动,一个非常轻的退缩动作,但她还是让我摸了她。"我的感觉是发生了什么事情。你可以告诉我是怎么回事吗?"

出人意料地,泪水在她的眼中凝聚,我还没有会意过来时,泪珠便已滚下她的脸颊。

"过来这里,甜心。到底怎么了?"我将她拉进怀里。

这个动作让她放声抽泣起来。

"嘿,嘿,嘿,小可怜。"我说,坐在门旁的地板上,将她拉坐到我的大腿上,用双臂搂抱着她。

薇纳斯大声、放肆地哭着。

这倒是我第一次看到她痛哭,先前她只有在脾气爆发的时候因行为受阻而哭。

"发生什么事情了,甜心?"我将手放在她的额头上。"你觉得不舒服吗?"

她没有回答我,只是哭泣。

然后钟声响起,我们依然坐在门旁的地板上,孩子们吵闹的上楼声音开始响遍走廊。薇纳斯紧张起来,她挣脱我的怀抱。虽然我拿了一盒面纸到地上,但是她用她的手臂迅速地擦干她的眼睛与鼻子,然后又回到我的怀里。那是令人十分惊异的一幕，因为那是真实现象，就像一部花朵开谢的快速电影一样。眼泪不见了，她的眼睛变得清澈。等到男孩们冲进教室门内时，她看起来就好像什么事情都没有发生过。

放学后，鲍伯顺道来我的教室。教室内只剩下我一个人，因为，为了配合强保罗托儿中心的问题，茱莉那一周必须重新安排她的工作时间，所以放学钟声一响她就离开了。

我猜他是要来跟我谈薇纳斯的事情。午餐时间我们想出来的一个解决办法是，与社服单位、警方以及每一个介入那个家庭问题的人举行一次协调会议，看看我们是否能够在程序上达成协议，并且更进一步地沟通。

我坐在教室中央的桌子前，正在批改学生们的作业，并准备孩子们隔天的活页夹。我用我的脚将椅子推出去，邀请他坐下。

"关于薇纳斯……"他开始说。

我抬头看着他。

"呃，不是关于薇纳斯。这无关我们午餐时候所谈到的任何事情。"他说并坐了下来。"还有另一件与薇纳斯有关的事情。"他犹豫了一下。"我们曾经谈过一种关于……呃，就是一种……种族的问题。"

我瞪大眼睛。

"我讨厌对你提出这种议题，桃莉，可是我恐怕不得不提。我必须绝对清楚这个问题：关于你对薇纳斯使用不当教材的范围有多广。这就是那些动画吗？"

"茱莉？"我回问。

鲍伯犹豫了一下，然后缓缓地点了点头。

"她去向你告状了？"

"不是'告状'。"

"不，那是告状。而且坦白说，鲍伯，我觉得那是相当不得体的行为。"

"她说她和你谈过那件事，所以她并不是在你不知情的情况下来告诉我的。"

"呃，没错，她是和我谈过那个问题，但是我以为我们已经解释清楚了。她对我的做法有所曲解，"我说，"那只是教学风格上的不同罢了。"

"是底线的问题，桃莉。因为，虽然我并不否认你是一个好老师，但我必须说，你的'风格'非常有你个人的味道。我早就已注意到这一点了。那不单纯只是茱莉告状的问题，我自己其实早就已经注意到了。"

我看着他。"譬如什么？"

"我们就以你的班级唱歌为例吧。当然，就某一方面而言，我认为你的做法非常棒。我是说，那就像读者文摘或其他什么文摘里所刊载的故事一样，一群难以驯服的孩子最后被音乐收服了。一个犹如上演着歌剧戏码的行为异常的班级，我的意思是，那听起来很棒。可是回到真实世界中，那样又能收到多少效果呢？他们真的学会控制他们的行为了吗？难道我必须请我其他所有的老师也都开歌唱课吗？如此一来，当他们要和你的任何一个学生互动时，就要快乐地随时开怀大唱？因为你这个班级的最终目标——是让这些孩子离开你的班级并融入他们的班级。在控制你班级的秩序上，你找到了一个非常有创意的方法，只是那个方法能够让这些孩子重新加入正规班级体制吗？"

若我够诚实的话，我必须坦承这些问题从不曾在我的脑海里出现过。但我很惊讶，还有一点点受伤，鲍伯竟然认为我们的活动是不适当的。

"现在我又听说，你利用某个玩具公司的动画角色当作你实际与薇纳斯互动的唯一方法。她投入她的时间在学校里，却沉浸在一个不论教育性与文化性都令人质疑的幻想世界里。"

"哦，天啊，"我愤怒地说，"这个茱莉，竟然说这种话，竟然做这种事。"

"不，不，别发火。的确，这都是茱莉说的，可是我也这样认为啊，桃莉。我是这所学校的负责人，是那个与家长、学校行政长官、募集税金者接触的人，是那个必须合理说明发生在我校园内一切事情的人，所以我也一直在观察你，我知道关于动画录像带的事情以及其他一切事情。"

"那是因为我没有试着隐瞒它们，因为我不认为我做错了事情。"

"可是那样合适吗？"鲍伯问。

"只要能够帮助她开口讲话，它就合适。只要能够将她带出她的壳，它就合适。鲍伯，你很清楚它的效果有多大。天啊，这种方法还是你教我的呢。你教我想尽办法来帮助学生，而现在你怎么能够反过来质疑它的适当性呢？这只是一个通往最后目标的手段。薇纳斯对这个动画产生兴趣,而我只是顺水推舟罢了。我需要一个诱饵,而这个似乎是最理想的一个。我不觉得我这是'让我们来找一个皮肤最白、最脆弱无助的好莱坞角色,并利用这个角色来摧毁这个孩子的心灵'。我只是就地取材,并利用它来达成我的目标而已。"

"这还是底线问题,桃莉。"

"意思就是到此为止。"

"对于你带着这个女孩看漫画和动画录像带的事情,我不确定我是否感到自在,因为你是一名老师,而这是一所学校,而在你教室里的书籍中有着无数兼具美德与纯洁的健康角色。总之,对于什么是孩童们合适的角色模范,我们必须有个清楚的界限,而且身为教育人员,我们有责任在我们能力之余提升这方面的素质。

"我更不愿听到为了强调角色模范而忽略了'文化上的不适当性'。这是一个很严重的问题,桃莉。这是一所种族混合的学校,我多年来努力于均衡满足学生的需求,不论他们的背景为何。我不要因为这件事而引来种族歧视的指控。"

"种族与这件事情毫无关系,"我说,"它现在没有关系,未来也永远不会有关系。这整件事情就只是一个诱饵。老实说,薇纳斯对我带到教室里的希瑞漫画显露兴趣,所以我就顺水推舟地利用它。这只是暂时性的,事情就是这么简单。开始那几个月,这个女孩就只是在这里,没有任何反应。但我认为,一定会有什么东西能够引起她的兴趣,我的做法就基于此,就利用角色所展露出来的特性来帮助她看见她本身的那些特性。我从来没有想过,因为她的肤色不同于希瑞肤色,就表示我也许有种族歧视的心态。我至今仍想不通其中的逻辑,我工作的对象是孩子，不是皮肤。"

"不，我知道，"鲍伯回答，"我知道你没有那种心机，而这正是我要提这件事情的原因。这是一个很复杂的议题，而我们经常看不见人们对这种事情的感受。一如我们先前已经说过的，就是要不脱离一个底线。"

"可是事情不应该是那个样子，"我说，"我们不应该走到这一步，不该因为过度害怕可能触怒了什么而不去进行帮助，那样实在太离谱了。薇纳斯对我很重要，她的身心健全对我很重要。我好不容易……好不容易找到某种让我可以开始与这个孩子建立联系的东西，而现在你却想要用政治性的东西来绑住我。"

"不，我只是要你提高警觉罢了，我并没有说停止，桃莉。就目前而言，继续做下去，只是，换个方法。我们都是警觉性很高的人。"

我低头不语，然后是短暂沉默。

我抬起头。"你了解这其中的真正问题，对不对？"

"什么问题？"

"茱莉。"

鲍伯点点头。

"我不知道为什么，"我说，"我不知道到底哪里不对劲，可是我们就是活在不同的世界。我们之间的每一件事情似乎都……有点糟糕。我们就是无法一致。"

"不，我早就怀疑那一点了。"他回答。

"对此，我相信她不见得比我快乐。"我说。

他点点头。

"她有任何调职的可能吗？"我冒险一问，"给她一个不同的安置？"

"情况真有那么糟吗？"鲍伯问。

直到那一刻，我才意会到情况真的很糟糕。这一年来，我努力克制自己不要去想茱莉和我之间何以无法共事的问题。她并没有真正做错什么事情，也不是一个可怕的人。虽然她的方式与我的不同，但她的那些方式也并无不好之处。虽然有时候显得愚蠢、不恰当，但并没有那么糟糕。此外，毫无疑问地，在某些方法上，她的想法与我一致。

我不想承认我无法适应她在教室中的存在，我宁愿将我自己想成是一个有弹性、容易相处的人，宁愿相信我有足够的魅力，迟早会赢得所有人的喜爱。承认茱莉与我处不来，等于承认我的自相矛盾。

"她有没有对你说过什么？"我问。因为，如果茱莉也对我们的环境感到不满意，并对鲍伯提及，事情就好办了。我就不会觉得是我个人小心眼，无法适应她的存在。

"哦，她倒是没有特别提到那方面的问题，可是经常讲到你们之间发生的小争执，足以让我对你产生不利的看法。"

我抬头看着他。"所以，有没有可能……"

"另作安排？我不知道，必须再看看。而且我们也必须与卡西·穆德洛协调，毕竟她早上还是在他那边工作。另外，也要看她的意愿。我不能逼她，因为坦白说，她并没有做错什么事情。而且还要记住这点：就算她想要走，我们还是会碰到是否会有另一个助理来顶她的缺的问题。最后有可能你得独立撑完这个学年剩下的日子。"

"我明白。所以,基本上,怎么选择都是坏选择。"我说。

"或者,一如我的心理学教授对这种事情的称呼。"鲍伯回答,"只有粗糙的解决之道。"

那奇怪的哭泣

> 薇纳斯紧紧地、紧紧地盯着我,而等我看着她时,我看到泪水在她的眼中积聚。

隔天早上薇纳斯没有出现。这次我不想等着去和鲍伯或任何人讨论这件事,午餐时间一到,我便跨进我的车内,向她家驶去。

当我抵达时,有两个孩子在那个用来当作拖车屋玄关的木质台阶上闲晃着,一个是薇纳斯十六岁大的姐姐,另一个我不认得,她们正倚着拖车屋的墙壁,抽着烟。

"嗨,我是薇纳斯的老师。你的母亲在家吗?"

"哦。"姐姐回答,她长长地、慢慢地吸着烟,同时眼神懒散地从上到下瞅着我看。

"她在哪里?"我问。

"出去了吧,我猜,我不知道。反正她不在。"

"我可以看看薇纳斯吗?"

"你得去问我母亲的男朋友才行,"她回答,"他是'保姆'。"

"好吧。那么,他在哪里呢?"我问。

"丹尼!"她突如其来的尖声叫嚷把我吓得往后倒退。

几分钟后,丹尼出现在门口,但他并没有立即开门。他一副睡眼惺忪的模样,好似还在睡觉,或者也许是宿醉,反正很难分辨出来。

"什么事?"他说,好似他以前从没见过我。

"我是为薇纳斯的事情来的,我是她的老师,她今天没有到学校上课。她应该到学校上课的。"

"我们已经被通知她又要接受家庭教育制度了,不必送她去上学。"他回答。

我感到震惊,透过门窗瞄着他。"没有人跟我提过那件事。"

"那是社服单位说的。"

"社服单位不会那样安排的,"我回答,"不会没有询问我们的意见,而且我也完全没有听说此事。他们为什么要她接受家庭教育监督呢?我们对她的行为没有提出任何问题呀。"

"说它付出的成本太高。"

"家庭教育制度所付出的成本远比学校教育制度还高。"我回答。

他耸耸肩。"别问我,反正他们就是这样说的。说那么多助理在那里监督她,耗费太多金钱。"

我简直不敢相信我的耳朵。社服单位绝对不可能做这样的安排,绝对不可能不经鲍伯的允许而擅作决定,而且鲍伯也绝不可能不和我讨论便允诺社服单位。

"总之,这么一来我们就不用送她去上学了。有老师会过来教她。"

丹尼说。

"那样安排是不对的。"

他耸耸肩。"嗯，这你得去找他们谈喽，我们只是做我们应该做的部分。"语毕，他后退，当着我的面把门关上。

我惊讶得无言以对。在走回车子的途中，在开车回学校的途中，我努力克服内心的诧异，以致无法思考任何事情。如果这是考虑的重点之一，为什么鲍伯没有告诉我？它不可能是一个考虑的重点，因为先前他对她老是迟到的事情也和我一样倍感困扰。可是或许这可以解释她何以迟到那么久，又穿得那么衣不蔽体的来由，只因为汪达误认为她应该去上学，亲自帮她打理穿衣服之故。如果是这样，或许可以解释一切。或许这甚至可以解释薇纳斯突如其来的泪水，因为她心里很清楚她无法再回到学校。

把这些片断拼凑起来，我还是满脑子困惑。社服单位有可能做这种事情吗？大体而言，我们与社服单位人员的关系良好。我们学校有很多学生都在他们辅导的名单中，而鲍伯和我也与他们有极深入的接触与合作。所有社工人员都承担着极惊人的工作量，与政府当局之间烦人的文件往返也让他们感到压力沉重，但最主要的是，为什么他们要勉为其难地做这件事情却不告诉我呢？难道我们之间真的那么沟通不良吗？

不幸的是，等到我回到学校时，上课钟声就快响了，以致我没有机会去找鲍伯谈。我直接回教室，茱莉就在里面，整理着早上上课需要的教材。自从那天鲍伯来教室与我小聊一番后，这是我第一次看到茱莉，而且我发现我感到很不自在。的确，在她去向鲍伯投诉她对我的做法的不认同，与丹尼告诉我薇纳斯要接受家庭教育监管这两件事情之间，我产生了一些偏执想法：也许鲍伯心中有着什么让薇纳斯离开的盘算，也许这件事情早已是公开的事实，而我是唯一不知道真相的人。

那个下午过得很不顺利。与茱莉同处一室令我感到很不自在，也担心着鲍伯还有一些事情没有告诉我，担心薇纳斯以及她的整体情况。

当我们都站起来的时候，比利随兴而发地唱起歌来，以等待下课的钟声响起，而我也自然而然地跟着唱了起来。

"发生什么事了？"比利说。

"没什么。"我说。

"你今天的举止怪怪的。"他说。

"我的举止好得很，就像平常那个样子。你应该把心思放在你自己的举止上才是。"

"你干吗生我的气？我又没有做什么？"他问。

"我没有在生气啊。"

"你就是在生气。你整个下午都在生气，而且大家都没有做错什么事！"

"比利，一切事情都很好。你太多心了。"我说，暗自痛恨自己撒谎，也痛恨自己扮演起比利的角色，对每件事情都要评论一番。很快地，下课钟声一秒不差地响起。

放学后，我下楼到鲍伯的办公室，告诉他关于丹尼说薇纳斯要回去接受家庭教育制度的事。

鲍伯瞠目。"家庭教育？没有啊，就我所知并没有。"

"他说是社服单位安排的。"

"他们不会那样做的，不会不和我们讨论就那样做，绝对不可能。我不知道他从哪里听来那个消息，可是那是错误的消息。"

"社服单位不可能做那样的安排，对不对？"我问，"不经过我们的允许而擅作主张。"

"我无法想象他们会做那样的安排。他告诉你为什么了吗？"

我摇摇头。

"这下可有意思了。"鲍伯说。

"他毫不犹豫地告诉我，似乎很清楚他自己在说些什么，因为他提到那些额外雇请助理的事。"

"是的，可是那并不是真的。"

"你确定？"我问。

"那不可能是真的，桃莉。家庭教育制度是一个教育议题，即便社服单位要那样做，就算状况很紧急，他们也得在告诉家长之前先让我们知道，或者至少同时通知我们与家长。"

"你确定？"我又问，"因为他说话的态度显然非常确定。那种对我们欺上瞒下或假借职权上下其手的作风，还有社服单位和警方以及……你百分之百确定？"

"是的，我确定，"鲍伯说，"而且我不喜欢这个家伙，他比大力士还不真实。"

我回到教室，把我的书本和文件放在一起。这是很不舒服的一天，我不想待在学校做我的教学计划，所以我决定收拾东西回家。那时才下午四点十五分。

就在我走向停车场时，我看见汪达就在操场的远处，她正在摘贴着操场围墙攀长的蒲公英。她用左手紧紧地抓着它们，动作俨然像个五岁大的孩子。

我越过绿草游戏区走向她。

"嗨，汪达。"我说。

她抬头看着我。

"薇纳斯今天到哪里去了？"

"她来学校上学。"汪达愉快地回答。

"没有啊。你是不是忘了带她来？"

"她没有来学校上学。"

"没错，她今天留在家里。"我说。

"漂亮孩子。"

"是的，漂亮孩子。漂亮孩子没有来学校上学。你知道为什么吗？"我问。

"漂亮孩子。"

"是的，没错。她没有来学校上学，为什么，汪达？为什么薇纳斯今天没有来上学？"

"她来学校上学。"

"不，她没有来学校上学。"我说，感到有些挫败。

汪达举起满手的花朵。

"明天，汪达，明天你可以带薇纳斯来学校上学吗？你会记得吗？"我问。

"明天？"她满脸疑惑地问。

"是的，明天，当天又亮了的时候。你能把薇纳斯带来学校上课吗？"

"她来学校上课。"

"没错，她一定要来学校上课。你会记得吗？拜托，为了我！你明天试着带她来学校上课，好吗？"

"漂亮孩子。"汪达没有对特定人回答。

"对，漂亮孩子。"

她将蒲公英举到她的鼻前，深深地闻着。

"拜托，你能记得住吗？"

她没有回答，只是转身漫步走开。

隔天早上薇纳斯自己一个人来学校。正确地说，是当我抵达时，她已经在学校了。我看到她就在她的墙那边，在冷凉的晨光中，斜靠在那面墙上，让我想起这是她第一次没有待在那道围墙上。我已经有好几个星期不曾见她待在那道围墙上了。

我朝她站立的地方走过去。

"早安，你今天来得非常早啊。要不要和我一起进教室呢？"

她用她那双黝黑的眼睛望着我，但没有说话。

"来。"我对她伸出手。

没有回应。

我没有去牵她的手。距离上课时间还有三十分钟,所以她可以选择要不要进教室。我又等了一会儿,然后转身朝教室大楼的方向走去。

她跟着我,在我身后与我保持大约十步的距离,来到了楼梯门口。

我在门口停留一会儿,并把门打开。我们没有讲话,只是走进去,并往楼上的教室前进。

"你今天早上好吗?"我问,并拿出钥匙打开教室门锁。"我昨天很想念你耶。"

她看着我的脸。

到了教室里面,我把我的东西放到一旁,薇纳斯则脱掉她的外套并挂起来。她今天穿得比较得体,只是她的衣服仍然又皱又破。不过这是很平常的事,她从没有穿过比较像样的衣服到学校。

"你知道我昨天去你家找你吗?"我问。

她注视着我。

"你知道吗?"

她摇摇头。

"丹尼说你要再次接受家庭教育,他说你不用再来学校上课了。"我拉出我桌下的椅子坐下来。

在我讲话的时候,薇纳斯紧紧地、紧紧地盯着我,而等我看着她时,我看到泪水在她的眼中积聚。

"是不是出了什么事了?"我问。

她没有回答。

"我开始有那样的感觉,"我说,"我开始想到或许有不对的事情发生在你家了。"

她的脸颓丧地垮下，眼睛含着泪水，她开始哭了起来。

"来，来这里，甜心。"我伸手过去将她拉到我的大腿上。

薇纳斯就像上次那样凄厉地抽泣着。

"可以告诉我发生什么事了吗？你到底发生了什么事？"

她没有回答。

我的内心开始涌起一种非常不好的感觉。如果一切都是丹尼编造的，那又为什么呢？这其中到底出现了什么问题？

"这件事情很重要，你得告诉我，薇纳斯，"我轻柔地说，"记得前几天我们聊天时的情景吗？那种感觉很棒，那样将对事情很有帮助。你得告诉我到底发生了什么事，那很重要，因为那样我才有办法帮你。"

没有回应。

"你可以告诉我到底是怎么回事吗？"我又问，"我看得出来你不快乐，怎么回事？"

她只是哭泣。

我该怎么让她开口说话呢？若她不愿意主动提供消息的话，那么我在提问题时就得非常小心，因为若提出错误问题，可能会导致是我预设她家中有违法的事情发生。的确，我个人就知道有两个虐待的案子被判无罪，因为受害者被心理学家或警方的问题误导过。

"有时候家里也会出现问题的，"我轻轻地说，"当不对的事情发生时，记得要把事情说给你信任的某个大人知道，这是很重要的。有时候它们是非常严重的问题，不是你一个人的力量可以解决的。有时候问题跟爸爸或妈妈有关系，或者是继父或妈妈的男朋友，有时候问题与兄弟或姐妹有关系。当那种事情发生时，正确的反应是告诉另一个大人，一个安全的大人，像我这样的大人，或者像克利斯汀生先生那样的大人，这样我们才能够帮助你解决问题，才能够让生活再度变好。"

薇纳斯用她的衣袖擦掉她的眼泪。

"说出来是没有关系的。有时候人们会说你不应该说，因为那件事是秘密，他们说你应该保守秘密。可是那并不是真的。有趣的秘密才是唯一应该保守的秘密，惊喜的秘密，譬如你要送给寿星的生日礼物。可是不好的秘密就不应该保留。如果有人要你保守不好的秘密，你不一定要听他的。"

薇纳斯把头靠在我的胸膛，静静地坐着。

"有时候人们说你不应该把秘密讲出来，因为如果你讲出来了，他们就会对你做出不好的事情。他们会伤害你，或者伤害你所爱的人，或者拿走你的东西。有时候人们甚至说，如果你说出秘密，他们就要杀死你。可是这些都不是真的。他们那样说只是为了要吓你，因为他们做了坏事，害怕被别人发现，进而处罚他们，所以他们才会恐吓你必须保守秘密。可是这样做是不对的，你不应该那样做。如果有人对你做那样的事情，你一定要告诉一个可以保护你安全的大人。"

薇纳斯还是一句话都没说。

为了解决过去几天来内心不停涌现的疑惑，我下楼到鲍伯的办公室。

"我看到薇纳斯回来了。"他说。

"我对这一切真的感到很不安。如果根本就不是真的,为什么这个家伙要告诉我们关于家庭教育制度的事情?"我问,"我的直觉是他想要掩饰些什么。"

"或许吧。问题是:掩饰什么呢?"鲍伯回答。"他是一个一无是处的人,我根本就不相信他。他或许是编故事高手。"

"不,我觉得事情会尤其与薇纳斯有关。我的意思是,从法律上来说,如果有虐待孩童的嫌疑,我们就需要往上通报。我认为该是向警方通报的时候了。"我说。

"薇纳斯是否对你吐露了些什么?"

"呃,没有。"我对他提到薇纳斯那个出其不意的落泪行为。"那件事,与她的缺席、她前些天的不适当穿着以及丹尼昨天那个奇怪的借口有关联。我想,她一定发生了什么事情,所以她这些天才无法来学校上课。"

鲍伯沉思着,最后他慢慢地摇摇头。"我认为那样的理由不够充分,难以报警,桃莉。预感不是充分的理由,我们需要她身体上的伤,或她所说的事情,或发现某件更具体的事情。我所能做的只是要社服单位注意查证你的怀疑。再者,我也认为他们一直伺机要逮这个家伙。"

"那么你呢?"我问,"你打算怎么处理这件事情?"

鲍伯再次沉思着,时间随着他的思考消逝。"或许你是对的。"他静静地说,抬头看着我。"我以为我可以用 70 年代你和我所使用的那种方法来解救这个世界,我希望事情能够真如我们相信的那样容易。"

突然的假期

> 杰西,难怪你这么生气。换成是我也会很生气,或许我还会气得在墙上捶出一个洞来,因为我是那么的生气。

在薇纳斯这整个戏剧性情节发展的中间,我开始为孩子们做平常的学年结束计划。我很确定,比利已准备好回到主流教育体系中。我们不认为他有能力应付资优班的全天课程。虽然他是个极具天分的孩子,并确定这个例外性已有一长期方法协助他开发他自己,只是比利依然需要大量的学习支持。在阅读与数学方面,他仍然远远落后他的同学,不过阅读方面已开始迎头赶上。他的行为对一般的班级而言仍然稍嫌太过狂热,因此,重要的是,必须为他拟订一个结构相当严格的方案。我们的确想要他留在资优班中就读,因为我们觉得这一定会造就一个真正不一样的比利。可惜的是,各个学校中的所有资优班都是在公开计划、学习中心制度下运作,这也就意味着那样的学习环境是既吵闹又混乱的。鲍伯与我两人都觉得这无异于给比利找麻烦,因为比利的兴奋情绪非常容易被点燃。最后我们倾向于让比利留在我们学校，将他安置到五年级的正规班级中，然后让他来我的教室上资源课程。同时，他还是一周两天下午去资优班上课，希望到最后他能够全天性地进入那里。

杰西在这个学年中也有很明显的进步，他的激进侵略性行为有了戏剧性的改善。他仍然会"勃然大怒"，比利总是如此形容他，可是他已越来越能够控制自己的"步调"，了解是哪类事情引发他的怒火，知道如何从某种情境中抽身而出，找回冷静的自己。的确，杰西对他新发现感到自信和骄傲，并在化解了某件困难的事情后，总不忘向我们炫耀一番。图雷特氏综合征所引起的抽搐问题，仍是杰西转入常规班级的一大阻碍。它们变幻莫测，有时候他可以安然无事地上完一整节的拼字课，不过，它们经常会出现戏剧性的恶化，尤其是当他感受到压力或不舒服的时候。碰到这些时候，他的吠叫尤其可能演变成几乎无法停止。虽然他并非刻意犯错，但这个问题让他变成一个吵闹、分心的学生。我很担心的是，如果他转到常规班级，他会因此而受到威胁，或者，更糟糕的，因而被逼退缩到以往的行径中。然而，他最糟糕的问题还是他的学业。虽然他在阅读与数学上都呈现稳定进步，可是这两个科目都还仍落后其他同龄学生甚多。我认为，如果他能够在被保护的环境中多留一年，整体情况应该会更好，所以最后我们决定也让他留在我们学校。他每天早上和下午各有一半的时间会去四年级的班级上课，其余时间则留在我们的资源班由我指导。我们希望最后他能够全天性地回到常规班级上课，可是目前这似乎是最安全的安排。

最后就剩下双胞胎了。对他们而言，我们实在没有其他比较理想的选择。两个男孩在教育体制中都仍属于高度挑战性的孩童，无法长坐，也无法集中精神超过数分钟，也似乎无法从他们每日的课程中吸收多少。他们精通于紧密结构的交通信号制度，可是必须密集地应用那个制度才能保持他们的注意力。最轻微的行为偏离，诸如在宴会上我忘记以交通信号灯来规范他们的行为，他们两人就失控了。而且隔天我们必须重新来过，再解释一次交通信号的规则，好似他们以前从未听过那些规则。

但我喜欢薛恩与杰恩，他们有时候真的是很迷人的小男孩，因为他们两人都感情丰富且容易被取悦。他们的不当行为中并没有特别恶意的成分，只是无法片刻集中他们的注意力罢了，所以他们才需要被不间断地监督以保持他们的一切处于常轨。

总之，试着将双胞胎纳入主流教育体系是一种不实际的想法。他们的父母亲和我们一样，很满意他们目前在资源班中的进步。于是我们决定让他们继续留在目前的环境中。

薇纳斯呢？

鲍伯和我甚至未曾讨论过她的未来，我们对她的现状就已经应付得左支右绌了。

然后天气突变了，北方来了一道强烈冷气团。原本随着季节慢慢升到华氏五十度和六十度的气温，一夕之间下降到了零度。雪片开始纷飞飘落，覆盖了才刚刚绽放的蒲公英。雪不停地下着下着，最后蒲公英全部消失在雪花下。在几近两尺厚的积雪下，我们冷到麻痹，一切东西都变得死寂。

暴风雪在某个星期四来袭，学校宣布星期五停课一天，因为这样的天气下谁也无法动弹。

我在家中的壁炉旁轻松地待了一天，观赏电视上播映的一部老电影。唯一令我稍稍感到遗憾的是，星期五通常是我的采购日，我家中的粮食已经快要没了，所以我的晚餐只得以奶油豆泥和莴苣色拉果腹。

星期六一整天都在铲雪挖路。星期日，又是大雪纷飞，不过气温已回升到近冰点，所以感觉舒服了一些。星期日是又一场暴风雪，只是这一次并没有像上次那么冷，后来也不再飘雪，反倒是冰冷的雨水快速凝结成冰，不到数个小时，万物已变得晶莹剔透。

我从没见过这幅美景。我门外的雪花就像一种剔透的凝脂，若你轻敲坚硬的表面，它就会裂成碎片，露出下面松软的雪花。可是我无法往门外踏出一步，因为雪覆盖了一切。已铲好的人行道与刨过的街道很快结上一层晶亮的冰层，令人无法在上面行走，开车也很危险。在第二次暴风雪来袭的三天中，整个城镇死寂般的沉默。

然后有如开枪的声音响起。整个城镇结积过重的冰，因无法负荷而断裂掉落，撞击的声音从变压器上传来。夜幕还未来临，我的屋中便已停电，其他许多邻居也一样。

学校因此又宣布星期一停课一天。然后，虽然星期一下午积雪已开始融化，但星期二仍继续停课。因为城里大部分的电力都尚未恢复，而在湿滑的路上开车依然危险。

星期三，我们冒险开课，但很多学生都缺席，茱莉也无法来学校。薇纳斯一样没有出现，不过这种情形并不令人感到意外。几乎没有例外的，每回假日后的第一天她总是刻意或非刻意地缺席。

比利一如往日的热情，像只老虎般的雀跃。"猜猜看我们做了什么，老师！猜猜看嘛！我们去滑雪耶，不过我们自己动手做滑雪板，因为我们的滑雪板不够给我的兄弟以及隔壁的孩子使用，所以我们就自己动手做。利用厚纸板，只要把厚纸板裁成四方形。而且你知道怎么了？就和店里面卖的滑雪板一样好。真的。"

"比利，那没有店里卖得那么好，"杰西咕哝着说，"怎么可能和店里卖的一样好呢？否则人们干吗还要花钱买呢？"

双胞胎似乎沉溺在他们的自我世界中。他们到处跑来跑去，跳到椅子上，并在桌子之间玩捉迷藏。我试着抓住他们，让他们安静下来。

"它们真的有那么好，"比利说，"因为我的真的很好用。如果我们没有自己的滑雪板，我们就得轮流使用，那就表示，譬如，十个孩子共享一个滑雪板。可是我们每个人都用厚纸板给自己做一个，那样一来，我们就可以同时一起滑雪了。那样真的很有趣。"

"闭嘴！"杰西说，并驼着身子坐在他的椅子中。

"是的，我是对的。"

"你是个大猪头，"杰西骂道，"你根本就是在吹牛，你永远是个吹牛大王，你以为你什么都知道。"

"杰西。"我说。

"对，告诉他，他就是那个光说不练的人。"比利嚷嚷道。

"比利，拿你的椅子（意：回到你的座位上）。"我说。

比利无法抗拒我的命令。他抓着他的椅子，并将它高举到他的头上旋转。"拿椅子？要拿去哪里？"他扯高嗓门问。

我抓起交通信号，狠狠地挥了挥。不过，这对杰西已为时太晚。

他冲出他的椅子，对着比利挥拳。力道不是很重，或许因为他原本就无意出重拳之故，但因为出拳的角度，它轻轻地擦过比利的肩膀，这轻轻一擦就足以让比利失去平衡，进而跌倒，导致他高举在头上方的椅子掉下来砸到他的身上。而这个理由便已足够让薛恩觉得他应该加入这个战场。他冲过两张桌子，开始踢比利的脚。

"嘿！"我喊道，"嘿，嘿，嘿！你们今天吃错药了吗？"我把薛恩拉开，将他牢牢地按坐在旁边的一张椅子中。"这是什么意思？我们已经有很久没有出现这样的打架场面了。杰西，去坐思过椅。"

比利哭号着，只是我分不清那是痛苦、惊讶或受伤的骄傲。我双臂搂着他，给他一个紧紧的拥抱。

"那有点蠢，是不是，那样旋转椅子。"

"那又不是我的错。"他十分夸张地啜泣。"他打我。他要是没有打我，我的椅子就不会掉下去。是他的错。他有可能会害死我的，有可能使得那张椅子砸在我的头上并害死我。"

"呃，感谢老天爷，那样恐怖的剧情没有发生，对不对？你还好吗？"

"不，不，不好，我的手肘受伤了。"

"哦，真可怜。"我说并搓揉着比利的手肘。我揉错了手，他抬起另一只手，我搓揉那只手。"现在，去你的椅子上坐好，你有功课要做。"

我转头看其他几个孩子。

杰恩坐在他的椅子上。"我很乖。"他愉快地说。

"嗯，感谢老天爷某个人很乖。你拿到你的活页夹了没？你可以开始做功课了吗?"我问。

我转头望着坐在思过椅上的另外两个。"好了,你们两个。如果你们可以控制你们自己的脾气,就回到你们的座位上开始做功课吧。"

薛恩仍然有些怒气,走回他的座位上。

杰西冲到他的桌子旁并拉出他的椅子。我走过去,并在他的旁边蹲下。"你今天的脾气似乎很不好。在你来学校之前是不是发生了什么事情?"

"没有。"

"你看起来好像心情不好的样子。"

他的抽搐证实了他的压力,他的头不停扭动起来。

"这就像以前你和比利老是打架的情形,可是那种情形已经很久没有发生了,现在每个人都很能控制自己的脾气,所以,当我看到你这么生气时,就会令我觉得一定有什么原因。"

"全部时间我都必须待在家里。"他喃喃地说。

"你是说暴风雪来的时候?"

他点点头。"我祖母不让我出去,她说那样太危险了。"

"那一定让人很沮丧,尤其当你看到其他小朋友玩得很高兴的时候。"我说。

杰西点点头。"我根本就不能出去。她说,'也许你的抽搐会发作,并且因此跌倒',而我说,'我不会',可是她说,'有一个住在伊利诺伊州的男孩在冰上跌倒,撞到了头,然后就死了'。她说那是他走路到她祖母家时所发生的事情。好像那件事会让一切变得不一样。好像,只因为我有一个祖母,他也有一个祖母,同样的事情就会发生在我身上。可是我无法让她明白那一点,我全部时间都得待在家里。"

"你一定感到非常厌烦。"我说。

"是的。"

"所以,当你听到比利玩得很高兴时,你就觉得很生气。那是不是就是今天早上发生的事情?"我问。

杰西耸耸肩。

"天啊,我很难过听到你那样说,"比利说,"天啊,那实在太烂了。全部时间?天啊,那实在是很长的时间耶,杰西,难怪你这么生气。换成是我也会很生气,或许我还会气得在墙上捶出一个洞来,因为我是那么的生气。"

"老天,比利,你又在吹牛了。你所说的每件事情都是在吹牛,你心里很清楚的,对不对?"杰西反驳。

我站起来,一只手搭在他的肩膀上。"我并不觉得他在吹牛,杰西。他很有同情心,那表示他试着要去分担你的心情。"

"那么你那时候为什么不过来找我呢?如果你真的是我的朋友,你就会那样做。"

"我没有办法呀,我们没有办法开我们的车子。"比利说。

"你可以打电话给我呀。"

"那你也可以打电话给我呀。你可以告诉我发生了什么事,也许我妈妈可以和你的祖母谈谈或什么的。那又不是我的错。"

短暂的停顿。

"总之,我很难过听到你被关在家里,"比利说,"那几天我一直很想念你,杰西。真的。我很想叫你来我家,我们一定会玩得很高兴。"

放学后，我坐在教室内其中一张桌子前，做第二天的课程规划，这时鲍伯探头到教室门内。看到我还在教室内，他走进来并关上门。他走到我的桌子前面，拉出一张椅子，坐了下来。

"呃，我有好消息要告诉你。"他说，可是他的声音中有些认命的感觉，好似那是个有所保留的好消息。

"是吗？"

"你有一名新助理。"

我瞪着眼睛。

"我与茱莉有了一番长谈，"鲍伯说，"我们从星期三晚上开始沟通。那晚我们的时间不够，所以星期四继续谈，可是接着暴风雪来了。不过这场暴风雪的礼物是，她觉得她在这个地方已经无法待下去。她说她变得非常不自在，因为你一直是那么的冷漠与疏离她，你们两人已经失去往日的融洽与一致。"

"我并没有对她冷漠又疏离她啊。"我回答。

令人懊恼的是，我知道那个星期三我的态度并不好，我为此感到难为情。关于失去融洽与一致的问题，她也许说得没错，可是我非常不愿意被冠上"冷漠"，那或许表示那是真的。

"总之，她对这个环境感到越来越不自在，所以她周末的时候打了电话给我，而我也打了几通电话看看是否能够解决这个问题。这就是我的答案：这个学年剩下的时间茱莉将调到华盛顿小学，并在幼儿园的发展迟缓班级当助理。他们的助教就来当你的助理，罗莎·加提尔兹。我对她完全不了解，不过她为那个教区工作很久了，所以她应该很不错才是。她早上会到卡西·穆德洛那里当助教，下午会在你这里做茉莉以前所做的工作。"

我点点头。一阵沉默弥漫在我们之间。

"听着,我真的对这件事情感到很抱歉,"我说,我的确如此,"我很不好意思我们之间无法相处融洽。给你制造了这么多麻烦,我真的感到很抱歉。"

鲍伯点点头。"呃,这是没有办法的事。"

我点点头。我感到很内疚,好似我用小动作来得到这一切。我真的感到很不好意思,因为整件事情给我一种社交手法不当的感觉。不过我同时也感到很是松了一口气。

一个让人震惊的消息

坏事传千里。翌日在教师休息室中,每个人都在谈论薇纳斯的事情。

那天晚上下班回家后我感到相当疲惫。因为暴风雪干扰了我们的正常课程,以致孩子们一整天都显得十分躁动不安且过度兴奋。同时,没有茱莉在场协助也让工作变得更困难,因为我部分的资源学生都在下午才进教室,我不得不放弃我的休息时间去准备教材,如此我才有足够的时间指导孩子们。最后,我回到家,踢掉鞋子,打开一瓶酒。

我张着四肢躺在斜椅上,喝着第二杯酒,一边看电视上播映的《星球大战》。就在此时电话铃声响起,我的第一个反应是看一眼放在电视机下方的录放机上的时间:六点四十三分。然后我起身接听电话。

是鲍伯。"我打电话来是要告诉你,警方将会传唤你。"他说,声音很紧张。

"发生了什么事?"我警觉地问。

"我不能说太多。我不应该说的，因为他们要侦讯你。事情和薇纳斯有关，我只是要你有个心理准备。"

"到底发生了什么事？"

"他们会告诉你的。"

"难道你不能对我透露一点点吗？"

"不能，反正做好心理准备就对了，那很烦人的。"他挂上电话。

我看着手中喝了一半的酒。通常我只有在用餐的时候才喝酒，所以那晚为何出现那样的举动，我自己也不知道，反正就是想要喝。我没有喝醉，可是因为是在饭前喝的，所以我感觉到眩晕。不论他们想要问我什么，我只希望它与开车无关。我放下酒，到厨房去找些东西吃，以冲淡眩晕的感觉。

那一刻，我的冰箱里似乎没有我需要的食物。我想把这个问题怪罪到我微薄的教师薪水上，但事实是，我根本就不常上超市采购食物。最后，我所能找到的唯一"快餐"食物是，一包切片的香肠和一罐猪肉加豆子的罐头食物。我把它们全丢到一个盘子里，并将它们放进微波炉中。此时，电话铃声又响起。

是一名叫乔奇生的警官打来的，他说他们正在调查关于薇纳斯·福克斯虐童案，想要问我一些问题。他说他会派两名警员过来家里做笔录。

我吃着味道奇怪的晚餐，并把还没有喝完的酒一口气喝掉，虽然它的味道与香肠和豆子不搭，但管他呢。紧张的情绪漫延我全身，程度不亚于听到发生意外车祸。我知道，若是没有人提前告诉我发生了什么事情，我的证词就不会产生偏袒。而这意味着，事态严重！

晚上七点半才过，两名警员便抵达我家。身型高大、金发的那名男子叫米尔瓦，他的年纪与我相仿。另一位是女性警探，看起来大约三十八九岁，她是那种身材健美、运动型的女人，那种热爱马拉松运动的女人，名字叫帕特森，可是她说我可以叫她山姆，"珊曼莎的缩写。"她以友善的语气说，这似乎与警员的形象有着极大的差异。

我提议到客厅坐，可是山姆说她得负责做笔录，为了方便工作，她希望可以把录音机放在桌子上。最后，我们选择坐在厨房的桌前，桌上仍堆着我从学校带回来的工作文件、脏碗盘、打开的酒瓶。我困窘地把所有东西都收到料理台上。

"薇纳斯·福克斯现在躺在医院里，"山姆说，"她是今天一大早被送进医院的。现在，根据我们的了解是，就在上个星期，你对你的校长说你怀疑那个孩子受虐待。你可不可以把细节告诉我们？"

"首先，"我插嘴道，"你能不能告诉我，她还好吗？"

"她被送进医院时已经意识昏迷。"

那一刻，"我的血液变冰冷"这句话正是我的感觉。一种可怕的冰冷、下沉的感觉窜过我的全身。"发生什么事？你们可以告诉我吗？"

"显然是体温过低，可是详细情形还有待医院检查。"

"体温过低？"我困惑不已。

"总之，海顿小姐，如果你能更详细告诉我们，我们会很感激你的。"

"桃莉，叫我桃莉。"我说，因为突然间，对她那样说似乎变得很重要。那一刻，所有完全不重要的小事情似乎都变得非常重要，例如，我注意到我放在料理台上的那瓶已打开的酒，并且犹豫着是否该告诉他们我平常是不太喝酒的,因为我平常真的不太喝酒,可是他们并不会知道。

山姆以同情的态度点了点头。"很困难,对不对?我知道面对这类的事情是种震惊。可是如果你能够……"

我思考良久,用双手抱着我的头,试着回想过去几个星期引发我那样对鲍伯讲的细节。在那样的情况下,我的心绪慌乱得脑中一片空白,好似一切有关于薇纳斯的很重要、很令人怀疑、很奇怪的事情此刻全部蒸发掉了。我唯一能够想到的就只是细微的差异,抑或,它们全都是累积出来的"细微的差异"。

"那纯粹只是一种感觉,"我说,"我并没有看见任何具体伤痕或任何诸如伤痕之类的情形。但因为她没有受到很好的照顾,而且老是穿那些袖子很长的衬衫和长裤,所以很难实际看到是否有受虐的情形。薇纳斯很少说话,这正是她来我们班上课的原因。不过我相信你一定注意到,我教的是行为异常的孩子。就以薇纳斯的例子而言,她是因为对事物非常沉默又没有反应才到我的班级的。因为她极端的退缩,所以很难知道她到底发生了什么事。"

山姆点点头。"是的,我追查这个案子已经有一段时间了。对于这个家庭的问题,我们一直与社服单位保持联系,而且我们也注意到薇纳斯的行为还有不说话的问题。的确,所有这些都是非常难以突破的障碍,因此要去监督任何发生在她身上的事情几乎不可能。"

"可是她开始有响应了,"我说,"大约从 2 月开始。我所面临的最大问题是她的出勤率不良,她通常每周都会缺席个两三天。"

"这种情形一直持续吗?"

"是的,"我说,"秋季的时候她离开我的班级八个星期,那时当局为她安排家庭教育制度,也就是老师到孩子的家里教导,而不是把孩子送到学校来受教育,而且是不一样的老师,不过话说回来,她的缺席问题一直持续着。我们曾向社服单位报告,请教区的旷课官处理。事实上,我认为会有人向你们举报这个案子。"

山姆翻阅着她的笔记本。"我们或许不会接到诸如上课出勤率低这类的报案。"她回答。

"可是我认为你们接到了报案,"我说,"我知道我们已通报上去了。"

"是的,可是那样就会影响你们教区的旷课官员,不是吗?"山姆问。

"可是我的校长真的越过了教区向警方报案。我知道他曾对社服单位谈及此事,因为情况实在很严重,我知道他们说他们曾和你们讨论这件事,他们说警方派了一名警官去薇纳斯家里查案。"

山姆看着她笔记本中先前所做的记录。"呃,是曾派一位警官过去那个家庭好几次,为了各类的事情,可是我没看到任何关于那个女孩旷课的资料。"

"应该会有的,我们曾向警方报告。"

"是的,呃,所以,你是说,你曾对你的校长提到你的怀疑?"

我试着解释上一次引发我去找鲍伯讨论的原因。我告诉山姆与乔奇生警官薇纳斯痛哭的情形,那对她而言是很不寻常的。我还提到某次她那特别的穿着。我试着解释,虽然她不说话,但她的某些行为让我觉得她深陷痛苦,某件事情不对劲,可是我不得不承认我并没有具体的证据,全都是我个人的感觉。

山姆专注于"感觉"这个字眼上,不停地往这方面追问我。这次是什么原因特别让我有这种感觉?

"我不知道,"我说,"除了我告诉过你们的那些,除了她痛哭且行为很怪异的那两次之外,我真的不知道。只是一种直觉吧。"

"直觉?"乔奇生警官插嘴问。

"是的,我想你可以说它是直觉。"

"我们必须尽可能详细,我也相信你能够理解这点,"山姆回答,"直觉无法让犯罪者落网。"

我点点头。

"我知道你的意思。我无意否认你所说的内容,可是这是一个很狡猾的罪犯,"山姆说,"我们有一个不说话的小孩,她患有严重的行为问题,现在就算她愿意告诉我们一切,她也无能为力,因为她已陷入昏迷。所以我并非质疑你的直觉准确与否,我只是想要知道是否有人要对此负责任,我想要找出那个该负责任的人,且确定他们再也没有那样的机会。所以,尽可能详细是非常重要的。"

我们并没有谈太久。在那种情况下,我能说的信息并不多。为了工作方便,我是保存了学生们的生活点滴,可是我把那本笔记本放在学校里。我不确定那里面是否有帮得上警方的地方,不过里面有很多这一年来我对薇纳斯与她的行为的记载。而鲍伯,当然,是她缺课的最佳人证。

山姆与乔奇生警官起身,感谢我的配合,并说他们一定会与我保持联络。我送他们到门口,我们握手道别。

薇纳斯被送进医院的消息令我颤抖,也令我感到非常不悦。她缺席的问题早就向警方报案了，至少他们是让我一直那样相信的。否则，是谁在撒谎呢？鲍伯？社服单位？抑或与其说是欺骗，还不如说是层层推诿，涉及其中的每一步都把问题丢给下一个单位，没有人愿意那么麻烦地过去查访，看看那个家庭是否出现问题？倘若把这种缺勤的问题向警方报了案，那么为什么负责这个案子的人会不知道严重缺勤的问题呢？

我百思不得其解，于是打电话给鲍伯。

我们就那件事情进行讨论。他告诉我，从他所拼凑出来的结果，薇纳斯是在家中时就已被发现意识不清了，是她的母亲把她送到医院急诊室的。对于到底发生什么事情，鲍伯知道的似乎不比我多。薇纳斯体温过低一事，他也是被通知的，可是他说他不认为体温过低会让你长时间意识不清，只要你的身体再次温热起来，而且在医院里，他们一定会让你的体温回升的。我说我不知道，他们并没有告诉我详细的体温过低的症状，只知道当一个人的体温降到太低时，就会出现意识不清的现象。我们谈到体温过低的大致现象，鲍伯也提到那对孩童虐待而言是一种奇怪的诊断。我问隔天是否有机会去医院看看薇纳斯，他说不知道。

那夜我无法入眠，无法把薇纳斯的身影驱出我的脑海。虐待，它是什么时候开始的？持续多久了？我回顾着她在教室里一件又一件的意外事件，思索着所有意外事件的暗示，看看我是否能够从中找到新的解释。现在我有了后见之明：我们心余力足，却不去解救她。那样解释能清楚多少？我如此，其他所有人亦如此。我不是早就看出来有问题的吗？我睁着眼睛躺在黑暗中，寻找着那个问题的答案。

※ ※ ※

坏事传千里。翌日在教师休息室中，每个人都在谈论薇纳斯的事情。在薇纳斯在操场上的暴力行为与几乎这所学校所有老师都或多或少教过薇纳斯的兄弟姐妹的事实之间，每个人私下都感觉到问题的存在。谣言机器启动。有人听说警方逮捕了丹尼与泰芮，并把所有的孩子送到机构接受照顾。另一个人说，不对，汪达依然到处游荡。还有人说，听说薇纳斯已经停止呼吸，他们必须让她苏醒过来，所以给她插上呼吸器。好些人臆测薇纳斯的身体受伤程度。五年级的老师说他在收音机上听到她身上共有二十二处骨折性挫伤，我则说我不认为这是薇纳斯的案子，我很确定消息是被封锁的。五年级老师说不可能同时发生两个案子，我们住的地方又不是一个暴力城镇。

事实是，没有人真正知道，而且我们谁也无法得知实情。随着紧张的气氛渐渐高涨，教师休息室里的气氛几乎已到了一触即发的燃点。

我急欲不让这些谣言传到孩子们的耳朵里。时机到了的时候，他们当然需要知道薇纳斯发生了什么事情，但在我们知道实情之前，似乎没有必要让他们知道这么深入。再者，这是个很令人沮丧的消息，因而妥善的处理是很重要的。可能的话，我不要他们在教师之间或在操场上道听途说一些可怕的八卦消息。

但是，那还是不可能的。比利成了那个小"大耳朵先生"。绝对就是他，不会有第二个人了。

就在下课时间结束，我们进教室之时，比利来到我的桌旁，我们玩游戏时我所使用的哨子就放在那张桌上。

"人们到底在说些什么？"他问。

"你指的是什么？"

"我听到人们的谈话，例如你们大人，例如所有的老师，例如有些大孩子。到底发生了什么事？"

杰西正好闲晃过来。"什么？到底发生了什么？"他问。

"你听到了些什么，比利？"我问他，因为这样我比较容易处理，知道该告诉他些什么。

比利的额头皱了起来。"有人被杀了吗？"

"没有啊。"我说。

"是薇纳斯吗？"他问，好似他完全没有听到我的回答。

"不是。"

"有人说薇纳斯被杀了，他们说她被一辆车子辗过，她的两条腿都被辗断了。"

"没有，"我说，"你听到的是谣言，那根本就不是真的。"

"那是迪方说的，"他回答，"你认识迪方吗，那个在杰米森先生五年级班级里的孩子？他是薇纳斯的哥哥法兰奇的一个朋友，我想那就是他说的。那是当他在对其他几个孩子讲那件事情时，我所听到的。"

"不，那完全不是真的。"

"薇纳斯死了吗？"杰西问，他的声音柔和中带着肃穆。

"不，杰西。过来这里，我们坐下来，好好来谈谈这件事。"

这段对话正好传进双胞胎的耳中，非常迅速地，事情显然变成他们兄弟俩完全不了解杰西、比利和我在谈些什么。听到我说薇纳斯发生事情、目前正医院里接受治疗时，他们的好奇心大发，开始显得坐立不安。因此当比利、杰西和我更进一步深谈时，我让他们兄弟两人玩拼图游戏。

"我对比利和杰西解释,我也不是非常清楚状况,或许我们谁都不清楚,包括薇纳斯哥哥的朋友迪方。"

"怎么会呢?"杰西问。

"因为我们听到的内容都差不多。"我轻轻地说。

"为什么?"他问。

"因为他们不知道。就是那么一回事。因为我们都不认识薇纳斯的家庭成员,我们都不在医院工作,而通常那才是了解事实真相的渠道。"

"没错,可是迪方认识法兰奇,所以他认识他们。"比利说。

"可是他所说的是不对的。"

"你怎么知道?"

"因为克利斯汀生先生和我跟警方谈过,是警方告诉我们她在医院的,所以我知道迪方所说的并不是真的。可是我知道的也就只有这么多,"我说,"我们必须等待医院给我们更进一步的信息,而目前他们还无法给我们任何信息。"

"为什么呢?"杰西问。

"因为目前那是隐私。"

"为什么?"杰西问。

我对他微笑。"因为目前他们还不知道薇纳斯为什么会受伤,所以他们正在追查,在他们还没有追查出来之前,他们不想要说什么。"

"他们是谁?"比利问,"是警察吗?因为迪方说,薇纳斯的哥哥说警察到过他们家。"

"是的，警察是去过他们家。"

"为什么？"杰西问，"有人闯进他们家偷东西吗？"他的表情越来越担忧。"强盗伤害她了吗？"

"没有，就我所知那并不是强盗，"我说，"我不认为他们很确定薇纳斯是怎么受伤的。当有人受伤，而人们并不知道他是怎么受伤的时候，警察通常会来协助寻找答案。"

"有一次，有个坏人来我们家里，"杰西说，我可以听到他声音中的恐惧，"他们打我祖母的头，偷走了她的钱，她必须到医院去看医生。现在我祖母在她楼下的窗户上加上铁窗，因为当时坏人就是从那里进来的。"

"我们有一把枪，"比利回答，"那就是我们保证安全的方法。要是小偷强盗敢来我们家，我们就开枪把他打死。你的祖母应该也要有一把枪。"

"她说枪对人们不好，除非他们是警察或什么的。她说，如果我们有了枪，我们很有可能会误射到我们自己的人。那就是那些有枪的人里经常发生的事情。"

"我不认为那是真的。"比利说。

"我祖母说的。"

比利转头看着窗户，专注地看了一两分钟。杰西剧烈地抽搐起来，他的肩膀在他的耳际附近痉挛着，头不停地扭动。

"我无法想象，要是我们班上有人死掉，那会是什么情形。"比利说，仍然望着窗户。"那种感觉很诡异。"

"我不要去想那种事情。"杰西回答。

"小孩子是不应该死的，"比利说，"虽然我不是很喜欢她，她很笨，重要的是，她还老是攻击我。譬如，只要你错瞄她一眼，她就会发狂，然后她就会变得很诡异。她从来不讲话，只是坐在那里瞪着我，可是那和那些想要人们死掉的人是不一样的。"

"孩子因为各种原因而死亡，"杰西接着说，"很多孩子确实死了，你知道的。他们被车子辗死。我就认识一个孩子，他被车子撞到，然后就死了。他当时正好下了校车。他的弟弟是我班上的同学，当时我读幼儿园。"

"哇噢。"比利说，一脸惊异。

杰西自卑地轻耸肩膀。"呃，我并不是真的认识他，可是我认识他的弟弟。"

"哇噢，太诡异了。"

"还有，就像我祖母说的，有些孩子被枪射死。"杰西说。

"而且有的还有可能被水溺死，"比利接着说，"我听说了关于小孩子被溺死的事情。"

"或者你可能生病，像是癌症或什么的。"杰西说。

"或者被电死。我就在电视节目上听到有个孩子被电线电死，因为他在不应该玩的地方玩。"

"有很多方式会让人死掉。"杰西说。

"哇噢，太诡异了。"

两个男孩沉思了好一会儿，然后比利转头望着我。"当你死的时候会怎样？"

我淡淡地微笑。"我希望我能够知道，比利，可是我并不知道。"

"你应该知道的,你是一个老师啊。"他回答,口气并没有我所预期的嘲讽,而是真诚地看着我。

"可惜的是,我是一个老师并不代表我能够回答所有的问题。我不能,没有人能。"我回答。

"可是你可以去查……"他说,他的语调因怀着希望而升扬。"不是有某个特别的地方可以让老师们查的吗?"

我又微笑起来。"没有,没有这样的地方。"

"应该有的,就像,有一本巨大的答案书,全世界的答案都在那里面。"他笑着。

"我们上天堂,"杰西说,"如果你接受耶稣基督是你的救世主的话。"

"可是你也要很乖才可以。"

"没错,那个也要。"杰西同意。

"可是我不知道关于这个天堂的事情,"比利说,"当我的沙鼠死掉的时候,我们的牧师说它不会上天堂,因为它没有灵魂,只有有灵魂的东西才能够上天堂。"

杰西皱了皱鼻子。"哦,我不认为那是正确的。我的狗被车子辗死,可是它上了天堂。我祖母说的。"

"也许它有灵魂,"比利说,"也许狗是有灵魂的。"

"沙鼠也许也有灵魂,"杰西说,"我觉得所有东西都有灵魂,就连石头之类的东西也都有,只是我们不知道罢了。而且因为我们不知道,我们就不觉得那是真的。"

"没错,你也许是对的,有很多东西都是那样。"比利说。

比利转身向着我。"可是你知道我在想什么吗？不是死亡的事情。我不认为我在乎死亡的事情，因为或许那就像活着那样，只是不一样罢了。可是我不知道的是，死亡到底是什么样子？我不知道那是什么感觉。你觉得那真的很吓人吗？因为我老觉得那一定很吓人。"

"是的，我很怕死。"杰西说。

"是的，我也是。"比利同意。

"我也是，"我说，"可是我想那只是确保我们专心活着的自然方法，否则我们可能会忘了要好好照顾自己。可是我不认为死亡或许会令人觉得很害怕。如果那是我们每一个人必须做的事情，那么它一定是一件自然的事情，就像长大那么自然。所以，我认为，当时间到的时候，也许我们已做好准备，因此并不会觉得害怕。例如，在你非常小的时候，你看着比较大的孩子去上学，你心里想，'那看起来很可怕。我必须离开妈妈，而且一整天都不能在家，我绝对不要那样做'。可是等你大到可以上学的时候，你心里想，'这件事情很有趣，我等不及要去上学了'。然后你到了学校，看到比较大的孩子读着他们的课本，你心里又想，'那看起来很困难。我很害怕，我绝对做不到'。可是当你上四五年级的时候，你也会读到同样的课本，你看着那些课本，并且心想，'这件事情很有趣'。那是因为你已经到了那个年纪，你已经够大了，而在你还没有准备好之前觉得很害怕的事情，现在似乎都变得很正常。所以，我想死亡一定也像那个样子。当时间到了的时候，我想或许我们都已做好了准备，它就没有那么令人害怕了。"

愉快的微笑泛过比利的脸庞。"嘿，我懂了！没错，你或许是对的。"

杰西可就没有这么容易释怀。"可是小孩子怎么办呢？当小孩子死亡的时候怎么办呢？他们不可能做好准备的。"

一阵沉默。

我看着他。"我不确定，杰西。"

"很多这类的事情是没有答案的。"比利附和我说。

"没错。"我回答。

杰西厌倦似地摇摇头。"很多事情不应该发生在小孩子身上的。很多事情不应该发生的……"

跟手对话的艾丽斯

> 她有一头长长的金发,用发箍拢到脑后,就像《爱丽丝梦游仙境》中爱丽丝的造型。

周末来临,那两天给人一种奇怪的厌恶感,好似我们被陷在某种浮躁不安的气氛中。我们全都急着想要知道薇纳斯的消息、她的现状、她到底发生了什么事,但我们几乎得不到任何可靠的消息。警方严禁讨论这件案子,那意味着社服单位也必须禁口。他们不愿对鲍伯或我说明,虽然我们对案情介入如此之深,仍是局外人。

我打算直接去医院,看看他们是否愿意让我进去,可是,我虽然认为自己拥有坚毅的性格,仍然没有那么大的胆子直闯医院。我害怕被赶出来,不知道该说些什么,在不当的地方、不当的时间被驱离。也许有人会视我的好心是种喧闹,视我的出现是种干扰,这样的想法令我裹足不前。所以,虽然我很想直闯医院,但我并没有那样做。就像其他人一样,我待在家里,我在等候电话铃声响起。

这种浮躁不安的感觉，来自于很难专心做任何事情，因为不论做什么事，薇纳斯的身影总会不断地飘进脑海里，而这根本就是个死胡同。我把个别教育规划书和其他岁末教材带回家，以便为孩子们准备好下学年的新学习方案，可是我还是忍不住会去想薇纳斯的课程规划。我该怎么规划她的课程呢？

我看着她的个别教育规划书，这是我需要为每个孩子做的"处方单"，详述下个步骤的必然学习内容，以期达到各种不同的教育目标。此举的主要目的在于，赋予教育过程一些责任。这些是孩子们需要学习的，是我将要教的，是在多少时间内必须完成的。看着薇纳斯目前的个别教育规划书，那简直是乐观到了极点。"薇纳斯可以辨识与子音相关联的声音。"我甚至还没有致力教导薇纳斯清晰地说话呢，甚至还不知道她能否发出那些声音。我几乎可以确定，她完全不知道子音是什么东西。

我打算如何教育这个孩子呢？我不认为我曾经教过这种谜样的孩子。相处一整个学年下来较大的收获是，我比她刚到时多了解了她一些。我还清楚记得开学的第一天，当我从停车场走向那条长长的人行道时，看到她就站在她的围墙上，身体向后倾，脸向着太阳。我记得她所散发出来的那种无精打采的神秘感觉。她的模样让我想到旧时代的某个女神，因为那种神态有如把我们所有人都鄙视于地，她那种放松的后仰姿势，遗忘墙下众生的神态，好似万物与她无关，好似它们并非她真实世界中的一部分，而且我们也不认为它们是。只是薇纳斯的世界中包括了些什么，我依然不知道。

虽然存在着这个宽阔的壕沟，但我并不觉得薇纳斯是无可救药的，并没有感到挫折。虽然我对某些孩子有时会产生那种感觉,那是因为我知道我对他们力不从心,再不然就是我不知如何教导。但对薇纳斯,我觉得没有问题。虽然进步细微,但我一直感觉到她和我之间心灵相通。可是那种事情是无法白纸黑字写在个别教育规划书上的。我能在规划书上说些什么呢?我所设定的目标:"在不催促的情况下,让她走过教室。""让她拿着录像带并亲自将它放进录放机里。"这样的目标对个别教育规划书而言根本就谈不上是个目标。个别教育规划书是为教育目的而设的,包括阅读、写作、算术。许多教区都已计算机化,不需学生动手写字,因此虽然贴着"个别化"的卷标,其目标却一点都不个别化。我注视着她那被我特别谨慎填写的个别教育规划书,心想:接着会发生什么事呢?

让那段时间变得更加混乱的是,我班上来了一个新女孩,她的名字叫艾丽斯,八岁,只是她看起来不像个八岁的孩子,因为她瘦小得有如一个幼儿园的小朋友。她有一头长长的金发,用发箍拢到脑后,就像《爱丽丝梦游仙境》中爱丽丝的造型。除了她的头发末梢曲卷纠结,让她添了一份狂野气质外,她活脱就像童话故事里的那个爱丽丝。另外,她还有一双似铜铃、会跳舞的褐色眼睛,这更给人一种顽皮的感觉,觉得她会是那种动作轻快敏捷的小孩。

她大约在两个月前与她的家人搬到这个城镇来。他们先前住在后东区,她就读的是蒙特梭利小学,那所学校的教育方式是视"发展的"阶段,以及孩童们本身的进步速度而定。结果,她的学业技巧严重落后于她的年龄所应具备的程度。她曾被安置到她家附近一所学校的三年级常规班，并为她安排支援协助，可是很快地，她的学业问题却更进一步凸显出来。

实情是，艾丽斯非常、非常地奇怪，一种难以解释的奇怪。例如，她会对她的右手说话。将她的右手伸展在她的眼前，然后专注地盯着它，并开始对它讲话，好似房中还有另一个人一般。她甚至还为她的手取名字为咪咪，而她对它说话的样子就好像年幼的孩童对着幻想中的同伴讲话。

艾丽斯同时也出现讲最奇怪的事情的倾向。这些都是极端奇怪且看似与任何事情无关的话，可是她经常几乎以诗的方式来讲它们。例如，当她见到我的时候，她的第一句话是："没有人哭，带着眼泪；没有人吃，带着吞咽声；没有人问，带着借口。"

我说："你可以坐在这里，艾丽斯。"我让她坐关妮先前坐的那张桌子。

艾丽斯回答："任何孩子在被遗弃后，会变得畏缩且等待。"

"你要不要把你的毛线衣挂在这里？"我带她去看我们挂外出衣服的那个小小的侧边入口。

"他们把他们的带扣磨得有如刀锋一般锐利。"她响应道。

不过，有些时候艾丽斯又能够很正常地讲话。当男孩们进来时，她会得体地与他们打招呼。她会问比利他的阿迪达斯外套是在哪里买的。她能做功课，虽然无法达到八岁孩子的一般程度，但她的能力高出杰西很多，而且也能很快地做完我从杰西作业本上影印下来并放在她的活页夹里的作业。她在阅读能力上能够与比利一较高下。

这个早上在心惊胆战中度过。没有什么严重的事情发生，就像平日一样扰扰攘攘地过去了。首先，当我开始指导艾丽斯一些功课的时候，比利和薛恩拉拉扯扯地打了起来。我不知道是为了什么事情，不过好像与一支铅笔有关，可是我一直没有去弄清楚是谁的铅笔或者为什么。我将他们两人分开并处罚他们去坐思过椅。

杰西的吠声尤其扰人。我不知道是不是因为艾丽斯的加入让他感受到压力，还是因为他这一天过得很不如意，反正他就是无法停止吠叫。

"那个男孩为什么要那样？"艾丽斯问。

"杰西得了图雷特氏综合征。"我说，并大约地解释那种疾病有时候会引发突然的吵闹声或身体动作。

"他的声音听起来好像一只野狗。"她回答。

"她在骂人。"比利怒吼道。

"没有，我才没有呢。他的声音听起来真的像只野狗啊，那又不是在骂人，那是一种动物。而且他的声音听起来真的很像野狗嘛。"

"什么是野狗？"杰恩问。

"那是一种狗，一种在澳洲的野生狗，"艾丽斯解释道，"而且它的声音听起来就像那个男孩的声音。汪！汪！就像那样。"

"好了，我想你们讨论够了吧。"我说。

"她在嘲笑他，"比利生气地说，"为什么你让她那样骂人，不管管她呢？"

"我没有'让她那样骂人'，比利，艾丽斯是新加入的同学，她正在学习规矩。而且我对你说'他'那个字也很不以为然。杰西就在这里，当你讲到某个在场的人时，要称呼他们的名字，否则，那就是不礼貌的行为。当有人在你面前那样说你的时候，会让你觉得他不把你当人看。"

"喔，狗屎，别那么他妈的指责我，"比利说，"我又不知道要那样，不是吗？"

我指着思过椅："那种不雅的语言不该在我们的教室里出现，而且你也不该用那种态度对你的老师说话。"

"不要。"他反抗地说。

"要的，否则你也可以坐在克利斯汀生先生的办公室里。因为在这间教室里，我们不说那样不雅的话。"

比利气愤地站起来并踱步走向思过椅。

"老师，你可以看到那个女孩的小裤裤。"薛恩喊道。

我站在比利的身前转头看着艾丽斯，原以为这下子可能要去帮她穿好衣服，没想到却发现她专注地与她的手对话，而且姿势端正地坐在她的座位上。相反的，杰恩正从椅角处往上偷窥艾丽斯的裙子。

"杰恩，回到你的座位坐好。"

"咪咪不喜欢那个男孩，"艾丽斯宣称，"我也不喜欢。这些男孩我真的都不喜欢。"

"你坐着的时候可不可以把你的双腿靠拢，拜托！"

情况未见改善。早上下完课后，艾丽斯又开始她那奇怪的习惯。"一、二、三、四，包在一起，拿去店里。"这是她对我要求她做数学功课的回答。

杰西走过教室，高举着我们装着乐高玩具的那口大箱子。那个箱子有苹果纸箱那么大，里面装满了数不清的小乐高，他把箱子弄倒了。我不知道他是抽搐，或者只是失去平衡或者怎么样，反正箱子就是打翻了，小小的乐高洒满整间教室。

"去拿扫帚把它扫干净，那样会比较快一些。"我说。

"你打算把它们丢掉吗？"比利嚷着。

"不是，用扫帚和簸箕清扫会比较快。不过他得把它们放回那个箱子里面，我们不会把它们丢掉的。"

"扫帚在哪里呢？"杰西问。

"上次是谁用的？"我回问。

"不是我。"

"不是我。"

"不是我。"

"不是我。"

这些回答来得如此之快，宛如合唱。就剩下艾丽斯了，她瞪大眼睛。"呃，不是我。"她说。

我们怎么都找不到扫帚，于是杰西退而求其次地用手一个一个将它们捡起来。比利迫不及待地想要帮忙。

"不行，留在你的座位上。"

艾丽斯说："我选红色的，游戏开始了。"

"什么游戏？"比利问，一脸的困惑。

"上帝是美好的，他把我们带回盛开的花朵，他把我们带回自己。"她回答。

比利的眼睛瞪得又圆又大。"天啊，你太古怪了。"他摇着头，"我还以为精神病是古怪，可是，哦，天啊，你真的很古怪。你知道吗？"

"比利，"我的眼神盯着他，"请不要再叫薇纳斯'精神病'了，我们先前就说好的。还有，拜托回去做你的功课。"

"哦噢，老师！杰恩流鼻血了！"

我转身才发现，血正从杰恩的鼻子流出来并滴到他的衬衫上，他的双手、他的桌子、他的长裤都滴到了鼻血。

"过来这里，杰恩，"我说着穿过教室走向他，"我们到水槽那边去。"我抓着一盒面纸。

"呕呕呕！"艾丽斯嚷着，"血！我快要吐了。我快要吐了。"

"不行，艾丽斯，你不可以吐。杰西，你可以暂时放下乐高玩具一分钟，先过来这里帮杰恩一下吗？"

"我快要吐了，"她说，并开始发出作呕的声音，"血总是让我想要吐。"

我丢下流血的杰恩，冲向摆在桌旁的垃圾桶，并将它塞到艾丽斯前面，她立刻往里面吐。

"呕呕呕！"比利惨叫。

我所能想到唯一可做的事情是唱歌，但唯一想到的歌曲却不太适合。"如果感到快乐，你就拍拍手！"我开始唱。"如果感到快乐，你就拍拍手！"我当然无法拍手，因为我手中正捧着满是呕吐秽物的垃圾桶。可是男孩们，托他们的福，很快加入唱歌行列，就连还流着鼻血的杰恩也不例外。艾丽斯看着我们，好似我们是疯子一般。

当天下午我们又见到另一个新成员，罗莎·加提尔兹，中年，体重分量十足，一头又黑又卷的头发由前往后梳拢，扎成发髻，并用一个颜色鲜艳的头巾系住。她神态自若地进入教室，犹如一直在这里工作一般。她亲切地向我打招呼，见到比利，还拍了拍他的背。

"嘿，你是个乖男孩！你几岁了？"她问。

"九岁。"他回答，有些吃惊。那让我十分钦佩，任何一个能够让比利小小吃惊的人都令我尊敬。

"我是新来的，"艾丽斯说，"我今天才来。"

"而且她吐个不停。"比利接着说。

"呃，甜心，我也是今天才来的。"罗莎回答。

"茱莉到哪儿去了呢？"薛恩问。

"记得吗？"我说，"我们前几日讨论过这个问题的。茱莉要到不同的学校工作，而罗莎从现在开始就要到我们的教室来。"

薛恩皱起额头，显然他不记得那件事。

"为什么？"杰恩问。

"因为那是克利斯汀生先生的决定，"我说，"现在，我们来欢迎罗莎，因为以后她每天下午都将和我们在一起。"

"好啊。"比利说完便转身面向罗莎，"那么，你会唱歌吗？"

* * *

罗莎的条件与经历正好符合我们的需要。她在教区任职多年，而且大多数都在发展迟缓的班级中任职，所以她的经验丰富，也能够与孩子们打成一片。她的性格可爱、直爽，能够轻松地畅谈她的想法，而且态度愉快、幽默。更重要的是，她会唱歌，虽然走调又太大声，但那却反而让她更融入这个团体中。

我们趁着大家准备好，等着下午下课时间到操场上玩之际，开始唱起"高高的希望"。罗莎说："天啊，我从来没有看过像这样的一个班级，突如其来的就唱起歌来。"

"你喜欢吗？"杰西问。

"我觉得这样很奇怪。"艾丽斯说。

"上帝在天堂里有小天使为他唱歌，"罗莎回答，"我感觉好像在这人间里有小天使为我唱歌。这一定是件好事，不是吗？"

"我觉得那样太古怪了。"艾丽斯说。

"怎么说呢？"罗莎问。

"我说不出来。"

"我也说不出来，"罗莎说，"所以我干脆就唱啦……啦……啦……啦。那样是没有关系的，知道吗？啦……啦……啦也行得通。"

"没错。"我说。

"我仍然觉得那样太古怪了，"艾丽斯说，"我觉得这个班级实在很诡异。"

"呃，"比利带着哲学的语气说，"那么你已找到了正确的归属。"

那一天，虽然是以重重挑战开始，最后却画下愉快的音符。就在我带孩子们下楼去搭校车时，罗莎到楼下的教师休息室为我们两人各买了一罐苏打汽水。我们坐在桌边聊天。聊天中，我得知她今年四十八岁，来自墨西哥奇华华州的一个小村落。她在十岁的时候以移民工作者的身份来到美国。她在还不满二十岁的时候就嫁给了乔，一位汽车维修师傅，并连续生了六个孩子，其中有两对是双胞胎。她在她最小的孩子开始上幼儿园后，便开始到教区当助教，因为这刚好可以配合孩子们的时间。现在她的孩子都已长大成人，除了将在秋季就要结婚的最小女儿外，其他孩子也都已成家立业。"我最小的女儿是位老师，"罗莎骄傲地说，"我有三个孩子在学校当老师，我们的血液里流着教育者的基因。"

在那短短半个小时里，我对罗莎的认识远比长期相处的茱莉还多。当鲍伯出现在走廊上时，罗莎和我依然意犹未尽地聊着。

"桃莉？"

我抬头望。

"我们有个会议要开，"他举起他的手表并敲了敲，"五点钟要和社服单位开会，在办公室里。"

看着他严肃的神情，我不解地扬了下眉毛。

"薇纳斯，"他说，"他们要在发布新闻之前先和我们谈谈。"

鲍伯和我被带进一间宽敞的房间，那是一间明亮、通风的房间，淡米黄色调的装潢，一张巨型椭圆形桌子占据房间的大部分空间。我认出了其中的几个人：社服单位的督导，我所认识的两位参与此案的社工人员，米尔瓦和山姆·帕特森两位警官也在场。不过还有其他许多人，包括便衣警察，十五个人围桌而坐。在门被关上之后，还有更多人加入，并靠墙而站。

"对于薇纳斯·福克斯的案子，我要有一个正式的简报，"督导说，"我感谢参与这个案子的每位成员，也要感谢各位来参加这个会议。"

然后是事情的来龙去脉。

在第二次暴风雪之后的那个早晨，薇纳斯意识昏迷地被送进医院。她不但体温过低，而且身上还长了冻疮。她的母亲在医院告诉医生，说薇纳斯在暴风雪当晚跑到外头游荡，事情就是在那个时候发生的。当脱掉薇纳斯的衣服要为她治疗时，院方的医护人员注意到她不但有营养不良的情形，身上还到处是持续受虐所累积下来的青紫瘀伤与擦伤。院方帮她做了 X 光检查，发现她身上有五处愈合程度各不相同的骨折，显示那些骨折已存在好一段时间。证据显示她还有二十二处旧骨折，全都已愈合。

督导缓慢又镇静地解释这一切，事无巨细地清楚交代，某个骨折是否已愈合或者尚未愈合，哪几处骨折显示她的双手在那当下是被绑起来的，她的头发的光泽程度显示她营养不良的开始。

我坐在那里，像花岗石般冰冷且无法动弹。

"为什么体温过低到这么严重的程度呢？"有人问。那人我不认识。

"我正要讲到这一点。"督导耐心地回答，好似老师教导学生一般。

就是在那一刻，我发现到"坏"可能永远会更糟糕。

薇纳斯的体温过低，是因为她被迫在没有暖气的浴室中裸身睡觉，而做这件事的最大嫌疑者就是丹尼，泰芮的同居男朋友，他辩称是薇纳斯老尿床，所以浴室是唯一适合她睡的地方。督导指出，在警方调查期间所收集到的证据显示，当时薇纳斯也许已在浴室睡好几个星期了，而且显然她在家的大部分时间都被锁在那里面，而且显然只在汪达想到送东西给她吃的时候她才有进食。事情再清楚不过了，她的一切几乎都由汪达负责打理，丹尼禁止其他小孩子与她互动。

听到这里，我的心已茫然，再也听不下去了。我坐着，盯着桌子，脑海中唯一容纳得下的是那张桌子的木头纹理。我再也不要听到"虐待"这个名词，也不愿想象那张桌子的光滑聚酯表皮下的木头纹理。

* * *

我们怎么可以对这场可怕虐待的征兆如此忽视呢？那是唯一的疑问，而这个疑问不停涌入我的脑海里。我怀疑那是我们所有人脑海中唯一的疑问。薇纳斯一直都在我们中间，她饱受殴打、折磨与挨饿，我们几乎每天都看到她，而我们竟然都不知道。她被锁在浴室里？裸身睡觉？吃剩菜剩饭？好几个星期？几个月？

这一切是怎样发生的呢？事情又是如何从认为"这个女孩不对劲"演变到现在这种惊人景况呢？我们怎么可以在她的身旁，却不知道问题存在呢？

会议结束后，我怅然若失。我感觉到内心像一个空洞的深渊，好似我的精髓全被吸走了一般。这令我感到很吃惊。我幻想着我自己感受到恐惧，或者极端厌恶——那种当人们碰到过于震惊的事情时会呕吐的感觉。只是，虽然会议过程中恐惧一直笼罩着我，但会议结束后我感到的只是失落。

为什么呢？我不确定。是我自己的无知吧，我猜。我本以为，在我的掌控之下，这种事情永远不可能发生；我本以为，我自信比大多数的人更敏锐，更能察觉发生在身边的可怕事情。所以我一直认为这些事情绝对不会发生在我身上，而现在它发生了。我在教室里面、在那些私人的时刻里，在与薇纳斯一起看录像带的过程中，我都陪伴在她的身边，这样的事竟然还是发生了。在所有人当中，我本该是最有机会去确定这件事情的人；在所有的人当中，我是最最内疚自责的人，因为我没有去确定。

30

薇纳斯的宝剑

> 他把那团东西递到薇纳斯的鼻前。"它是一朵纸花,我为你做的。"

会议结束后,鲍伯和我外出用晚餐。他的妻子苏珊在下班后也过来加入我们。我们选了一家小型的意大利餐厅,它看起来就像20世纪70年代某些烂电影里面的场景:难听的曼陀铃音乐放得太大声,红格子桌布上的红葡萄酒瓶里点着滴着蜡油的蜡烛,不过食物倒是很美味,酒又便宜又多。

我们和苏珊简略地描述案情,我们两人都难以控制自己的情绪,以致解释事情的时候老抓不到重点,不断地回到原点,满口不离"如何"与"为什么",也许那是因为没有答案可以回答那两个问题,我们实在没有什么可以说的。

于是我们把话题转到其他事情上,不过也都不是什么愉快的事。苏珊的一个朋友得了脑瘤,而且看起来已经到了末期……这里的食物又让我想起罗马的那次度假,所以我问鲍伯和苏珊是否去过那里。他们说没有,经济上不允许。鲍伯谈到在他的童年时期他的父亲为什么会破产,让他后来产生对金钱极大的不安全感,所以我们没有多谈度假的话题……最后,我们谈到过去,谈到鲍伯与我共事的第一年。不可避免地,话题绕到当时我们两人的满腔理想与热情,我们那时还曾誓言要完成那个理想,现在回想起来,我们当时是那么不可救药的"理想主义者"。我们随着那个话题不断延伸到许多小事情,那些事情让我们了解何谓真正的理想主义。这场交谈凸显出一个事实,至少我至今仍实践着那样的理想,只是我仅剩的一点点理想主义都在那个下午被吹得烟消云散了。

　　律师介入这桩虐待案打消了我去医院探望薇纳斯的念头,因为担心此举可能会导致对此案无法持客观态度,担心薇纳斯可能会说出或者我会灌输她有碍案情判断的观点。

　　一切都处于困惑的状态。现在有这么多方人介入这个案子,很难保持消息的畅通,很难得知事情的确切进展,很难知道我能够做些什么。薇纳斯的哥哥与姐姐在事情发生之后当然立刻被送到机构安置,不过这也意味着他们将被分散全镇各处,因为孩子人数实在太多了。不出几天的时间,这个家庭的所有孩子都离开了我们学校。汪达消失了。我听说她被安置到一个年幼孩童的团体之家,可是接着我又听说她被送到某邻近城镇的一处受监督的成人团体之家。丹尼因恶行重大而遭起诉,泰芮也以共犯罪名被起诉,他们两人都被拘留在牢中。

　　最后,我绞尽脑汁想出与薇纳斯保持联络的方法:送东西到医院给她。我们制作了一个小册子，我让班上每个孩子画一幅自画像，说一些他们在学校所做的事情，并且如果能够的话，也对薇纳斯说一些鼓励的话。然后我们把所有的东西以活页纸的方式用一条丝带绑起来，好让日后可以再往上加纸页。我的计划是往后至少每天送一页过去，告诉她班上所发生的一切。

罗莎协助薛恩做他的，我则帮助杰恩。两兄弟画了图并写道："早日康复。快点回来。"

"我很难过你住在医院里面，"比利写道，"我以前老叫你'精神病'，我很抱歉，我不是故意要伤害你的。希望你有一天能回来，我们一起在烹饪课上用盐和油做游戏音符。如果你的运气好的话，我还可以送你一个。我仍然去上我的资优班课程，我在那里了解了蚂蚁的生态。如果你的运气好的话，我可以送你一张蚂蚁的照片。我们在一个农场里养蚂蚁，不过那不是一座真正的农场，而是一座蚂蚁农场，你是绝对不可以踩过它的。爱你，比利。"

杰西写道："亲爱的薇纳斯，回来，我想念你。我觉得你很好，因为你以前从来没有发出怪声音。我们班上来了一个新女孩，她的名字叫艾丽斯。我以前也住过医院，切除我的扁桃腺。那很痛，害得我喉咙痛了很久，可是我吃到很多冰淇淋。我随时都想要吃。也许你也会有冰淇淋吃哦。我们在教室里暂时没有做什么有趣的事情，你不用特别想念这里的。"

接着是艾丽斯写的信。"你不认识我。我今年八岁，我喜欢兔子、花栗鼠、马以及所有其他动物。我不喜欢男孩或炒蛋。我有一双小脚。我才刚刚来这个班级，我也不认识你，所以写信给你好像有点奇怪。

我是女生，所以等你回来之后，我们班上就会有两个女生。回来吧！这个班上的男孩子太多了！我希望你赶快好起来，赶快回来。你的朋友，艾丽斯。"

几乎有两周的时间，我们困惑地等待消息，就连不正确的消息也不放过，因为目前的一切都由警方与法院掌控。我听说薇纳斯已经出院了，目前被安置在寄养家庭中，可是我不知道这消息是谁说的，消息来源是否准确。

有过两次，山姆·帕特森在放学后来教室找我，与我谈我与薇纳斯相处的情形。她翻着寥寥几则我对薇纳斯在我们班上的记录。薇纳斯一直是如此的沉默，以致教室中没有她任何的作业陈列，所陈列的都是男孩们的作品。除了薇纳斯的座位和希瑞的宝剑外，教室内看不到薇纳斯曾经存在过的痕迹。

另一次，鲍伯和我与这个案子的起诉律师碰面。他看了我的随堂记录，其中清楚地记录到薇纳斯难以计数的缺席以及我对这种情形的愤怒。他与我讨论我与薇纳斯的相处经验。他坦承他对这个案子倍感挫败，因为薇纳斯依然不对任何人说话。我问他是否知道汪达的下落，他说不知道。鲍伯问他是否碰巧知道汪达真的像他所听说的，是薇纳斯的亲生母亲。律师简短地点点头。

"一个没有什么希望的家庭，对不对？"律师最后以一种疲累的口吻咕哝道。

鲍伯同意地点点头。

我却想着，对薇纳斯这样一个人，寥寥几个字就可以交代清楚。

想要详细记录她,却反而是件极度困难的事情。

　　接着,大约在十天后的某个星期五早上,我听到教室外面的楼梯传来砰砰的上楼声音。我当时正站在一张椅子上,把一个新的3月份公布栏挂到墙壁上。我停下并转身,想分辨那声音是什么。因为当时是早上八点二十分,还有十五分上课铃才会响,孩子们才可以进来。

　　透过门上的窗户,我看见鲍伯的头。他抱着什么东西,那东西撞抵在我教室门上,并将它推开。跟在鲍伯身后的是一张轮椅,而他怀中抱着的竟然是薇纳斯。

　　"我有东西要送给你。"他语气愉快地说。

　　"哈喽!"我说着从椅子上下来。

　　鲍伯把她放到轮椅上。

　　她在许多方面已变得完全不一样了。纠结的长发不见了,现在她的头发短得就像个小男孩。那些又皱又不合身的衣服不见了,疥癣和小脓疱疹也一样消失了,她现在穿得干净整齐又合身,绿色的条纹上衣搭配绿色的长裤。至于那双贴满绷带的小脚,此时穿着一只小狗造型的拖鞋。

　　因为冻疮,她失去了双脚的脚趾。她应该能够站起来,以支架协助走路的,可是到目前为止她都还不愿尝试。这我想象得到,至于她以前那种毫无反应的问题,我猜也是复健上的一大挑战。她目前的状况就是暂时坐在轮椅上。

　　鲍伯离开后,我在轮椅的旁边蹲下来。"我很高兴你回来了。"

我说。

片刻沉默。该对她说些什么呢？我想要道歉，迫切地想要道歉。我要她知道我并非故意如此盲目，绝对不是刻意对她的痛苦遭遇视若无睹。可是这只是我心里的内疚之言，因此我们之间有着片刻尴尬的沉默。

"我很难过你发生了这么多的不幸，"我轻轻地说，"我希望从现在开始，一切都会越来越好。"

她没有回应地注视着我。

"你的脚还会痛吗？"我问。

她匆匆地瞥了一眼她的拖鞋，然后回头看着我，没有回答。

"或许很快它们就会越来越好了。可是现在我要带你去你的座位上，我要让你看看我们现在在做些什么。"

孩子们都很高兴。

"嘿，你回来了，"比利嚷着，"酷耶！一张轮椅耶！我可以坐坐看吗？"

"你要轮椅干什么？"杰西问。他在薇纳斯的桌旁绕来绕去，弯下腰，瞄着下方。"你的脚怎么了？"

薛恩和杰恩从旁经过。"我有礼物要送给你！"薛恩喊着，冲向他的篮子。"看，我为你做的。"他拿出一团皱巴巴的面纸。上个星期我们在美劳课的时候用面纸做郁金香，而这显然就是他的杰作，不过那充其量就是一张粉红色面纸罢了。他把那团东西递到薇纳斯的鼻前。"它是一朵纸花，我为你做的。"他把它放在她的桌上。

有点兴奋过度的杰恩捶打薇纳斯的桌子,然后跳上他自己的桌子。我再次把他抱下来。

艾丽斯平静地走了过来。"回忆的逝去是未来复活的一种手段。"她说。

"艾丽斯,你为何不向她介绍你自己呢?"我提议。

"不完整的痛苦与恐惧将永远不会消失。"

"好了,那么,也许待会儿再自我介绍吧。"我说,仍不懂艾丽斯古怪的话语,可是似乎当感到害怕的时候她就会那样说,所以我也就不加以理会。

这个早上还算正常地度过,不过我得非常严格地执行交通信号制度才有办法让他们安定下来,因为教室中充满一股宴会的气氛。这样的气氛与其说是薇纳斯制造出来的,还不如说是薇纳斯的那张轮椅,每个孩子都想要上去坐坐看或推推看。再者,这是我们第一个真正阳光普照又温暖的春日,而每个人都觉得像夏天,所以必须有很多"卑鄙老师"的行为才可以让我们回到正常轨道。

在我的内心某处,我觉得我期望薇纳斯变得不一样。但她并没有,她一如既往地沉默、没有回应。若说她真有任何改变,就是变得比以往更加沉默与没有回应。因为她允许男孩们在她的轮椅旁跳来跳去,这种情形若发生在以前,她绝对会发狂并展开攻击。然而她就只是坐着,一动也不动,仿佛她的脸就是一张面具。

现在不一样的地方是我和薇纳斯强迫性的亲密接触。当碰到我们不想麻烦位于教学大楼远处那个小小的、嘎嘎作响的电梯时,我就必须抱着她上下楼梯。我必须抱她去厕所，而这还包括得猜测她什么时候想要去上厕所，因为当然，她不会说。所以，每一节的下课我都会抱她上厕所，帮她脱穿裤子，抱她上下马桶。那种感觉很奇怪，如此私密动作的冒犯。而且我觉得，我是被迫去越过这种我不应该超越的界限，但这是不得已的选择。不过，我集中所有心志于对她传递温柔善意，让她感受到真的有人在意她的身体。我很在意她有没有感觉被粗鲁对待，有没有感觉被粗鲁地脱穿衣服或膀胱过胀不舒服的感觉，让她了解这世界上不是只有她所知道的那些恶劣的人，还有很多像我这样的人存在，传达这些对我而言是很重要的。

为了想要让一切赶快恢复正常，我一吃完午餐就下楼去找薇纳斯。那时她已被推到操场上，一位操场助理就站在她的旁边。

"你想要上楼吗？"我问。

薇纳斯抬头注视我的眼睛，她的眼神令人难以理解，表情完全深不可测。我等待她可能的反应。什么都没有。

"那么，我们何不试试看呢？"我说，握着轮椅的把手将她推进教学大楼。

我们来到电梯口，等候电梯下来。那是一件非常沉闷的事情，等候电梯的时间，我们其实已经可以走两三趟楼梯了。终于上了电梯了。"如果你能够再次走路，那一定很棒，对不对？"我说，同时把她的轮椅放在我们教室门外面，并伸手到我的皮包里面掏钥匙。"搭那个电梯太麻烦了。"

我打开教室的门，并把薇纳斯推入。

"要看录像带吗？我有一卷新的，是一位朋友给我的。"

她没有回应。我从我桌子的抽屉里拿出录像带并递给她，薇纳斯没有抬起手接它。

"很难再重新开始，对不对？"我问，把录像带放在她的大腿上。

"我很抱歉。"我说。

她没有动。我在轮椅旁边蹲下来，伸出手摸着她的脸，将她的脸转过来看着我。"我很抱歉我竟然不知道你发生了什么事，薇纳斯。我很抱歉我没有多帮一些忙。"

这时她张起她的眼睛看着我的，一个冗长、搜寻的眼神，用她的眼神紧锁着我的眼神。

"我不知道，真的不知道你遇到了麻烦，"我说，"要是我知道的话，我会试着帮忙的。我真的，真的很抱歉我不知道。"

她又注视了我好一会儿，然后垂下她的眼睛。她看着她放在大腿上的双手，原本交叉的双手，此刻扭绞了起来。

我不知道该说些什么，不知道接下来该怎么办。

她抬头看。"我的宝剑还在吗？"她哑着声音地问。

"还在。你要我现在就去拿来给你吗？"

她点点头。

我越过教室。我把宝剑放在美劳橱柜的上方，因为我担心男孩们也许会把它玩坏。我拉过一张椅子，站了上去，把宝剑拿下来。它沾了一些灰尘。

"等一下下，让我把它擦干净。"我走到水槽前，在水槽下方拿出一块抹布，把宝剑上面的铝箔纸擦得闪闪发亮。"来，"我把宝剑递给她。

薇纳斯用双手接过它，那是一个非常缓慢的动作。她握着它，将它拿近眼前，高举着它。一切动作都非常缓慢，好似定格电影的画面。她一手握着剑柄，另一手轻轻地抚摸着剑身，表情深不可测。

她的手臂随着剑身往上伸展，自她回来后我还没有见过这样的大幅度的动作。这一切都在无语且缓慢的气氛中进行，那是一种思想的缓慢，一种冥想式的缓慢，好似她是第一次看到它，想要仔细打量它。

"赐予我力量吧。"我面带微笑轻轻地说。

她看向我。宝剑仍然伸展在她的前面，可是她犹豫地抬眼望着我。

我微笑，她没有，只是注视着我一会儿，然后垂下她的眼睛，并慢慢地把宝剑放在她的大腿上。她的另一只手将它拿起来抵着她的身体，几乎好似要将它紧紧搂住一般。

"没有用的，"她柔柔地说，"真的没有用。"

31

开始学习说话

> "你说什么？"……"你说什么？""是的。"她终于说话了，声音非常轻柔。

罗莎很高兴见到薇纳斯。"看看你！你是不是很漂亮呢？你这样穿着可爱的绿色衣服，坐在那儿，活脱脱不就是最漂亮的小东西吗？你看起来就像一朵漂亮的小花！"

薇纳斯看着她。

"这位是罗莎，"我说，"她现在是我们下午时段的助手。记得茱莉吗？茱莉现在在不同的学校工作了，所以换罗莎每天来我们这里。"

薇纳斯没有响应，甚至没有眨眼睛。

"我也会帮助你，小花朵，"罗莎温暖地说，"我们今天要做一些数学，你知道吗？你有一张很棒的数学作业，因为我在你的活页夹里面看到的就是那一张。"

什么反应也没有。

而艾丽斯自信到就像她是薇纳斯生活中的一部分。

"我和她将会是最好的朋友。"艾丽斯说,此时她正好吃完午餐进到教室里来。"我们可以坐在同一张桌子的座位上吗?"

"就目前的情形看来,一个人一张桌子和椅子会比较好。"我说。

"为什么?为什么会那样?"艾丽斯问,"那是我来到这里之后所发现的第一件事情,五个孩子和五张桌子,现在六个孩子和六张桌子。为什么我们六个孩子不全部坐在一起,然后当其他班级的孩子来这里时,可以坐其他的桌椅,那样我和她就可以坐在一起,因为我们是最好的朋友。对不对?你说你叫什么名字?你,那边那个?"

薇纳斯没有转头看她。

"你知道我想要知道这个班级的什么吗?"比利说,"任何发生在我们花栗鼠帮的事情。"

"花栗鼠帮?"艾丽斯惊讶地说。

"没错。很久以前,我们几个家伙都是花栗鼠帮的,那是属于我们的一个特殊帮派,而且只有我们加入那个帮派,其他班级来的孩子都不能加入。帮派发生什么事了?为什么我们不再继续进行它了呢?"

比利现在旧事重提,使我意识到,我们真的已经忘了花栗鼠帮这件事。花栗鼠帮的活动大约是在交通信号开始运作的时候停止的吧,那个时候我们也开始唱歌,而真正让我们融合在一起的是唱歌而不是花栗鼠帮。

孩子们开始聊了起来。

"嘿,现在不要谈,各位。现在是做功课的时间。"我说。

"可是难道我们不能再进行花栗鼠帮的活动吗?"比利问。

"等到放学要回家的时候,我们再来讨论这件事情。现在,请打开你们的活页夹,拜托。"

"可是我和那个女孩坐在一张桌子的事呢?"艾丽斯问,她已经离开她的座位。"我们可以坐在一起吗?"

"对啊,我们可以坐在一起吗?"比利问,"我们可不可以重新安排这里的事情?我们好像永远都是这样子。"他刻意强调永远一词,好让事情听起来好似我没有经常换座位就是在折磨他们。

即便如此,我还是执意要他们做功课,为这场对话画下句点。"上一次我们试着几个人坐同一张桌子,结果我们陷入一场大战。"

"对啊,上一次我们试着几个人坐一张桌子,那已是几百万年前的事情了,"比利说,"那就像几百万年前一样。在我的资优班里,我们爱坐哪里就坐哪里,每天都如此。只要我感觉想要和哪一个孩子一起坐,我随时都可以和他们一起坐。"

"在你的资优班级里,孩子们不会想要宰了彼此。"我回答。

"我们班级也不会,不是吗?"艾丽斯说。

她的话提醒了我,现在他们已不再是我第一次指定他们座位的那一群小家伙了。

"对啊,所以让我们做嘛。拜托啦!"比利要求。

"对啊,我也要。"杰西插嘴。

"对啊,我和杰西,她和她,还有双胞胎一起,那样就行了,"比利说,"拜托啦!"

我不禁微笑。"好吧,我们来试试看,每个人都去找他们想要坐的地方。"

这让双胞胎感到失落，在我们讨论这件事情的时候，他们两人无聊地东摸摸西摸摸。一看到每个人都站了起来，他们两人惊讶地东张西望。

"嘿，你们两个，你们想要坐在一起吗？你想要坐在哪里呢，薛恩？"比利问。

"为什么？"

"他可以不必，比利。薛恩，每个人都在选择一个新位子坐，如果你想要坐在不一样的地方，你也可以。"

"我要和比利坐在一起！"薛恩嚷着。

"对，我也是！"杰恩跟着说。突然，他们就四个人坐同一张桌子。

"嘿，这下子，我可不觉得这会行得通。"我说，走了过去。

"为什么行不通？"杰西问。

"如果你们全都坐在一起的话，你们会胡闹的，那就是原因，"我说。

"你怎么知道？"比利回答，"你根本没有给过我们机会，根本没有试着发现我们是否能够守规矩。你老是认为我们会顽皮闹事，只是猜测，就是那个样子。"

"没错，我太了解你们了，"我说，"所以那是一种安全的猜测。"

比利俯身桌上对着双胞胎。"好吧。现在听好了，你们两个，如果你们想的话，你们可以是让女孩们感到很紧张的小色狼，但是如果你们想要坐在这里的话，就得坐着别动而且要守规矩，好吗？"

两个男孩眼睛瞪得很大。

"你们愿意吗？"

"愿意。"薛恩说。

"发誓?"

薛恩和杰恩正经地点着头。

"那么,让他们留下来吧,"比利对我说。

杰西窃笑着。"否则比利会揍他们。"他悄声地说。

"我会揍你啦,兄弟。"比利说,并玩笑似地捶了一下杰西的肩膀。

在此同时,艾丽斯正坐到薇纳斯桌子前的位子,她选择了一张位于薇纳斯轮椅旁的椅子。"我八岁,"她说,"我的生日是1月28日。你几岁?"

薇纳斯低头坐着,她甚至没有朝艾丽斯的方向看一眼。

"我有很闪亮的铅笔哦。"艾丽斯说,伸手到她的铅笔盒中拿出两支。"如果你想要的话,你可以用一支。"她把一支铅笔放在薇纳斯前面的桌面上。"拿去,这支给你用。"

没有回应。

"美丽的女神,你有一个很出名的名字,在神话故事里面,你知道吗?"

没有回应。

"我觉得你很幸运,比我还幸运。当我说出我的名字时,每人都想到《爱丽丝梦游仙境》的故事。他们总是说,'艾丽斯,最近有看到白兔吗?'那令我感到痛恨。我厌烦人们老是那样说。"

薇纳斯仍然没有反应,只是继续瞪着她。

艾丽斯靠向她。"为什么你都不说话?"

"艾丽斯,"我说,"薇纳斯不太喜欢人们太靠近她。"

"没错,她也许会扁你!"比利宣称,使力将拳头打在另一只手的手掌上。"你对我做过那种事,对不对,薇纳斯?刚开始的时候,她总是像颗原子弹一样突然爆炸。轰!"他非常大声地吼叫。

"比利,够了。"我说,并示意他再坐下。

双胞胎抗拒不了这个。"轰!"杰恩大吼一声,并跳离他的座位。

"轰!"薛恩附和着。

"轰!"比利最后一次大吼,然后做出一副睡眼惺忪的表情,低下头,做他的活页夹。

艾丽斯大大地叹了口气。"一个墓碑与坟场的世界,"她呢喃着,"一个泪水与恐惧的世界。"

杰西对我露出愉快的微笑。"你知道吗?我真的爱死这个班级了。"

现在已经不再需要在下课时间陪伴薇纳斯,午餐时间监督薇纳斯的那位助理现在也已不用做这项工作了,因为轮椅的限制,薇纳斯已不太会威胁到别人。不过,我决定持续与她独处的那段特别时间。所以当其他孩子下课冲往楼下时,我让罗莎带他们出去,我则留在教室内。

"你想要上厕所吗?"我问,因为我觉得如果必要,我最好把这些琐事先解决。

薇纳斯看着我。那让我想到,在某种程度上,我就像她身边的许多人一样,通常并不期待她会有所回应。虽然我拥有多年教导沉默不语的孩子的经验,应该能够适应她的沉默无语,可是她能说话,她曾证明过那一点,于是,我想,现在正是开始对她改变态度的时候了。

经过这次创伤之后，此时正是我们建立新关系的绝佳时刻。因此，当她这次没有回答我时，我并没有那么轻易就放过她。相反的，我等候着，用我的眼神紧紧锁着她。

"薇纳斯，现在你想要上厕所吗？"

沉默。

"你知道，如果你愿意开口说话，会对整个情况很有帮助的。我知道你不习惯说话，我相信要你开始说话会让你感到有些害怕，可是能够说话会比较好。所以，你现在想不想上厕所呢？"

依然沉默，我继续等候着。

沉默是一件有趣的事情。大多数人无法忍受沉默，九十秒钟大概是绝大多数人的极限，再来不自在的感觉便会涌上。我发现，处理拒绝说话的伎俩之一，是学会对更长的沉默感到自在。当众人的注意力开始分散时，为了让每个人的心思集中在"对话"上，可以重复问问题，不过无须急着问，而要保留沉默空间。所以，我继续等候。

终于，她轻轻地点点头。

如果我想要让薇纳斯焕然一新，我就必须坚持到底，绝对不可"半途而废"。当然，那么做是很令人心疼的。可怜的孩子，才刚刚从严重的虐待中回到学校，她的伤都还没有痊愈呢。要展现同情心是非常、非常容易的，当然，主要原因是我想要那样做。可是现在面临更大的问题是，"现在不坚持这么做，以后就永远没有机会了"。为了她好，同时也为了我好，薇纳斯需要开始发音清楚地明确响应，而且我也知道她能够说话，我不认为这是过分要求。于是，我说："我很抱歉，你说什么？"

没有回应。

"你现在想不想去上厕所呢,薇纳斯?"

她更直接地点头。

"你说什么?"

没有回应。

"我很抱歉,我没有听到你说的话。"

她非常清楚地点头。

"你说什么?"

她抬头看着我,眼中罩着一层困惑。显然,她不明白我怎么还不懂她的意思。

我将一只手放在耳后,并斜向她。"你说什么?我没有听到。"

她非常清楚地点头,眼睛直直地盯着我。

"我没有听到你说什么。"

她犹豫着,别开头去,然后回过头来看着我,又低头看着她的大腿。"要。"声音非常轻。

"对不起,说大声一些。"我说。

"要。"不够大声,但已快接近正常。

我露出微笑。"你想要去上厕所吗?"

"要。"

"好,我带你去。"

在与那些拒绝说话的孩子的相处经验中,我发现,一旦孩子开始说话,就必须持续地要求他说话,直到他习以为常。于是,一到厕所,我按下轮椅的刹车并说:"你觉得你可以站起来,让我可以脱下你的裤子吗?"因为先前带她上厕所的时候,要拉她这样身材的孩子站起来已经是困难重重了,更何况同时还要帮她脱掉裤子。

没有回应。

"你说什么?"

又没有回应。

我蹲坐回我的脚跟上。

薇纳斯看着我。

"你的脚很痛吗?"

她没有回应,于是我等了更久。

她慢慢地点了点头。

"你说什么?"

没有回应。

"你说什么?"

"是的。"她终于说,她的声音非常轻柔。

就这样,一句接一句,一个问题接一个问题。"你好了吗?""要不要帮你擦屁股?""如果我抓住你的话,你能够自己把裤子拉起来吗?""你洗得到手吗?""你要我给你一张卫生纸吗?"她全都回答了。最后,我们用了超过下课的二十分钟时间。等到薇纳斯和我回到教室内时,孩子们已经回来十分钟,罗莎早已让他们开始做美劳了。

"看看我的作品!"艾丽斯说,并指着她正在捏的陶土。

我把薇纳斯推过去她的位子。"要我帮你拿一些陶土吗？"我问。

没有回应。

"你说什么？"

"好。"她说。

于是我帮她拿来陶土。

32

友情的帮助

> 我最佳的盟友竟然是艾丽斯。艾丽斯并没有因为薇纳斯的冷漠而退缩。

由于生理与情绪上的后续问题,薇纳斯已经被安排到一个寄宿家庭,这个家庭的父母亲已就处理她的严重问题接受特殊训练。至于她其他的兄弟姐妹们,也都已分散城镇各地的寄养家庭中。汪达被安置在附近某小区的一所受监督的成人团体之家,并参加一个特殊的庇护性研习营。

我对薇纳斯的寄养母亲奇威太太印象非常深刻,她在薇纳斯回来上学第一周的最后一天来学校看我。她与她的丈夫有丰富的受虐孩童寄养经验,虽然不曾处理过薇纳斯这类情绪问题的孩子,但她仍有信心可以面对。更重要的是,当她和薇纳斯讲话并帮助她时,她对薇纳斯展现真诚的温暖,她所展现的怜悯姿态绝非只是在老师面前故作姿态而已,她对薇纳斯的微笑、言语与抚摸都是发自内心。

在这些新发现的温暖中,我想我们都期望薇纳斯的生命能够很快绽放。在有生以来第一次感受到照顾、支持与鼓励的环境中,她能够挥别过去被环境否定的阴影,呈现积极的生命状态。然而,随着3月份数周过去,我们这样的期待并没有发生。

薇纳斯现在虽然开口说话了,但她的这项改变并非一蹴而就,所说出来的每个字都得来不易。她从不直接回答任何问题,总是拖延很久才回答,不论在教室里或与我私底下相处都如此。而且这些都不是自然随兴的回答,只有当有人对她不停讲话时她才有响应,且通常不超过一个字。

那是我们唯一获得的明显进步,其他方面则一无所获。她依然闭锁、安静,若问我的看法,就是忧郁。

忧郁!一想到这个词,我立刻明白了。忧郁正足以形容这一切。这令我极感惊讶,不只因为那似乎如此文不对题,同时也因为她的行为一直是如此的"闭锁",极容易让人将之误认为忧郁。为什么在一切终于好转的时候,她竟会变得忧郁?不过,先前我从未有过那样的感觉。虽然她以前在班上经常出现发狂的行径,不论是在她对男孩们的爆炸性反应中,还是当我们一起玩希瑞的游戏时,但至少那展现出一种天生的活力,现在却什么都没有。

薇纳斯不愿再看希瑞漫画,对那些漫画不再像以前那般充满兴趣。她在教室里做了更多摆在她前面的功课,而少有以前那种没有任何预兆便发动攻击的"危险"状态。我的确希望她进步,可是不是这个样子的进步。

那天的事情令我想到学校的心理医生班·亚维利,于是放学后我顺道绕到办公室，并打了电话给他。就像绝大多数的学校心理医生一样，他忙到无法立刻过来探望薇纳斯。他目前的案子已经累积到接近两千名学生，还得负责监督3月份整个教区的评估测试，相较之下，顺道过来处理一个只是需要做心理评估的孩子这件事就显得不那么重要。不过，他答应一有时间就过来看她。此外，我们还聊了一下，他说就她生命中的种种遭遇与不幸来看，忧郁是可以预期的。我说令人不解的是，从不幸遭遇到温暖、幸福的家庭，竟然会让人变得忧郁。班回答了一些关于人类更奇怪心理的事情。

后来我对鲍伯提及此事。我知道薇纳斯目前正接受某种心理上的协助，但并不知道此事的细节，因为，以我只是身为她老师的卑微身份，我没有立场得到这么细微的消息。但我觉得鲍伯可以把消息传给我。

我最后一个通电话的对象是奇威太太。我说我很担心薇纳斯不寻常的退缩现象，不知道那是否就是忧郁的症状。她也觉得薇纳斯非常安静，可是就她与受虐孩童相处的经验得知，那并非不寻常。面对这一切的改变薇纳斯是需要时间调适的。她告诉我，医院派了一位心理医生照顾薇纳斯，他知道薇纳斯的问题，而那是目前我们所能做的。

"我们所能做的"似乎就等于我们能力仅止于此。没有人提出任何特别的建议，以帮助薇纳斯走过她人生的这一段新坎坷路。最后，即便她丝毫没有尝试的意愿，除了支持、耐心与继续鼓励她前进，我实在想不出其他方法。

出人意料地，我最佳的盟友竟然是艾丽斯。艾丽斯并没有因为薇纳斯的冷漠而退缩。我猜，就算你习惯和你的手讲话，那么和一个人讲话，即便那是个完全不理会你的人，也算是一种进步。就这样，艾丽斯快乐地和薇纳斯聊天，并与她互动，好似薇纳斯实际参与班上的所有事情。她在做学校功课方面特别厉害，会很快地做完自己的功课，然后和咪咪聊天，之后又督促薇纳斯做功课。

"嘿，你要做这个吗？"她问，"我来帮你。"她会打开薇纳斯的活页夹并拿出里面的东西。"看，一张数学作业耶，加法。要我帮你吗？"接着艾丽斯会将她的椅子拉到薇纳斯的轮椅旁边，并把咪咪放在桌面上，手掌朝上。"二加三，"艾丽斯会说，"你就这样算。咪咪，给我们看看三。看，三根手指头。现在，你只要再多算两根。五，看到没有？看到该怎么算了吗？"

薇纳斯往往一言不发，而艾丽斯不但从头说到尾，而且通常也会把每一道数学题目做完。只是她会掩饰得很漂亮，会想办法让薇纳斯自己写下来。"你来写。"艾丽斯会说，薇纳斯只是坐着。"不，你来写。咪咪很忙，因为她负责算数字，你来写。"最后薇纳斯会拿起铅笔并把数字写下来。

我让她们持续那样的做功课模式。表面上，两个女孩都没有做到她们本身该做的事情。艾丽斯花在薇纳斯的功课上的时间比花在自己功课上的还要多，而薇纳斯根本没有做她自己的功课，可是两个女孩之间似乎有什么事情正在发展着。虽然薇纳斯经常完全不理会艾丽斯，但我看得出来，事实并非如此。她的确写下艾丽斯要她写的东西。她不会像逃离任何一个在她轮椅旁打转的男孩那样逃离艾丽斯。同时，当其他课程中艾丽斯忙着在桌子上进行她自己的活动时，尤其是当她专注于与咪咪没完没了地聊天时，我经常发现薇纳斯会看她。那是一种偷看，只用眼睛瞄她，她的头几乎是一动也不动，可是她就是在看她。

新学期开始之际，由于男孩们个个那么急躁又无法控制他们自己的行为，以致我们一直没有培养出早晨讨论的习惯，一如我以前所教过的班级那样。当时，他们分秒都安静不下来，整日打架，只差没有宰了彼此，于是我们采取必要的角色扮演，募集午餐费用，并举办让我可以永远令他们彼此保持至少十英尺距离的活动。

我错过这个讨论时段很长一段时间。那是连接家与学校之间一个很棒的时段，让孩子们可以谈谈他们家里所发生的事情，或他们惹的祸事，或他们的不悦情绪。那是孩子们沟通的一个绝佳机会，进而让我们能够处理教室内继之而起的任何麻烦，而且也让人对良性权威产生一种比较民主的感觉。只是男孩们就是迟迟无法调整自己的脾气。

随着日子不断消逝，孩子们变得越来越稳定，我们最后终于培养出讨论的习惯，只不过我们把时间改到放学之前。就在交通信号制度开始奏效时，男孩们做功课的速度也变得越来越快，每个人完成功课的时间都比我预期的还快，因而让我们有十或十五分钟多余的时间可以利用。为了保持安静，我要求他们告诉我当天所发生的一件好事与坏事。他们全都很喜欢这项活动。比利——当然，就是那个不停问明天是否可以继续这项活动的人。很快地，我们顺势在放学之前设定一段正常时间来做"报告"。

"报告"的气氛开始变得很踊跃。我们的活动内容仍然以好事或坏事为主，可是我们也谈其他事情。我利用这个时段来介绍必要的讨论事项，诸如照顾他们的财物，设身处地替人着想，还有例如游戏场上的道德问题。我们利用这个时段解决诸如,当课外读物看起来很相似时,如何区分哪一个是谁的;要把慢跑鞋放在哪里才不会让教室里充满臭味,但这不表示可以干脆把鞋子放在窗户外面;让"我看起来很好笑"的确切原因是什么。我们计划内容,体会其他特殊活动,并讨论如何改变某些教室规矩。有时候,当我想提供某本书或教学杂志上得到不错的活动构想时,便会利用这个时段进行。

其中某个"思考体验"便凸显出这样的可能性:如果你能够问全世界的任何人一个问题,并能得到答案,你会问什么问题呢?我认为那会是一个能够引来热烈讨论的开始。

比利热烈投入,挥动他的手。"点我!点我!点我!"他尖叫着。

"好吧。"我说。

"嗯!"他以戏剧化的腔调回答,"我想要问上帝。我要问,'当你死的时候会是什么样子?'"

"那是个很好的问题。"我说。

"我要问上帝未来会怎么样,"杰西说,"那是我想要知道的。"

"没错,例如在你快要死的时候,"比利愉快地插嘴,"因为那是非常有意思的事情,很值得知道。你有没有想过,例如,日历上的某一天将会是你死亡的那一天?例如,1月1日。可是每一年你都在不知不觉中度过了1月1日,不知道那将会是你整个生命当中第二个重要的日子。第一重要的是你的生日。因此,每个星期你都度过一个星期四,而那一天原是你要死亡的日子。"

"谢谢你的乐观思想。"杰西说。

"可是那不是很有趣吗?你们以前可曾想过那个问题?"

"是的，非常有趣，"我说，"而且我承认，我没有想过那个问题。"

"可是你将在那一天死掉，那似乎再平常不过。我们不知道，那似乎是很平凡的一个日子，可是终有一天它对我却是一个重要日子。"

我对他露出微笑。"那的确非常有趣。我们是不是该让其他人也提出他们的问题呢？艾丽斯？"

"我正在问咪咪。"她说，将她的手握在她的前方。

"我要问米老鼠，"薛恩说，"我要问他是否喜欢住在迪士尼乐园里。"

"我要问我祖母我的生日礼物是什么？"杰西说，"因为我的生日在6月，可是我不想等到那个时候！"

"嘿，不公平！"比利嚷着，"杰西已经轮过了。如果他能再轮一次，那我也要再轮一次。"

"比利，安静，拜托。我们可以多轮几次，可是让其他人把第一次轮完。艾丽斯，你有没有想到什么？"

"满天星星闪闪发亮。风走了，就像悲伤。"

我扬起眉毛。辅导艾丽斯的心理医生说，压力引发她突然性的怪异言论。我不确定这样的讨论会让她感受到什么压力，可是我仍然不明白为什么艾丽斯会这一秒表现很正常，下一秒立刻有一百八十度转变。在某些场合中，这样的行为似乎突兀到几乎需要就医的程度，好似她的某种疾病突然发作一般。可是但凡听过我提及此事的人，都没有听说有这类的疾病。

"艾丽斯，那是个不实际的问题。你可以再提另一个吗？"

她眨了眨眼睛，有如大梦初醒。

杰恩举起他的手,那是他从比利那里学来的动作,而比利的这个动作是从资优班里学来的。"我想要问高飞狗他是否喜欢住在迪士尼乐园里。"

"你和薛恩对迪士尼乐园很熟悉,对不对?"我笑着回答。杰恩愉快地点点头。

我又转头看着艾丽斯。"那么你呢?"

她又问咪咪。坐在她旁边的是薇纳斯。薇纳斯转过头,直直地看着艾丽斯对咪咪讲话。正常情况下,我并不会把薇纳斯列入这样的讨论名单中,可是那一刻,我觉得她非常投入这场讨论里。

"薇纳斯?"

比利察觉这个非常规性,在他的椅子中倾身向前,毋庸置疑的,是准备要质询为什么我要问薇纳斯问题,因为我们通常不会这样做。我对他伸出一只手示意他保持安静,于是他又坐回他的椅子上。

薇纳斯看着我。

"如果你能够问全世界的任何人一个问题,你会问什么人呢?"

一阵冗长的沉默。我看到薇纳斯深深地吸着气,她的眼睛从我的身上飘到教室内其他人的身上,再到艾丽斯的身上,然后凝视着半空好一会儿。我以为她不会回答,因此我没有重复问问题。我不太确定我会等多久,我犹豫着。

然后薇纳斯的眼神又回到我身上。"艾丽斯。"她轻轻地说。

"你会问艾丽斯?"

她轻轻地点点头。"我想要知道,为什么她老是和她的手讲话?"

33

孩子们的庆生宴会

> "看看你,小花朵!你真的是个漂亮的小东西!"我觉得当时薇纳斯的唇间闪过很轻的一抹微笑,只是很轻。

薇纳斯忧郁依然,就像蜘蛛网将她紧紧缠住。她日复一日地驼坐在她的轮椅中,有如她已深陷其中。在我的眼中,她似乎永远都是那么的疲累,动作缓慢又迟钝,好似一切事情都不值得努力。

虽然如此,她还是有进步。她与人的互动越来越好。在经过一段时间后,她的确与艾丽斯讲话了。若是有人等待够久的话,她的确也会回答是或不。随着报告时段所进行的讨论,她非常偶然地开始参与了讨论。不过这一切都还不到我所谓的自然,可是也距离不远了。

不过,有一件我们无能为力的事情是,我们无法让她试着站起来或走路,她只能死命地留在轮椅上。不论她做了多少心理治疗,也不论她的寄养父母、医生、我或任何人给她多少的鼓励,向她保证她现在可以如何试着恢复正常的行动,再也不需要靠轮椅代步,她就是拒绝尝试。有些时候，当我拉她站起来时，她犹如铅块那般沉重。除了当我带她去上厕所，需要她站起来好让我可以帮她脱裤子时之外，其余时候她连尝试站起来都不愿意，更别提要她走路了。

3月份的第三周，有一场针对薇纳斯的问题而举行的大型会议，期望每个人都尽可能地配合对她的延伸照顾。那是所有涉及薇纳斯案子的人第一次同处一室，包括社工人员、她的寄养父母、医院指派的儿童心理医生、仍然代表警方继续处理这件虐童案的警官山姆·帕特森、两位精神科医生，以及鲍伯、罗莎还有我。每个人都在谈论着薇纳斯的进步情形、接下来该怎么做。我告诉他们薇纳斯看似忧郁的情形，心理医生指出，就这个案子而言，这属于正常的现象。我问为什么。他说是因为她悲伤她所失去的一切之类的。此时某人插嘴问，"譬如什么？在浴室里裸身睡觉吗？被打断骨头吗？失去那些痛苦折磨又有什么好悲伤的呢？"

心理医生会意地轻轻耸了耸肩，然后很快摊开手做出一副无助的姿势。"我猜那就是她所拥有的全部。"

精神科医生讨论着让她再走路是如何重要的事，因为她的肌肉会因为长期没有使用而萎缩。如果她不开始让她的双脚承载她的体重，很快她的双脚就会出现问题，因为被截去脚趾的部分区域在愈合的过程中，将无法创造出一个新的体重承载结构。一场关于截肢后心理恢复的讨论随之而至。

最后，我想我们都有一个共同的想法，就是薇纳斯想念她被截断的那些脚趾头。有人认为这是导致她忧郁的主要原因，其他一些人则认同地点着头。她悲伤她失去所有脚趾头，那听起来很合理。

我却不如此认为。毋庸置疑地，这样的失去会令她十分沮丧，但是我无法想象那是导致她忧郁，或者她拒绝站起来或走路的最主要原因。的确，在讨论忧郁的问题以及她重新站起来的重要性上，我们各持己见，直到最后离了题。有些人开始进入冗长的忧郁理论探讨，话题被死锁在几个观念上，心理学的人们支持心理的理论，精神科医生们支持生理的理论，社工人员支持的又是完全不同于二者的理论，包括小区中的照顾问题。虽然这些权威专家拥有各个专业上的理论与知识——一开始处理薇纳斯的问题时，我就想引进来的那些专业人士，我希望我所有的孩子都能够得到这些专业人士的帮助，但我们发现实在很难界定真正的问题根源，而且没有想出任何真正的解决之道。我很高兴参与这场会议，很高兴看到这么多各方面的专家介入，可是我最后却带着挫败离开。

　　教室里的日子持续着。我们四个人——杰西、双胞胎，还有我，将在3月底或4月初过生日，于是我们决定来办个集体庆生宴会。我们计划办一个大型宴会，是那种我们万圣节或圣诞节时想办却不敢办的宴会。我承诺要烤一个很特别的蛋糕，罗莎答应要带冰淇淋来。由于薛恩和杰恩是寿星，他们的母亲自愿送饼干来，而我们将在下午的烹饪课中做我们自己的水果饮料。

　　由于我们在学年之初并没有规划要在班上举行任何真正正经的宴会，因此我想要给孩子们永难忘怀的一天。所以在前一天的下午，我允诺放学前的半小时让他们"布置"会场。那是一场灾难，因为孩子们从这张桌子跳到那张桌子以悬挂彩色纸带，而那又引发了双胞胎的一些疯狂行为，他们两人是无须鼓励就会在家具上又跳又爬的孩子。再加上杰西的指挥，自从比利到资优班上课后，他便自然地接下班级老大哥的棒子。不过我们还是完成了，放学铃声响起之际，他们都还没有把彼此宰了，或者宰了他们自己。

宴会当天，双胞胎穿着西装、打着领结出现在教室里。我原本没有想要办那类型的宴会，也担心一旦胡闹起来，会弄脏他们的衣服，而且这种事情是无可避免地会发生，可是他们两个却急着要炫耀他们"盛装打扮"的衣服。

"这是我的结婚礼服。"薛恩骄傲地说。

"什么？你结婚了？"比利问并忍不住大笑，"你娶谁呀？艾丽斯吗？"

薛恩握紧拳头并猛力摇了摇它。

我指着黑板上的交通信号。其实我已越来越少随身带着那些交通信号，现在男孩们越来越能够控制他们自己的行为，所以我想要稍稍放松一下这套游戏规则。不过，交通信号的威胁其实还蛮有效的。我所要做的只是用手指着它们，就足以让孩子们更有自制力，就像比利。

"把那句话收回去！"薛恩大叫。

"我只是开玩笑嘛。"比利表情沮丧地转头看着我。"在这里，谁都不可以开玩笑。你们几个家伙在我们资优班里一定一分钟都待不下去，在那里，每个人都会开玩笑。"

"把那句话收回去！"薛恩大叫。

"我才不想嫁给你呢。"艾丽斯坐在她的座位上回答。

"比利！"我口气凶狠地说。

"只是开个玩笑嘛。"

"只有大家都觉得好笑才算是玩笑。"我说。

"好吧,对不起,薛恩。我不是故意的。"比利咕哝着。

"你们猜怎么了,"杰恩说,"在婚礼上,薛恩尿裤子。就在教堂里,还流到地板上。"

"把那句话收回去!"薛恩恐怖地尖叫。

整个早上就在这样的气氛中度过。

薇纳斯也盛装打扮地出现。她穿了一件很可爱的粉红色滚边上衣,搭配长裤,让她看起来真的很漂亮。早上看见薇纳斯抵达教室的第一眼时,艾丽斯便对她赞美有加,可是对薇纳斯装扮惊为天人的人是下午才出现的罗莎。

"看看你,小花朵!你真的是个漂亮的小东西!"她迫不及待地蹲下来并亲吻薇纳斯的脸颊。我本以为薇纳斯会受惊地退开,但她没有。我觉得当时薇纳斯的唇间闪过很轻的一抹微笑,只是很轻。

我们努力让这一天维持正常。我们意图利用下午下课到放学回家之间的四十五分钟举行生日宴会,可是还没到下课时间,薛恩和杰恩的母亲已经把饼干送到,我也把我带来的蛋糕拿出来,那是巧克力口味的蛋糕,造型是一辆小火车。为了避免分配不公,我为每个孩子各做了一节火车车厢,并把他/她的名字分别写在车厢上,再以完全一样的数字、颜色、糖果与糖衣来装饰它们。我把我的名字写在引擎上,把罗莎的名字写在乘务员专用车厢上。

为了不让宴会陷入完全混乱,我非常慎重地做好安排。我们先玩十五分钟的游戏,然后一边听着柔和的音乐,一边制作生日帽来戴,接着最后的十五分钟吃我们的蛋糕、饼干和冰淇淋。到时候如果还有时间的话,我已得到鲍伯的允许,让每个孩子提早到操场上去玩,因为我想这一群兴奋过度的孩子根本无法安分地待在室内,否则我们教室内肯定会发生凶杀案。

游戏部分,比利要玩他从他家里带来的旋转球。这令我有些错愕,因为我怀疑他玩这个游戏的目的只是为了掀艾丽斯的裙子,可是我答应让他玩一次。令我惊讶地,男孩们似乎极度疯狂地融入游戏中,此起彼伏的笑声令我自然地答应他们玩第二次。

薇纳斯当然没有加入游戏。我鼓励她喊出颜色,可是她做不到。她倒是为我转了好几次指针,除此之外,就只是在一旁观看。

罗莎不想看到她被冷落,就在我们准备玩第二次时,朝我们走了过来。"你可以来帮忙准备我们的帽子,好吗?"

薇纳斯看着她。

"我们来做漂亮的帽子,好吗?你可以做一个很漂亮的粉红色帽子,那正好可以配上你粉红色的衣服。她今天看起来是不是很漂亮呢,桃莉?来吧,你来帮我,漂亮孩子。"她双手握着轮椅把手,并将薇纳斯推到摆置美劳材料的桌子前面。

我带头开始玩第二回。男孩们和艾丽斯玩得很投入,也玩得非常高兴。虽然有些急躁和争执,不过把游戏的精神发挥得淋漓尽致。

就在我们快要结束的时候,罗莎来到我的身边。她贴近我的耳朵说:"小薇纳斯有些不对劲。"

我回头。我看不见,因为轮椅的背后正对着我。

"她在哭,"罗莎说,"当我带她过去的时候,她就开始哭了。我说,'怎么了?'可是她不愿说。我想也许她不想离开游戏。我又说:'你想要回去那边吗?'可是她还是不愿意说,只是哭。所以,我想最好还是来找你比较妥当。"

我点点头。"你可以帮我把这一局玩完吗?"我把游戏的指针交给她,起身,并朝薇纳斯坐着的地方走过去。

她真的在哭,眼中含着泪水,嘴往下噘着,脸颊已经湿透,可是她压抑着几乎不发出声音。

我在她的轮椅旁蹲了下来。"怎么了,甜心?"

她只是哭。我起身,从架子上举起一箱面纸,并从中拿出一盒,又蹲了下来,伸手过去擦拭她脸颊上的泪水,这个动作惹得她哭得更凄惨。

我抚摸着她的头。"怎么回事,薇纳斯?"

她哭泣是件很不寻常的事。她上次哭泣是在她的受虐案被发现的前几周,我自责于没能适时地察觉她的沮丧,当时如果我再多花一些时间在她的身上,后来就不会发生送医院那件骇人听闻的事情。

同样的压力此刻再度笼罩在我身上,薇纳斯拒绝说话。此时另一边的游戏结束了,其他几个孩子纷纷又跑又跳地围过来。

我站起来。"你可以监督这里一下吗?"我问,心里很害怕这么做,因为这对罗莎来说是过分的要求,可是我想要和薇纳斯独处片刻。

"没问题的,老师。"她说并像个母亲似地拍拍我的肩膀。"你放心去做上帝的工作吧。"

我把薇纳斯和一盒面纸推到外面的走廊上。由于她的轮椅的缘故,这栋教学大楼里并没有太多地方可让我选择。

我再次在轮椅旁边蹲下来,并摸着她的脸。她还在哭,轻轻地、无声地。

几分钟过去了,我仍蹲在她旁边的地板上,那个姿势非常不舒服。我若不坐在地板上,再不然就干脆站着,不过两种方式都不方便。最后,我站了起来。"来,我们干脆这样子好了。"我对她说,并拉上轮椅的刹车,然后伸出双手,将她抱到我的怀里,接着我坐进轮椅中,将她放在我的大腿上,用双臂环着她。

她把她的脸压在我的衬衫上,继续哭着。

在我们身后的门后面,我听得到其他孩子的声音起起伏伏的。兴奋让他们变得很大声,不过我并没有听到任何濒临打架的危险的声音。我喃喃感谢冥冥中那个把罗莎送给我的人。

我低头看着薇纳斯,她已是满脸的鼻涕与眼泪。我抽出一张面纸,帮她拭擦泪湿的脸庞。

"你可以告诉我怎么回事吗?"我问。

她摇摇头。

"你只是想要哭吗?"

她点点头。

"那好吧,你就尽量哭吧。有时候哭一哭会让我们觉得舒服一些的。"

她点点头并从我手中拿过面纸,将面纸压在她的鼻子上。

几分钟过去,我从门后喜悦的尖叫声中听得出来罗莎把蛋糕拿出来了。

我的手抚摸着薇纳斯的额头,就像习惯用手把她的头发向后梳的那种抚摸的动作,只是她此时的头发太短了。

"你知道吗?"我说,"我觉得你是一个非常非常特别的小女孩。我是说真的,可是有时候我们会忘记对人们说,尤其是会忘记说好事。可是我觉得你是如此的特别,一直都这样觉得,从第一天到学校开始。你还记得那一天吗?我记得。你就在你的墙壁上,我觉得你看起来好漂亮。"

这番话不但没有安抚她,反而好似更引发她的难过,她的泪水再次涌出。

"我很高兴你在我的班上,很高兴当你的老师。"

她恸哭流泪。

我抽出一张干净的面纸,轻柔地擦着她的脸颊。"怎么回事,甜心?"

"我想要回家。"她哭着说。

"你想要回家?"我问。

她点点头。

"发生什么事情了吗?你不舒服吗?"

"我想要回家。"

"要我打电话给你的寄养父母吗?"

"不要。"她说,并在我的大腿上挺坐起来,仰着脸望着我。"不要。我想要回家,回我的家。"说完那句话,她开始凄厉地哭了起来。她向前靠在我身上,啜泣不止。

"啊!"我终于明白了,双手紧紧搂着她。

薇纳斯哭泣时的抽噎与严重打嗝终于缓和下来。她仍然躺在我的胸部，那里又湿又黏的。我尽我所能地擦掉泪水，直到一堆山似的面纸在轮椅中陪伴我们。

"我想要回家，"薇纳斯依然含着泪水说，"我要汪达，她喊我'漂亮孩子'。"

"好的。就是那么一回事吗？罗莎喊你'漂亮孩子'，让你想到了汪达？"

薇纳斯点点头。"我要她在这里。"

"好的，我明白你的意思。没有她会让你很难过，对不对？"

薇纳斯点点头。

"发生这一切一定让你觉得很害怕。让你自己一个人待在一个新家庭里面，你一定感到非常害怕。"

"我不要这个样子，"她以非常细微的声音说，"我要它停下来，就这样。我不知道他们要把我带走。"

发生在薇纳斯身上的恶行突然变得对我也真实起来。直到那一刻，我才发现以前都只是站在自己的角度看待这一切，从没有想到还有另一个角度。有一个小孩子正生活在一个最令人讨厌的环境里，就算没有可怕的虐待事件，她的家庭状况也很糟糕：贫穷、半血缘的手足组合与"母亲的男朋友们"、疏忽的监督与缺乏照顾。对我们的局外人而言，这些自以为受过高等教育的中产阶级唯一的解决方法就是"解救"这个女孩，将她带出来，使她脱离她的环境，给她一个新的家，给她新的父母亲、新的衣服，并在这个过程中，给她一个新的身份。这不只看似正确，似乎也很令人满意。当然，她会想要这样的。当然，她会因此正常地成长与发育，一切都会变好。现在，事发以来第一次，我意识到在那个解救薇纳斯的过程中，我们同时也摧毁了她所爱的一切。

"我真的很抱歉，薇纳斯，"我轻轻地说，"我真的、真的很抱歉，你一定非常非常想念你的妈妈和你的哥哥与姐姐。"

她点点头。

"你见过他们吗？"

她摇摇头。

"嗯，也许那种情况可以改善。"我说。

沉默之中，我思考着该怎么做。

"我不敢百分之百地说，我不知道警方和社工人员对探视亲人会有什么规定，所以我必须先去查查看。不过我要那样做吗？我该看到你探望你的哥哥和姐姐们吗？"

"汪达呢？"她问并抬头望着我。

"是的，汪达也有。我该为你去查查看吗？"

她点点头。

一两分钟悄悄地过去，薇纳斯仍躺在我的胸前，已不再哭泣。

"我希望我能够用我的希瑞宝剑使用魔力，在事情发生之前把一切东西都变回来，"她细声地说，"我希望我真的可以把它变成真的。"

"是的，我可以了解。"

"我希望所有事情都和原来的一样，我能回家，"她说，"而且我妈妈也会在那里，还有汪达和每一个人，就像我们以前那样。"

"是的，让人难过的是，过去所发生在你身上的事情，丹尼对你所做的事是不对的,是违法的。当父母亲或其他成人明显无法照顾他们的孩子时,其他人就会接下那份照顾孩子的工作。"

"我要拿我的希瑞宝剑变魔术让他死掉。"

"是的,我了解你的感受。"

"我要用魔术把我妈妈变回来。我妈妈什么事情都没有做,我要用魔术把我妈妈变回来,还有汪达和我的哥哥们,把一切变回到丹尼还没有来之前的样子。我要念一个特别的魔咒,这样就不会有坏男人再来伤害我妈妈,或者汪达,或者殴打我哥哥们,或者我姐姐卡莉。不过,我不想把她变回来,因为她老是来烦我。我要用我的希瑞宝剑把那些都变回来。"

"那样很好,对不对?"

薇纳斯点点头。

一阵很长的沉默,之后她重重地叹了口气。

"我想教室里面的活动已经快要结束了。"我说,聆听着门后的吵闹声。"我们该进去了吗?"

薇纳斯没有回应。

"你可以吃你的蛋糕。你有没有看到你的蛋糕呢?我做成火车造型,其中有一个车厢是为你做的,上面写了你的名字。"

"我不要吃。"

"为么不吃?"

"我不喜欢巧克力。"她说。

"你不喜欢?"

"不喜欢。"

"你一直没有说啊!"我笑着说,"记得一开始的时候我们试着要你吃 m&m's 巧克力的事吗?"我问,"难怪你不吃它们。我那时候还把它们塞到你的嘴巴里面呢!"

薇纳斯咯咯笑着,那是一个出乎意料的声音,小小的玲珑声。

"你觉得那很好笑吗?"

"是的,"她说,"我觉得它们尝起来就像呕吐物。"

我也大笑起来。

"呃,我们该进去喝些水果饮料了吗?"我最后说,"还有一些饼干,它们是甜的,上面有粉红色糖衣。你喜欢糖吧,我希望。"

又是一阵咯咯大笑。"是的。"

我起身,并将她放回轮椅上。"好吧,那么我们就进去好好吃它一顿。"

34

宝剑终于发挥魔力了

> 生活慢慢地回渗到薇纳斯身上。在班上,她变得越来越有回应。

自从薇纳斯回来之后,我努力地维持我们在下午下课的独处时间,即便她已不再需要这种为防止她闯祸而延伸出来的监督。我之所以这样做,部分是因为我觉得薇纳斯需要这种持续性的一对一式互动,那是她在我们那个骚动混乱的班级所无法得到的,同时也因为我个人喜欢这样做。我最喜欢的教学部分就是与孩子之间这类建立关系的过程,从灰烬中寻找、发现,最后把浴火凤凰找回来的过程。

我们一直没有真正想要回去看希瑞录像带或其他的动画,显然主要是因为她现在受限于轮椅之故。在她回到班上不久后,我认识到我们身体上的互动是曾经多么借助希瑞漫画才发生的。那不只是看漫画或看录像带那么简单的一件事情,我们之间的互动还包括了拿着宝剑追逐的游戏,或者薇纳斯旋转化身为希瑞的游戏。若是没有先前一路的灌溉，就不可能发生后面这些游戏，进而凸显出我对她目前情形的无能为力。

不仅如此，我仍然对茱莉提到关于希瑞的特质与种族适合与否的问题无法释怀。我必须承认，希瑞并不是我所能够找到的最佳女英雄典范，而这毁了她以前在我心目中的地位。

后来，下午的那段时间我们大多用来阅读。我会把薇纳斯抱下来，让她坐在书架前的地板上，让她从各类的故事书中挑选一本，然后我们就躺靠在抱枕上并开始阅读。我觉得她也会想要得到片刻暂离轮椅的自由与舒适。在其他孩子前面她绝对不会到处爬，可是单独和我在一起的时候，她却快乐自在、随心所欲，还会以一种以前从未有过的方式和我挨挤在一个抱枕上。

我们阅读的范围十分广泛——希腊神话故事、图画书、整套小熊维尼系列，可是薇纳斯最喜欢的是《狐狸父亲的薄荷油》。那是一本幽默的笔墨插画书，画一群狐狸穿着旧式的乡村衣服，并做出一些非常滑稽好笑的事。薇纳斯喜欢细细地看里面的每一张插画，连细节部分都看得一清二楚。

就是在这些个二十分钟的时段里，薇纳斯开始自然地说起话。"你看那里的小虫。"她说并用手指抚摸着站在树枝上的4只很小很小的小虫。"再看那里，那里还有更多小虫。"

"有多少只虫呢？"我问。

"一、二、三、四。"她说，一边数着，停了一下去找其他的。"五、六、七、八。"

"还有多少只虫？"

"两只。"她的指头沿着图画滑过。"那根树枝上有很多东西。那些小虫,我觉得它们是蚂蚁。然后有一只母虫。还有老鼠、小鸟、狐狸。还有……"她身体更贴近书页。"我不知道那些是什么。那些是什么呢?"

"是松鼠吗?"我提议。

薇纳斯点点头。"是松鼠,然后还有更多老鼠。还有小鸟、小虫。"

"你可以把它们全部数完吗?"

"一、二。"她继续数了起来,一直数到二十四。归功于这本书,我才发现薇纳斯真的会算术,懂得简单的加减算法。

书中的词自有其浓厚的摇篮曲味道。"书中李斯特先生骂他的妹妹。他娶他的妻子是因为他无法抗拒她。"薇纳斯很快就学会它们了,而且还能朗朗上口。她最喜欢的是一段叫作"迪利迪利"(Dilly Dilly,一种美式腌黄瓜的厂牌)的韵律。

"迪利迪利,腌黄瓜。告诉我一件非常好笑的事情。有了,有一个小男孩,他的名字叫作巴特,他吃掉了他衬衫上的纽扣。"

每回我们读到这里,薇纳斯就会忍不住大笑,如果讲到它也一样。不论她那天的心情有多么不好,"Dilly Dilly"总能让她开怀。

因此,《狐狸父亲的薄荷油》也就成了薇纳斯点选率最高的一本书。

然后,在我们的生日宴会过后的那个星期一,薇纳斯搜寻着书架上的书,最后她看到一本平装本的书籍,它是《狐狸父亲的薄荷油》的续集,书名是《狐狸父亲的歌宴》。那是一本薄薄的歌本,第一本书里的许多很受欢迎的韵律词句,到了这本书里都被编上了曲子,再加上几首新歌。这本书一直没有受到孩子们普遍的青睐,而里面有太多歌曲竟成了它不受欢迎的原因。我们教室里只有一部小小的木琴能够用来演奏书中那些曲子,然而会使用木琴的小朋友又没有几个。还有,它虽然有很多同样漂亮的笔墨插画,孩子们也都很喜欢,但还是得不到孩子们的特别注意,因此始终躺在书架的最后方或一堆书的最下方。

"我不知道你有这本书,"薇纳斯说,同时打开它,"这是什么?"

"音符。那是一本歌本,他们把前一本书里的一些词加上了音乐。"

薇纳斯拿着书爬到我身边并坐下。"唱歌。"她说。

"我看不懂音符。"我说。

她皱起眉头。"你会唱其他歌啊。"

我点点头。"可是那是因为那个旋律我已经会了。你看,这些音符,它们告诉我歌曲怎么唱。可是我不懂这首歌,所以我必须先读这些音符才能知道要怎么唱。"

"那么,就唱啊。"

"问题是我看不懂它们,"我说,"我知道那些音符的名字,知道那些线条叫什么,可是我就是不知道要如何把它们凑在一起变成一首歌。那就像阅读文字一样。有时候你知道那是什么字母,知道要怎么把它们拼凑在一起,可是你依然不明白拼凑起来的那个字的意思。"

"你看不懂这个吗?"她问。

我摇摇头。"不懂。"

"为什么不懂?"

"因为我没有学过。"

一阵沉默。她非常仔细地搜索我的脸。

"你很笨吗？"终于她问道。那并不是讽刺，她问那句话的方式显示那是一个很真心的问题。

"在这方面，我猜，我是有点笨。因为，虽然我小时候曾学过，可是我一直无法了解，所以也就学不会。"

薇纳斯回头看着那本书，对话中的沉默延伸成一种思考的沉默。她用一根手指头摸着书页，追循着一个四分之一音符。

"我也很笨。"她静静地说。

"每个人都会在某些方面很笨，都会有他们做不到的事情。世界上没有任何人是无所不能的。"我说。

"我以为你是呢。"她柔柔地说，还是不愿抬头看我。

"我希望我会唱，"我回答，"可是我不会。就算是老师也无法什么都知道。"

沉默。

"没有关系。"她说，她的声音仍然柔和。"反正我喜欢你。"

"是的，我也喜欢你，很喜欢。"

她微笑地抬头看着我。"是的，我知道。"

在经过在生日宴会上大哭之后，生活慢慢地回渗到薇纳斯身上。那并不是一种戏剧性的改变，而是渐次累积而成，犹如黑夜转成白天一样。在班上，她变得越来越有回应，尤其是对艾丽斯。

对薇纳斯来说，艾丽斯是个再合适不过的小小姑娘，她永远会想到奇怪的把戏。她最喜欢的把戏之一是，把薇纳斯的名字写在她自己的作业簿上，然后当作业簿夹在薇纳斯的活页夹而非她的发回来时，她便有了大笑话可以讲。她简直把我当成笨蛋一样耍，可是艾丽斯觉得那样很有趣，而薇纳斯也迷上这个玩笑。

"听着，"有天下午她说，"我是艾丽斯。"薇纳斯把艾丽斯的名字写在她自己的活页夹里某一作业簿的上方。

"哦，那么今天我有两个艾丽斯喽。"我故作惊讶地嚷着。

"叫我艾丽斯。"薇纳斯说并露出微笑。

"叫我艾丽斯。"艾丽斯说。她们两人似乎觉得这个游戏很好玩，都忍不住大笑出来，这惹得罗莎和我也大笑。

"你们几个疯啦。"比利说。

"不，我们都是艾丽斯！"艾丽斯说，然后她和薇纳斯再次捧腹大笑起来。

"你应该制止她们才对，"比利对我喃喃有词地念着，"你要我不要像那样子笑，你不公平，你对待男生和女生的态度不一样。"

"我不会去注意你是女生或男生的，比利。我之所以对待人们的态度不同，是因为他们有不同的需要。"我说。

"所以她们需要笑喽？"

"她们的笑并没有伤害任何事物啊。"

"才怪，"他咕哝着，"我比较喜欢她们随时保持安静。"

然后时间到了学期的最后一周。我打算利用这一周顺便收拾教室里的东西，以便学期最后一天不必待到很晚才锁教室门。下个学年我将在同一个教室，而薇纳斯、艾丽斯和双胞胎到时候也都会回来。然而，碍于校方政策的规定，除了学校的产物外，教室内所有东西都必须清除干净，至于属于学校产物部分则须收拾到抽屉与橱柜里，并在学期最后一天用胶带封贴起来。于是，在最后这一周里，只要一有时间，我便鼓励孩子们帮我收拾东西，把一切准备好，让他们可以好好放个暑假。

几个孩子中就属杰西最喜欢这项工作了。他真的是个非常爱整齐的孩子，视整理与清洁东西为愉快的休闲活动。那一周的星期二，朝露非常湿重，所以早上的下课时间孩子们都待在教室内。通常当这种情形发生时，下课后，助理便会在教室内带领孩子们做室内游戏。而这个早上，一直在整理书架的杰西，问他可否不加入室内游戏，继续整理书架。这对我而言似乎很合理，于是我说可以，然后便下楼到教师休息室去休息。

约五分钟后，门口传来重重的敲门声。是隔壁班三年级的一个男孩。"海顿小姐，你赶快来啊，你的一个男孩和坐轮椅的女孩在打架。"

我冲出教师休息室，那个三年级的男孩在我旁边跑着。

"我本来要去找助理的，可是我找不到她，"他说，"我很怕他会伤害那个女孩。"

"没有关系的，我很高兴你来叫我。"

"她的声音听起来好像他要宰了她似的。"

暗自咒骂着让两名助理来监督八个孩子的班级的烂主意，我两步并一步地跳上阶梯，已经能够听到楼梯尽头传来的尖叫声。

等我进入教室时，两名助理也已经在那里了。薇纳斯已离开她的轮椅，坐在地板上，比利在哭，杰西流着鼻血，艾丽斯缩在教室角落，咪咪正温柔地抚摸着她的脸颊安慰她，双胞胎则是浮躁地到处跳来跳去。

"发生了什么事？"我问道。

"她发疯了！"比利号哭地指着薇纳斯。"她想要害死杰西，我只是想要她冷静下来而已！"

不论那个三年级的男孩怎么想，薇纳斯似乎在这场战局中占了上风，因为她完全没有受伤。她坐在地板上，凶狠地瞪着杰西与比利。

"她想要害死我，"杰西说，"她离开她的椅子，而我根本不知道她能够站起来，她想要抓住我。"他用一只手捂住他的鼻子，血从他的指缝间滴下来。

"到水槽那里去，杰西。"我一只手搭在杰西的肩膀上，示意他正确的方向。

比谁都哭得还要愤怒且大声的比利跟在我们身后。

"她打我，可是我什么都没有做啊，我只是想要当个"和善的撒玛里亚人"①，帮助可怜的杰西，免得他的灯被打掉。"

"有时候当和善的撒玛里亚人是件好事，可是有时候那却不是个好主意。"我说。

"我又没有做什么！那个女孩根本就是发疯了。又疯了！"

"你为什么会流鼻血呢？"我问杰西，"是薇纳斯打的吗？"

"不是，是比利突然回头时，我撞到了他的头。他想要阻止她打我，结果撞到了我。"

---

① "和善的撒玛利亚人"（The good Samaritan）是基督教文化中一个著名成语和口头语，意为好心人、见义勇为者。

"可是我又不是故意的！我不该惹这个麻烦的。我只要管好自己的事情就好了。"比利号叫着。

"好了，没有关系。我们先解决问题，然后我再来听听每个人的说法。你可不可以帮一下杰西呢？你陪他一下，我去安抚一下双胞胎，好吗？"

比利戏剧化地收拾起他的眼泪，点了点头。

我转身，就在那一刻，我看到了薇纳斯，她在书架旁边，撑住自己的体重站了起来。她伸过手去抓住躺在书架后面的希瑞宝剑，将它拉向她的身体，搂着它一会儿，然后回头望着轮椅。她尝试地转过身子，仍然牢抓着厚纸板宝剑。

我不发一语地看着。

薇纳斯站着的地方和她的轮椅之间约有七或八步的距离，我从她的表情看得出来，她在判断她是否做得到。她伸出一只手靠着书架以稳定自己，摇摇晃晃地跨出一步。她停下来，有些摇晃，不过仍然挺直。然后她环顾四周，并发现我在看着她。

"你需要帮忙吗？"我问。

她没有立刻回答。那一刻，那是那个旧的、自闭的、毫无响应的薇纳斯正看着我，然后她淡淡地点点头。

我越过教室走向她，伸出一只手扶住她的手肘，另一只手搭在她的肩膀以稳定她。

她没有动，我感觉得出来她希望我把她抱回她的轮椅上。

"慢慢来，我会抓住你。你不会跌倒的。"

"你应该把她送到克利斯汀生先生那里才对，"比利在教室的另一边吼道，"你应该处罚她！她想要害死我和杰西，就像以前那个样子。"

我看着他，目的在告诉他闭嘴。喋喋不休，那就是我们的比利。

我没有处罚薇纳斯，相反地，我开始唱起歌来。"高高的希望，我有高高的希望。我有高高的希望，高高天空希望中的苹果派。所有的问题都只是一个玩具气球，它们很快就会爆炸。它们就快要砰！哎哟，又有另一个砰砰的问题跑出来了！"

这实在滑稽好笑。在这绝对荒谬的时刻之一，我站在那里，平衡着薇纳斯，并对比利唱着"高高的希望"，而杰西仍流着鼻血、双胞胎疯狂地到处乱跑、艾丽斯对着她的手说话。可是这个方法奏效了。薇纳斯慢慢地蹒跚走回到她的轮椅，用一大团面纸塞着鼻子的杰西也加入唱歌行列，因为他喜欢这首歌的砰砰部分。比利也是，他使力搓手、手腕、手臂，一直往上到他的手肘、到他的鼻子下方，让它发出响亮的摩擦声，然后他开始唱起歌来。我们开始一边唱歌，一边比着蚂蚁和公羊的动作，这倒吸引了薛恩与杰恩的注意力，他们也想要做蚂蚁和公羊。只有艾丽斯例外，我走向她，鼓励她挥动她的手臂配合大家的动作。她苦苦哀求着咪咪，而咪咪一定会对她说好，于是艾丽斯也加入。

我们整整唱了两回的"高高的希望"，再加上六次的合音，此时每个人看起来才都显得心情好些。我停止了歌唱。"好了，下课时间已经结束了。看看时钟，已经十点了。守规矩，拜托。"

"难道你都不罚她去坐思过椅吗？"比利咕哝着。

"你还有功课要做。如果你是这件事情中无辜的一方，那么我就不需要和你讲话了,不是吗?所以你得证明给我看,让我没有理由认为你是个麻烦制造者。"

比利做了一个鬼脸并坐了下来。

当孩子们开始做他们的功课时,我走到薇纳斯的桌旁,拉出一张椅子坐下来。

"在这里,我不允许人们去伤害另一个人,"我静静地说,"那是班上的规矩。"

薇纳斯看着我。

"你可以解释一下为什么这么生气吗?"

"他拿我的希瑞宝剑。"她喃喃地说,依然在她的大腿上紧抓着那把厚纸板宝剑。

"我才没有呢!"杰西从他的位子上大叫,"我才没有拿她的蠢宝剑呢。我只是在整理东西而已。我只是移动它,好让我收拾东西而已。"

"谢谢你,杰西,可是我会处理的,你只管做你的功课就行了。"

当我回头看着薇纳斯时,她已泪流满面。

"你的希瑞宝剑非常非常重要,对不对?"

她点点头。

"杰西不会去伤害它的,他只是在打扫而已,只是在帮我为学期结束做好准备。"

"他说'我要把它丢掉'。"她低声说。

我微笑地看着她,伸手去抚摸她的脸颊。"不会的,他不会把它丢掉的,我不允许他那样做。他只是说说而已,你的宝剑是安全的。"

沉默。

"还有，你知道吗？"我说。

"什么？"她问。

"我看到你的宝剑发挥魔力了。"

薇纳斯抬头看着我。

"它让你走路了。"我微笑着。"我看到了。你的神奇宝剑让你能够走路了。"

35

给桃莉老师的留言

> "漂亮孩子。"汪达又说并紧紧抱住她。薇纳斯闭上眼睛,头往后仰,灿烂地、快乐地、不可抑制地微笑。

接着是最后一天。

在这个时候,最后一天甚至不是一整天,只是半天而已。过去几年来,我总会在这最后一天计划野餐或其他远足活动,可是现在只剩下这一点点时间,这些活动是不可能的。不过,我想要利用这最后一点点时间庆祝我们一年来的相聚,于是我建议孩子们的家人,午餐时间不需要来接孩子,干脆来学校加入我们的比萨宴会。这个构想引起大家热烈的回响。双胞胎的母亲、比利的母亲与艾丽斯的母亲都来参加,还有杰西的祖母。薇纳斯的养母也来了。

在经过生日宴会那天薇纳斯与我的那一番对话后,我提醒社服单位与她的养父母她有多么想念她的哥哥与姐姐。我们尽我们所能地让她见到她的哥哥们,他们住的地方不很远,可是她还是最想要见汪达,这有点麻烦，主要是因为汪达目前住在约三十英里外的一个庇护团体之家。

我强烈地想要汪达和薇纳斯再在一起。如果汪达是薇纳斯的亲生母亲，那就表示薇纳斯对此事完全不知情，因为她一直认为汪达是她的姐姐。不过，无可否认的是，她们两人之间有着极深厚的感情。姑且不论她们的血缘关系，但在薇纳斯遭遇骇人听闻的虐待期间，我怀疑，应该是别人眼中笨拙的汪达想办法保她活命的。而现在，强将她们两人分开似乎是件很不公平的事。于是我提议，希望汪达也能够来参加我们的宴会。

安排这件事简直就是场梦魇，我至少得打上十通电话给社服单位交代清楚所有事情，然后再打上六通电话给庇护团体之家的职员以及薇纳斯的寄养家庭，以安排过去接汪达并准时将她送到学校来的事宜。薇纳斯的养母愿意下午结束后开车送汪达回去她的团体之家。而奇威太太说午餐过后她必须先到购物中心采购，如果汪达愿意的话，她可以先跟他们去买东西。问题是，我们找不到人去接汪达。不论是团体之家或是社服单位，没有人愿意开上六十英里的往返路程去接汪达。最后，罗莎自愿接下这份任务。

孩子们和我花了整个早上的时间把宴会最后的细节部分完成。要传出去的东西，需要填写完整的官样文件，最后的检查，交出，集中。每个人都带来一个购物纸袋，并将东西都放进去。

当我们全都完成时，我拿出他们的活页夹。

"哦，不要！"比利嚷着，"功课？你竟然在学期最后一天逼我们做功课？"

"哦，不要！哦，不要！"双胞胎附和着，然后是杰西，最后是艾丽斯，就连薇纳斯也跟着起哄。

"不，这次不一样。难道你们不觉得这些看起来不一样吗？"我说，高举着活页夹。

"没有。"比利顶嘴。

"仔细看清楚，哪里不一样？"

每个孩子都拉长脖子研究我高举着的活页夹。

"没有什么嘛，"比利说，"那就是我们的作业簿嘛。那一本是薛恩的。"

"还有什么呢？"我问。

"我什么都没有看出来。"杰恩说。

"它很厚。"薛恩说。

"没错。看到活页夹里的所有作业了没？你们知道为什么吗？因为这些全部都是你们做的作业，一整年的。"

"哇噢，"杰西说，"全部都是吗？"

"没错，我要把它们发还给你们。你们现在可以把它们带回家，这些是给你们保存的。可是在你们把它们丢到你们的袋子之前，我们先来看看，从去年夏天到现在，你们进步了多少。"

孩子们接过我递给他们的活页夹。薇纳斯的和艾丽斯的是薄薄的一本，艾丽斯是因为3月份才加入我们班级，而薇纳斯则是因为她大约也在同一时间才开始真正地做功课。

"哇噢，看看这个，"杰西说，"我刚开始的时候只会做个位数加法，现在我会算乘法了耶。"

"呃,那时候我看不懂字。事实上,那是一年级的程度所读的东西。"比利说。

"我很会画画!"薛恩说。

"有谁想到我竟然会去上资优班。"比利说,并对他的作业举起大拇指。

"还记得这个……记得这个吗,各位?"杰恩说,高举着万圣节的诗。

男孩们的注意力全被吸引了,起劲地翻着他们的活页夹,于是我走到艾丽斯与薇纳斯的桌前。我坐在薇纳斯的轮椅旁边。

"你知道我在想什么吗?"我说,"汪达会在午餐时间来这里,我想也许你会想要给她一个惊喜。"

薇纳斯充满期待地看着我,但没有讲话。

"我不知道汪达知不知道你坐轮椅这件事,我觉得这也许会有点吓到她。"

薇纳斯眯起眼睛专心聆听我说话。

"所以,当男孩和我看他们的活页夹的时候,我在想也许你会想要练习站立,就像前些天你去拿希瑞宝剑那样。也许你可以练习走几步,然后,当汪达来的时候,你就可以让她看看你有多么棒,然后她就不会被轮椅吓到,因为她知道你会越来越好。"

薇纳斯没有讲话。

"你觉得怎么样?"

薇纳斯咬着下唇,只是注视着我。

"我可以帮忙啊。"艾丽斯提议,"我可以抓着你的手,那样你就不会跌倒了。"

"她的主意很不错哟,"我说,"你觉得怎么样呢？你想不想试试看？"

冗长的犹豫。薇纳斯注视着我的脸,垂下双眼,然后匆匆瞥了一眼艾丽斯,终于点点头。"我试试看。"

她真的试了。我多待了一会儿,协助她站到轮椅前面稳住,让她摇晃地向前跨几步。然后艾丽斯接手,她握住薇纳斯的手,小心谨慎地引导薇纳斯的步伐。薇纳斯的脚无法支撑太久,不到十分钟,她便已累得无法再尝试,可是她已经尽最大的努力了。在艾丽斯的协助下,她站起来走路了。更重要的是,她愿意尝试。

接着,最后的十五分钟,所有东西都收拾好,封好,收藏起来。在空荡的教室中,孩子们坐在空无一物的桌前。

我分发画横线的学校用纸。"好,这是我们在剩下的时间中要做的事情。大家都有铅笔吗？很好。现在,我要你们回想这一整个学年我们所做的每一件事情,所发生过的一切事情,然后我要你们把你们最喜欢的写下来。如果你们需要帮忙拼字的话,只要提出要求,我就会把那个字写在黑板上。当你们完成时,将它折起来并投进这里的这个盒子里。我会等到回到家以后才把它们打开来看,而且我也会记住我们一起做的每一件事情。"

六个孩子都专注地趴在他们的桌上写着。比利第一个写完,他把他的纸折好,并投到盒子里面。

"你们可以到楼下大门口等你们的家长,并带他们上来这里。"

我说。

然后杰西和艾丽斯也完成了。

"你们可以到楼下的自助餐厅,那里有我们宴会所需要的纸盘和物品,你们可以把它们摆在桌子上。我们一共有十五个人,所以你们可以摆上十五个纸盘。"

杰恩、薛恩和薇纳斯也完成了他们的作业。杰恩也拿着薇纳斯的作业,并将它们投到盒子中。

"杰恩和薛恩,你们两个到楼下去帮比利接人,并把他们带到自助餐厅里,好吗?薇纳斯,你跟我来。我们去打电话给比萨店的人,确定他们是否把我们的比萨送来了。"

我们到中央办公室时,我看到罗莎正开车载着汪达往学校的方向来。车门打开,汪达一点都没有改变。或许看起来比以前干净一些,但并没有比较整齐。她的体重也丝毫没变。她蹒跚地跟在罗莎的后面。

"看,"我对薇纳斯说,"看谁来了。"

由于我们在办公室的大柜台后面,薇纳斯视线被挡住,无法看到前方。我要弯腰将她抱起来,好让她看清楚,可是不等我抱她,她已经离开轮椅,扶着柜台,自己站了起来看着汪达走进办公室。

"漂亮孩子!"汪达一看到她便尖叫。"漂亮孩子!"

薇纳斯紧抓着柜台,绕过柜台,并投身到汪达的怀抱里。

"漂亮孩子。"汪达又说并紧紧抱住她。

薇纳斯闭上眼睛,头往后仰,灿烂地、快乐地、不可抑制地微笑。

接着就是结束。比萨吃完了,每个人都兴奋地聊着他们的暑假计划。杰恩与薛恩已等不及希望假期快开始,他们两兄弟在只有我们、别无他人的自助餐厅里跑来跑去,直到他们的母亲觉得该带他们回家了。这也让我们的午餐宴会画下句点。

我拥抱他们,一个接一个。

比利开始忍不住地哭了起来。"我不会回来了。我已经开始想念你们了。我不想走,这是全世界最棒的班级,但是我却不会回来了。他们会回来,所有这几个都会回来,可是我不会!"他悲凄恸哭。"这不公平!"

"我也会想念你,可是我们下个学年还会再见面的。"

"我也是!"杰西说,"我会走,可是不会真走。你也会看到我的。"

"再见,再见。"

"再见。"

然后他们离开了,一个接一个。

"我会再见到你的。"我对薇纳斯说。我弯下腰,亲吻她的额头。"祝你暑假愉快。"

"再见。"她说。

"再见。你也再见,汪达。下个学年我也会见到你的,我保证。"

他们全都走了。

我和罗莎留在空荡荡的自助餐厅里。我们清理着凌乱的比萨盒、纸盘、杯子和餐巾纸。然后我祝罗莎有一个快乐的暑假,并爬上楼梯准备回到教室里拿最后的东西并锁上门。

我拿起孩子们投入折纸的盒子,一张接一张地打开那些留言白纸。

薛恩说：我喜欢到亚非加旅行，我猜意思是，他是指我们所举行过的许多次幻想旅程，就像我们第一次的森林之旅。

下一个是杰西，他写着：我喜欢这个宴会。它举办的时间是二点四十分，我们有长得像火车的巧克力蛋糕，还有巧克力棒、咸酥面包棒、蛋糕、冰淇淋，还有蛋糕上数不完的糖果。我爱你。

我拿起比利的：我喜欢你永远陪我们一起笑的样子，海顿小姐。你喜欢我们，你让我们微笑，你和我们一起唱歌，我希望你永远当我的老师。我非常爱你，我希望你有一个很棒的暑假。我会想念你的。爱你的奎勒莫·曼纽尔·高米兹二世（比利）。

杰恩说：我很喜欢你帮助我们的时候。

艾丽斯写道：当我们有非常严重的问题时，你会帮助我们。你常常让我们笑，不过，我现在要说的是再见，谢谢你的严厉。读到这里我不禁笑了出来。一句"谢谢你的严厉"为这一整年做了一个总结。

我最后一个拿出来是薇纳斯的，并打开它，将它平放在桌面上。上头写着：我很快乐。

未完的故事还在继续……

> 杰西，很成功地适应了正规教育。他已从高中毕业，目前攻读商科学位。
>
> 薇纳斯……

比利：

在离开我们班级之后，表现得越来越优异。第二年的正式诊断出炉，确定他得的是阅读困难症，他在阅读科目上仍然继续挣扎着，可是在其他科目上却是急起直追，最后被考虑可以全天性地就读六年级的资优班。他在学校的表现持续突飞猛进，而且最终进入了大学。

杰西：

在我们学校就读有支援协助的四年级，很成功地适应了正规教育。他已从高中毕业，目前攻读商科学位。

薛恩、杰恩、艾丽斯和薇纳斯来年全都继续留在我的班上。

薛恩和杰恩：

依然有严重的学业成就问题，他们两人的所有求学过程中将一直待在全天班的特殊教育体系中。两人现在都接受庇护性方案的教育。

艾丽斯：

在我们班级第二年的中期便转入主流教育体制，加入我们学校四年级的正规班。她适应得很好，不过还是会常常回来我们班上看她的朋友们。五年级时，她们一家人外迁，我们从此与她失去联络。

薇纳斯：

也在我们班上第二年的中期转到主流教育体制中。比艾丽斯低一个年级，进入三年级正规班，并继续接受每天两个小时的学习支持，以弥补她落后的学业技巧。她中学的时候仍继续接受这样的教育安排，但以全天性正规的学生身份进入高中。她现在受雇于一家建筑公司的行政部门。

从童年到青春期，薇纳斯一直待在同一个寄养家庭，也从未再与她的手足一起生活，不过她经常会与其中几个碰面。丹尼被控虐待孩童罪名成立，被判刑十五年。泰芮被控共犯罪名成立，被判刑四年。汪达继续住在庇护性的团体之家，三十岁时死于呼吸疾病。